前言

一九四九年出生的我[illegible]，在[illegible]了[illegible]一九七九年[illegible]在[illegible]刊物上发表了第一部小说《[illegible]风情》。已经走过了三十五年文学创作的旅程。我的[illegible]出版了十部。一九八九年[illegible]翻译《[illegible]》，同年七月由[illegible]出版社出版。

记得一九七九年[illegible]。[illegible]，就好[illegible]全部一齐翻新。我[illegible]三十多[illegible]。[illegible]一个[illegible]，[illegible]一件[illegible]，[illegible]一下[illegible]

路，古书的文一路抑扬顿挫而止。就好像直子、绿子、渡边君一个个向我的[illegible]走来，用一条[illegible]不记得的[illegible]线牵着我的[illegible]向天水墨来写作上一段路吧，走向[illegible]所有我们的语言下通达纷至沓来，化作一个个美丽的语句词句——我就这样随着《挪威的森林》、随着村上春树开始了中国之旅。今年是二十五周年。翻译之初，我也[illegible]这部书作为[illegible]全译，精力明显[illegible]以一以之绝古同时的[illegible]情调；[illegible]“[illegible]之[illegible]”。[illegible]，[illegible]，[illegible]，[illegible]。[illegible]一[illegible]，[illegible]下[illegible]陪[illegible]一[illegible]代人[illegible]，[illegible]

给青年人的书信与讲话："学问"与"理想"之间。

收在这附录里中增加了对青年人的讲话。讲话时间最早的是一九四九年一月，讫于今年即二〇一四年四月。正[illegible]时间[illegible]安全。但[illegible]之[illegible]，[illegible]。

我也[illegible]大[illegible]一词，我这个人也[illegible]。[illegible]这之处，[illegible]我也[illegible]之[illegible]给青年人的讲话，——[illegible]——[illegible]可[illegible]进[illegible]人之[illegible]。我[illegible]、我[illegible]、我一[illegible]之[illegible]，即为[illegible]。而[illegible]时，我又[illegible]。

[illegible]

[illegible]

[illegible]

林少华

二〇一四年十月一日

时于窗[illegible]
[illegible]秋风萧瑟[illegible]

林少华看村上

从《挪威的森林》到《刺杀骑士团长》

林少华 著

青岛出版社
QINGDAO PUBLISHING HOUSE

图书在版编目(CIP)数据

林少华看村上：从《挪威的森林》到《刺杀骑士团长》/ 林少华著．— 青岛：青岛出版社，2020.5

ISBN 978-7-5552-9140-4

Ⅰ．①林… Ⅱ．①林… Ⅲ．①村上春树－文学研究②书评－中国－现代－选集 Ⅳ．① I313.065 ② G236

中国版本图书馆 CIP 数据核字 (2020) 第 052528 号

书　　名　林少华看村上：从《挪威的森林》到《刺杀骑士团长》
著　　者　林少华
出版发行　青岛出版社
社　　址　青岛市海尔路182号（266061）
本社网址　http：//www.qdpub.com
邮购电话　（0532）68068091
策　　划　刘　咏　杨成舜
责任编辑　霍芳芳
特约编辑　王　伟
封面设计　今亮后声 HOPESOUND pankouyugu@163.com · 小九
制　　版　今亮后声 HOPESOUND pankouyugu@163.com
印　　刷　青岛国彩印刷股份有限公司
出版日期　2020年5月第1版　2020年11月第2次印刷
开　　本　32开（889mm × 1194mm）
印　　张　14.125
字　　数　300千
印　　数　5001-8000
书　　号　ISBN 978-7-5552-9140-4
定　　价　69.00元

编校印装质量、盗版监督服务电话：4006532017　0532-68068638

前言

一九四九年出生的村上春树，在经营小酒吧的一九七九年趴在厨房餐桌上写了第一部小说《且听风吟》。至今走过了三十五年文学创作旅程。我的翻译则晚了十年。一九八九年寒假开始翻译《挪威的森林》，同年七月由漓江出版社出版。

记得一九八九年广州的冬天格外阴冷。借用村上的话说，就好像全世界所有的冰箱全都一齐朝我大敞四开。我蜷缩在暨南大学苏州苑三十号楼五〇二单元一个朝北房间的角落里，裹一件颜色仿佛蓝墨水染成的混纺鸡心领半旧毛衣，时而朝下望一眼楼下路上像绿子一样说说笑笑走过的港澳女生的彩色身姿，时而搓一下几乎冻僵的手指，看着日文一格格爬格不止。感觉上就好像直子、绿子、渡边君、永泽君和“敢死队”用一条看不见的细线牵着我的自来水笔尖在稿纸上一路疾驰，世间所有美妙或不怎么美妙的词语随之纷至沓来，任我一个个嵌入绿色的方格——我就这样陪着《挪威的森林》、陪着村上春树开始了中国之旅。尔来二十五年矣。翻译之初，我身上还带有些许青春余温，精力旺盛得差不多可以一口气跑去月球的背面；而今早已日暮西风古道瘦马，“鬓已星星矣”。其间阴晴霜雪，风雨寒温，喜忧甘苦，动静炎凉，可谓一言难尽。唯一让我感到欣慰的是，自己笔下的文字已经陪伴一两代人走过各自的青春河床，不同程度地影响了他和她的阅读兴趣、审美倾向、生活格调以至心灵品位。

但我不光是翻译匠，而首先是个教书匠。在大学教书，教日本文学和文学翻译。这就要求我不能在翻译园地里流连忘返，而必须在这一过程中兼顾学术研究。作为身在学院体制内并且受过学术训练的知识分子，学术研究本应是我较为熟悉的风景。但事关村上批评，每次动笔我都不太想采用条分缕析严肃刻板的学术文体和范式。这一是因为村上作品受众面较广（二〇〇〇年前漓江出版社印行五十万册，二〇〇〇年以后上海译文出版社印行七百万册），而且多是年轻人；二是因为较之从西方引进的这种学术文体和范式，我更欣赏以整体审美感悟和意蕴文采见长的中国传统文学批评笔法。所幸我自己也从事文学创作，算是“半拉子”作家，对这种笔法并不十分陌生。我的一个追求，就是以随笔式文体传达学术性思维，以期在“象牙塔”和大众之间构筑一道桥梁。这本小书可以说是远不成熟的尝试。

我以为这同系统性并不矛盾。作为书的体例，大体分长篇、短篇和随笔三类，每类以时间顺序一书一评。从处女作《且听风吟》到二〇一四年最新短篇集《没有女人的男人们》，共评书四十六本。除了品评每本书、每篇作品所体现或蕴含的艺术特征、心灵信息和精神趋向，还连续提取了作家较为典型的生活细节和创作思想的变化轨迹。因此，纵向读之，未尝不可视为作家传略和创作谱系；横向读之，又是相对独立的文本解读或作品各论。文学批评的最终目的,不是为了验证以至构筑某种文学批评理论,而在于通过文本解读或赏析促成一种深度认知和审美体验。我的优势在于,自己是世界上单独翻译村上作品最多的译者,已有四十一种单行本由我逐字逐句译成中文。不言而喻,一部作品读一遍和翻译一遍,感觉不可同日而语。而我的劣势恐怕也在这里:由于在文本中浸淫太久太深,跳出文本而从理性思辨角度加以俯瞰的气魄和力度未免弱了些。因此,正如任何翻译都只能是基于译者个人感受和理解的语言转换,这里所写的也仅仅是我自己极有限的理解和感悟,绝非阅读指南,更不具有学术上的权威性。倘读者能从中获得若干背景知识和点滴启示,就足以让我深感欣慰。

书中很大一部分内容以译文序跋或论文随笔或演讲访谈等形式发表过。并在二〇一〇年一月和二〇一四年四月由中国友谊出版公司和香港天地图书有限公司分别结集印行,名为《为了灵魂的自由——村上春树的文学世界》。这次所以由青岛出版社再次付梓,主要是因为新写了若干篇章。同二〇一〇年大陆版相比,增加了七篇。内容涉及当时没有的《地下》《在约定的场所》(地下Ⅱ)、《村上广播》《没有意义就没有摇摆》《没有色彩的多崎作和他的巡礼之年》《没有女人的男人们》,以及村上编译(著)的《生日故事》。并在附录中增加了《村上春树年谱》。与此同时,限于篇幅,删除了原版附录Ⅰ中的两篇演讲稿和一篇访谈稿。这样,除了纯学术论文和演讲稿,相关新旧文稿得以大体汇聚于此——毕竟一般读者、研究者把这些文字搜集齐全并非易事——村上文学创作三十五年的轨迹也因之粗线条呈现出来。当然这是在我看来的村上文学,故名之为

《林少华看村上:村上文学35年》。

考虑到一般读者的阅读习惯,注释没有像撰写学术论文那样做得无一疏漏,只择其要者简略注之。还请各位同行和相关学者见谅。

和世间绝大多数人一样,我的人生也有种种幸与不幸。不幸且不说了。而一个幸、一个幸运之处,大约就是自己的文字——译作也罢创作也罢论说也罢——似乎为许多人所喜欢。或者说我笔下流淌出来的语汇,如一个个小精灵有幸走进无数人的视野,走进他和她的心间。我的感觉、我的想法、我的意念和情思因之得到扩展和传播,为许多朋友所分享和共有。而我也因之分享和共有了朋友们心中的一切。这当然超越了年龄、性别、职业,超越了功利和时空。是的,的确不是我单方面付出,而且是互相给予什么、分享什么、共同拥有什么,而且是美好的超越性的什么!每当我想到这一点,我就觉得自己有可能是世界上分外幸运的人,仿佛有一股甘甜而清澈的泉水从心底静静渗出,最终稀释以至化解了若干无端的郁闷和不快的记忆。

不用说,这本小书也是大体属于这类性质的文字。感谢青岛出版社的慷慨大度,感谢杨成舜编审的美意和辛劳,更感谢关注和阅读这本小书的无数朋友们。

林少华

二〇一四年十月一日深夜于窥海斋

时青岛皓月当空海天一色

新版前言

星移斗转，暑尽寒来。这本小书，倏忽间差不多走过了十年旅程。

二〇一〇年一月由中国友谊出版公司首先付梓，书名为《为了灵魂的自由——村上春树的文学世界》，之后不久加印一次。二〇一四年四月转交香港，由天地图书有限公司以同一书名增加六篇出了增订版。二〇一六年一月回归本地，由青岛出版社出了修订版——较香港版删减了五篇（两篇论文两篇演讲一篇访谈），增加了三篇及村上年谱。书名改为《林少华看村上：村上文学35年》。

青岛版责任编辑杨成舜编审似乎意犹未尽，日前打电话来，说准备再出一版。建议把关于《刺杀骑士团长》和《猫头鹰在黄昏起飞》的两篇加进去。书名改为《林少华看村上：从〈挪威的森林〉到〈刺杀骑士团长〉》。顺手牵羊，又加了一篇关于《作为职业的小说家》的随笔。是为修订本的修订本，即最新版本。

如此这般，北京、香港、青岛一路辗转而来，一再修订增补。这一来说明较受读者以至学界关注，二来也可谓与时俱进。毕竟村上仍在笔耕不辍，而我只好跟踪追击，或评或译，不忍放弃。而无论跟得多少篇，这也算不上高深的学术专著。老实说，其中大部分是作为译序涂抹的。回想十多年前，我在父母从青岛返回东北后留下的房间里，一个人趴在未必算是写字台的桌子上，一边感受着房间里仿佛无所不在的年老父母的面容、身影和体温，一边翻阅日文资料或闷头写个不停。快则四五天写一篇，慢则一个星期得六七千字。那时并没有结集出书的打算，更没想到出了会一版再版。人有人的命运，书有书的命运。无论如何，自己抓挠出来的文字能为出版社欣赏，能为读者需求，而未马上就被时间冲出记忆的围墙，这都是值得庆幸的事。既是我这个人的幸运，又是这本书的幸运。

村上年届古稀。或许由于他是长跑爱好者兼音乐爱好者的关系，看上去身心相当健康。只要他有意，再写两三本应该不在话下。我呢，也早已过了花甲之年，虽不热爱长跑和音乐，但热爱牵牛花蒲公英，热爱地瓜马铃薯，加之山民出身久经风雨，所以尚能饭否于我不是疑问。这样，里应外合，这本小书仍可能继续增订，继续再版，还请读者朋友继续关照为盼。

初版自序，写于二〇〇九年十月三日（己丑中秋），时青岛玉兔临空月华如水；香港版序，写于二〇一三年十一月九日，时青岛秋雨敲窗枫叶飘零；青岛版序，写于二〇一四年十月一日，时青岛皓月当空海天一色。今天是二〇一九年六月二十九日，时青岛……但愿我能这样不断记录下去。

林少华

二〇一九年六月二十九日于窥海斋

时青岛石榴花红栀子飘香

目录

长篇小说

短篇小说

随笔·游记·纪实文学

附录

长篇

むらかみ
はるき

小说

《且听风吟》：
出手不凡的处女作

《且听风吟》是村上春树的第一部作品，即处女作，不长，译成中文不到七万字。然而正是这七万字让村上从爵士乐酒吧默默无闻的小老板成了赫赫有名的大作家。因此无论村上本人还是读者和评论家都很看重这部小说。2001 年 8 月，村上应笔者的要求以《远游的房间》为题给中国读者写了一封信，信中这样谈到《且听风吟》（以下简称《风》）的诞生：

> 说起来十分不可思议，三十岁之前我没有想过自己会写小说。还是大学生时结的婚，那以来一直劳作，整日忙于生计，几乎没有写字。借钱经营一家小店，用以维持生活。也没什么野心，说起高兴事，无非每天听听音乐、空闲时候看看书罢了。我、妻，加一只猫，一起心平气和地度日。
>
> 一天，我动了写小说的念头。何以动这样的念头已经不清楚了，总之想写点什么。于是去文具店买来自来水笔和原稿纸（当时连自来水笔也没有）。

深夜工作完后，一个人坐在厨房餐桌旁写小说（类似小说的东西）。也就是说，独自以不熟练的手势一点一点做我自己的“房间”。那时我没有写伟大小说的打算（没以为写得出），也没有写让人感动的东西的愿望。我只是想在那里建造一个能使自己心怀释然的住起来舒服的房间——为了救助自己。同时想道，但愿也能成为使别人心怀释然的住起来舒服的场所。这样，我写了《风》这部不长的小说，并成了小说家。

进一步具体说来，《风》虽然发表在1979年，但写是1978年村上二十九岁的时候。自1974年开酒吧以来，也是因为想尽快偿还债款的关系，村上一直起早贪黑，忙得不亦乐乎。但那年闲得不行——按村上的说法，大凡开店总会遇上一段低谷——而又不能因为闲解雇临时工，致使时间多得不知如何打发。于是他去神宫球场（家就在球场旁边）看棒球。那天风和日丽，从中午开始他就歪在外场喝着啤酒看一场开幕赛。他喜欢的是养乐多（YAKULT）队。第一局下半场，这支队一位名叫希尔顿的来自美国的球员一下子把球击去左场——就好像击在了他的脑袋上，使得他脑袋里突然冒出一个念头：写小说！至于二者有什么关联，村上也不晓得。反正那天他喜欢的球队碰巧获胜了，而他碰巧冒出写小说的念头，并且写出了获奖了——获得了日本有名的纯文学杂志《群像》设立的“新人奖”——的作品。

获这个奖其实也有偶然性。《风》从4月写到夏日。写的期间他就准备参加征文活动。因为不知如何应征，就去住处附近一家书店翻阅文学刊物，正好看到《群像》要求征文的长度在二百页稿纸（每页四百字）左右。而他一开始就根本没打算写短篇，于是根据《群像》的要求，以二百页左右把握长度。“就《风》这部小说来说，我自己也有很多东西不明白。总之这里边写的大部分都是极为下意识地冒出来的。几乎没有算计怎么写，不曾有总体构思什么，反正想写什么就写什么，一路写了下来。这么说或许过于夸张，感觉上就像‘自动记录’似的。在这个意义上，或许是——结果如何另当别论——很有福气的作品。”尽管如此，他还是返工了一次，二百页全部写完后撕掉扔了，又从头写了二百页。重写时只用了原来的故事梗概，其他无论比喻还是什么，再不采取现实主义手法，只管随心所欲或者说开玩笑似的写下去。写着写着，他觉得“全身的筋肉开始舒展自如”，有了得心应手之感。每天夜里在厨房餐桌边喝啤酒边写，顶多写一个小时，但“很开心”。第二次写完后，直接寄给了《群像》编辑部，结果获奖了。“老实说，我没以为会通过。我只是因为想写才写的，写出来的东西放在手上也没用，心想寄出去再说吧。所以复印都没有复印。”

获奖当然让村上高兴和庆幸。而且五名评审委员是以全票通过的。给的评语也饶有兴味，下面引用两段看一下。作为评委之一的日本著名作家吉行淳之介这样写道：

> 爽净轻快的感觉下有一双内向的眼，而主人公又很快将这样的眼转向外界，显得那般漫不经心（nonchalant）。能把这点不令人生厌地传达出来，可谓出手不凡。不过，我觉得那不仅仅是技艺，也

有作者强调的品性融入其间，对此我予以评价。叫“鼠”的那个少年，归根结底想必是主人公（作者）的分身，却大体写得像是另一个人，从中亦可见其手腕。每一行都没多费笔墨，但每一行都有微妙的意趣。此人生死攸关的分界，在于重心是否转移到“技走”上面。

另一位评委、文学评论家丸谷才一指出《风》的风格，深受库特·冯尼格特（Kurt Vonnegut）和理查德·布劳提根（Richard Brautigan）等当代美国作家的影响，认为是学习美国作家的成功范例，而这乃是其才华所使然。也正因如此，才得以在借鉴的同时保持了个人特色。丸谷才一接着称赞道：

> 这方面的处理方式有一种或许应该称之为日本式抒情那样的情调。当然，说是作者个性的表现也未尝不可。如果发挥得好，这种以日本式抒情涂布的美国风味小说不久很可能成为这位作家的独创。
>
> 总之才华甚是了得。尤其出色的是小说的流势竟全无滞重拖沓之处。二十九岁的青年写出这样的作品，说明当今日本的文学趣味开始出现大的变化。这位新人的登场固然是一个事件，但给人以强烈印象的，恐怕来自其背后（我估计）存在的文学趣味的变革。

应该说，这两位评委是很有先见之明的，村上日后的发展程度不同地为其提供了佐证。总之,《风》的获奖使村上的人生风帆彻底改变了航向。“假如落选,那以后恐怕就不会写了,倒是说不清楚。如果不先获个奖就难以写下去这一面我想是有的。”小说获奖着实让村上周围的人吃了一惊。与其说为之刮目相看,莫如说难以置信。因为大家都认为那不过是再普通不过的小说。甚至有人当面说他的小说获奖是阴差阳错。也有人劝他适可而止,别再写下去了,好好开酒吧算了。村上当然没听,幸亏没听。哪个国家都不缺少开酒吧的生意人,缺少的是能够提供新颖文学文本的真正优秀的作家。不管怎么说,作家、文学家永远是一个民族的骄傲,是一个民族心灵花园的导游及其自证性(identity)的代言人。

那么,这部小说作为文学文本的新颖之处表现在哪里呢?显而易见,主要表现在它的文体或者语言风格:简洁明快,爽净直白,节奏短促,切换快捷。如《风》第一节所说的,“没有任何添枝加叶之处”,简直像“一览表”。小说当然是用日语写的,却又不像日语,不像传统的日本文学作品。这点同川端康成和三岛由纪夫等人比较一下就更明显了。或者说日语味儿很淡。村上认为日本小说过于利用“日语性”,以致“自我表现这一行为同日语的特质结合得太深了,没了界线”,而这对于他实在过于沉重(heavy)。也正因如此,他原来几乎没有当小说家的念头,没以为可以用日语写出小说。“说老实话,写这个的时候我不知怎么写才好。起始用现实主义大致写了一遍,同一故事梗概同一模式,只是文体是用既成文体或者说用普通小说文体写的。写完一读,实在太差了,觉得该是哪里出了毛病……所以索性推倒重来，开始按自己的喜好写。先用英语写一点点，再翻译过来。结果觉得很顺手，那以后就一直用这种文体。”换言之，《风》的文体一开始乃不得已而为之，尝到甜头后才开始刻意经营——“别人怎么看待我是不大清楚，但如今想来，我觉得自己是将贴裹在语言周身的各种赘物冲洗干净……洗去汗斑冲掉污垢，使其一丝不挂，然后再排列好、抛出去”。他又说将语言洗净后加以组合是他的一个出发点，“我想我是有能力从这里出发组合得更好的，尽管那是非常不完全的、原初性的东西”。日本文学评论界虽然对村上作品议论纷纭，褒贬不一，但对于其文体的看法大体一致，认为有创新性，近乎透明，了无阴翳，可谓开一代新风。甚至认为其文体的新颖意味其对世界理解的新颖，并非语言的新颖（关井光男）。

《风》还有一个新颖之处或者特点，那就是距离感。可以认为，这部小说一共四十节中最重要的是开篇第一节。第一节点出了村上小说的主要特色，点出了其基本走向和几乎所有的可能性。村上自己也谈到这一点。他在一次接受采访时说，《风》尽管作为小说还很稚嫩，回头读起来让自己觉得脸上发热，但其中毕竟大体提示了他想采用的风格（style）、方向和结构（structure）等等。“所谓处女作在原理上大概便是这么一种东西，有时自己都为之吃惊……另外，关于这部小说我记得最清楚的一点，就是自己想说的几乎全部写在第一节那几页里面了”。而其中写得最多的就是“距离”。村上借虚拟美国作家哈特费尔德之口这样说道：“从事写文章这一作业，首先要确认自己同周遭事物之间的距离，所需要的不是感性，而是尺度。”随后又提起一次：“我们要认识的对象和实际认识的对象之间，总是横陈着一道深渊，无论用怎样的尺都无法完全测出其深度。”由此可见，村上创作之初就对距离或尺度异常执着，后来发展成了其文学世界一以贯之的整体特色之一。哈佛大学教授杰·鲁宾在他的专著《倾听村上春树：村上春树的艺术世界》（*Haruki Murakami and the Music of Words*，*冯涛译，上海译文出版社2006版*）中也把这点看在眼里：“村上春树了不起的成就在于对一个平凡的头脑观照世界的神秘和距离有所感悟。”也正因为村上如此看重距离、尺度而并不看重感性，所以当别人特别关注其作品的感性，认为他是感性至上主义的时候，他感到非常不快。

那么，距离感具体表现在哪里呢？主要表现在对语言和对人两个方面。首先看他同语言之间的距离。一般认为，日本以往的小说，语言和作家基本捆在一起，作家即语言，语言即作家。语言在作家这个大抽屉里挤得满满的，无论拿出哪一个都带有作家的体温、汗味和喘息，看得读者透不过气翻不过身。但村上不是这样，一如大约最早研究村上的日本文学评论家川本三郎所指出的，村上即使对他使用的语言也采取一种不介入姿态，在自己同语言之间设置开阔地间，保持适当距离。在这个意义上，村上不是将语言视为自身的血肉或心声，而是当成与己无关的独立存在。说得极端些，不是用语言表现自己，而是用语言表现语言。而他像隔岸观火一样看着由语言自身叠积成的小说这一建筑物，甚至对语言同自己的距离采取一种玩世不恭的游戏态度。不过，按村上自己的说法，至少在《风》这部处女作中他并非刻意这样做的。所以出现距离感，“说到底那是因为尽管我身上有想写什么的欲望，却又没什么东西可写的缘故。这也不想写，那也不想写，如此一来二去，题材就一个

也没剩下 —— 虽说不是剥洋葱皮，总之不知道写什么合适，于是心想那么就随意排列语言好了，看它们到底能表现什么。”结果竟成就了他文体的一大特色。话又说回来，随意为之的文字往往发自内在的天性，而天性无疑最为恒久和稳定，所以这种距离感成为村上始终一贯的文体特色也并不奇怪。

其次，距离感还表现在主人公（村上）和他人的关系方面。村上深知现代人每人心里都有自己的秘密或隐痛，很难诉诸语言。正如《风》第一节所说，“直言不讳是极为困难的事。甚至越是想直言不讳，直率的言语越是遁入黑暗的深处”。因此，人与人之间的沟通和理解几乎是不可能的。任何尝试都可能是徒劳的，甚至伤害对方。最为明智的做法就是同对方保持距离，不要靠得太近，更不要动辄强加于人。在这个意义上，距离就是理解，就是温情，就是关心。这是村上小说里的男主人公一贯的做法和姿态。《风》中，“我”把在杰氏酒吧喝得烂醉倒在卫生间地上的女孩开车送回她的宿舍后，陪着赤身裸体的女孩过了一夜，即使这时“我”仍执着于距离：“我最大限度地张开手指，从头部开始依序测其身长。手指挪腾了八次，最后量到脚后跟时还有一拇指宽的距离 —— 大约一米五八。”实际上他也保持了距离，尽管同人事不省且脱得光光的女孩躺在一张床上，但“我”“什么也没做”。不仅如此，对女孩的内心世界“我”也无意介入，尽量拉开距离。例如后来女孩说她并未旅行，坦言为此说谎骗了“我”。而当女孩问我是否“想听真实的”的时候，我则把话岔开：“去年啊，解剖了一头牛。”女孩很快明白了：“什么也不说就是。”“我”便是通过这种佯作漠不关心的态度表示他特有的关心。问题是，如果只能以这种保持距离的方式表达关心，那未尝不可以说是现代人、现代社会的一种悲剧，一种矛盾。而这恰恰是村上作品中常见的奇妙张力。

耐人寻味的是，村上对人的距离感或疏离感，甚至不排除自己本身——村上几乎从不直接写自身的经历和体验，不写家庭。他说："如果说《风》这部小说作为小说在某种程度上得以有效成立的话，那么我想是由于把当时能写的和不能写的、应该写的和不应该写的本能地区分筛选的缘故。例如家庭问题和名字问题等一般小说里普遍出现的要素在这里都省略掉了。"这不限于《风》，村上其他作品也几乎同样不出现家庭。出现动物，如猫、狗、袋鼠、大象等等，但不出现家人，如父母和兄弟姐妹等等。妻即使出场也长久不了，不是明确离婚了就是暗中消失了或跟别的男人跑了再不回来。在《风》和后来的《1973年的弹子球》《寻羊冒险记》"三部曲"中，村上宁肯写杰氏酒吧的中国老板杰对自己的呵护和关照。如《风》接近尾声时，要离开家回东京上学的"我"特意提着小旅行箱直接赶到杰氏酒吧：

> 杰招待了我几瓶啤酒，还把刚炸好的薯片装进塑料袋叫我带着。
>
> "谢谢。"
>
> "不用谢，一点心意……说起来，一转眼都长大了。刚见到你时，还是个高中生呢。"
>
> 我笑着点头，道声"再见"。
>
> "多保重！"杰说。

平静的淡淡的语气中自有一种不动声色的温情，可以说，杰身上甚至带有几分母爱色彩。

村上为什么把本来最容易写的家庭、家人列入“不能写”或“不该写”的事项而有意同其保持距离呢？村上解释说这是因为他个人不把家庭看得那么重，而这来自他强烈的个人主义倾向。“反正我有相当坚定的意志，不愿意受‘家庭’这个团体——不单单家庭，而是所有团体、组织——的束缚。所以至今都一直没要孩子，因为只老婆和我就不能称为家庭。这在结果上或许意味拒绝日本式土壤。说得夸张些，这等于同土著性血脉一刀两断，至少不是仅仅不写什么那样轻描淡写的问题，这点可以断定。”至于为什么不直接写个人经历和体验，村上说他极端讨厌写这个。“例如男女的爱情纠葛就不是什么漂亮玩意儿，总的说来黏糊糊让人不好受。生活本身在很长时间里也是单调的不是滋味的……这些深深沁入骨髓，但我不想写。讨厌的人周围也有，讨厌的事情也堆积如山，这个那个啰啰唆唆……可有这种感受的不止我一个，不好意思大声把它说出来。不得不默默忍受自己处境的人毕竟也是有的。”应该说，这段话村上说得相当坦率。的确，不写个人体验和经历，不写家庭，不写人与人之间黏糊糊湿漉漉的感情冲突，尽可能与之保持距离——其结果，势必导致同“日本式土壤”保持距离，进而同日本这个社会保持距离甚至逃离。距离产生自由，自由是最可贵的。这或许也可以看作村上长时间旅居国外的一个原因。

距离感或疏离感，连同虚无感、孤独感、幽默感，构成了村上作品的基本情调。它无法捕捉，又无所不在，轻盈散淡，又叩击心扉，凉意微微，又温情脉脉，似乎轻声提醒在人生旅途中昼夜兼程疲于奔命的我们：且听风吟……

《1973年的弹子球》：村上或“我”在寻找什么？

村上春树有个青春“三部曲”，《且听风吟》率先，《寻羊冒险记》殿后，这部《1973年的弹子球》居中（以下称《球》）。《球》写于1980年，和前一年的《且听风吟》一样，都是开酒吧期间半夜趴在厨房餐桌上写的，每晚吭哧吭哧写一两个小时。同时也是除《挪威的森林》外唯一有直子出现的长篇。写《且听风吟》，大体是由于心血来潮，还没有创作自觉；但写《球》的时候，则已明显意识到自己想写的东西，即有了创作主题，有了创作自觉。

村上后来为《球》收入作品全集时写的后记中这样回顾道：

> 这部作品夹在处女作《且听风吟》和第三部长篇《寻羊冒险记》之间，感觉上总好像有些模糊（至少我是这样感觉的），但这里首次出现了在我以后小说中展开的种种要素。在总体上它固然和《且听风吟》同样未能走出习作阶段，不过我自己对这部小说还是有些偏爱的。在这部作品中，我第一次得以将自己的情思聚敛于一个对象，那就是虚拟

的弹子球机。主人公“我”外出寻找那台游戏机。这样的构思或结构同我的心情一拍即合。

这部作品也是一边开店一边写的。和写《且听风吟》时一样，都是半夜伏在厨房桌子上写的。全然没有写得辛苦的记忆，越写越想写。和写《且听风吟》那时不同，感觉上写得十分顺畅。一个命题（在结果上的命题）在此得到释放——因为已经写得无需命题了。随着命题的淡出，自发性情节（Story）开始支配我的脑袋，小说开始自立、开始独立行走。我已经知道该做什么了。当然，知道也做不到的地方也许许多多。可是有一种让人心里温暖（heart warming）的乐观情绪——文学新手是需要这个的，在它的支撑下，我顺顺利利写完了这部小说。小说本身的力量那样的东西开始破壳而出。那里有一种实实在在的手感。

而且，这是我半夜在厨房餐桌写的最后一部长篇。此后我彻底改变了生活，走上全职专业作家的道路。在这个意义上，我对最初这两部小说怀有深切的个人挚爱。这两本书沁有我种种样样的回忆。有的愉快，有的则不太愿意想起。收入全集之际，大部分短篇都多少有所改动，但这两部原封未动。一来一旦动起来就没完，二来也不想动，不想动的心情要更强些——前面也写了。我认为这两部作品的成立是同某种不完美性互为表里的。读者朋友或许也有所不满，但希望理解我——这就是我，我只能是这样的我。

（《村上春树全作品 1979—1989·创作谈》，讲谈社 1990 年版）

如果说，村上在《且听风吟》中把自己的情思、意念、体验和思考之网任其自然地、消费性地散向四周，在《球》中则渐渐收拢起来，而将其集中抛向或“聚敛于”弹子球机这一对象——“我已经知道该做什么了”。也就是说，创作开始由不自觉向自觉过渡，由无主题向有主题过渡。那么，其作品的主题或自觉旨趣是什么呢？就是寻找！

村上在 1985 年接受川本三郎的特别采访（《文学界》1985 年 8 月号）和 1991 年在《文学界》增刊号“村上春树 BOOK”中以《我这十年》为题撰文当中两次提到寻找，说自《球》开始出现寻找什么这一模式（pattern），寻找是《球》的着眼点。明确表示以寻找什么为中心是受到了雷蒙德·钱德勒（Raymond Chandler）的影响。“钱德勒的菲利浦·马洛为寻找某条线索见一个人，往下再见一个人——我的确如法炮制来着，因为我非常喜欢钱德勒。结果一发不可遏止，见此人之后，往下去哪里自然水到渠成。”

其实，寻找是很寻常的行为模式。小时候找妈妈，上学后找老师，长大了找对象，毕业后找工作找房子找车子找票子找门路……应该说，人的一生就是寻找的一生。在文学世界中，寻找也是最初的形态和模式。但村上笔下的寻找——方式也好目标也好结果也好——大多不具有通常意义上的现实性和必要性，基本与生计无关。比如在《球》中，一开始是找狗。不是自家走失的狗也不是朋友委托的狗，而是火车站月台上的狗——直子一次提起小镇车站月台上总有狗从这头走到那头，于是“我”来了兴致，无论如何都想找那条狗。“为此我剃了胡须，扎上半年没扎的领带，换上科尔多瓦新皮鞋”。当然，寻找内容主要还是找弹子球机。三年前“我”上大学时曾迷上弹子球游戏：“我真正陷入弹子球这个可诅咒的世界是在 1970 年冬天。那半年感觉上我好像是在黑洞中度过的。我在草原正中挖一个大小同自身尺寸相适的洞，整个人钻进洞去，塞起耳朵不听任何声响，什么都引不起我半点兴致。”“我”玩得很好，“是我唯一能怀有自豪的领域”。后来“我”不再玩了，常去的娱乐中心突然倒闭了，自己玩的那台名叫“宇宙飞船”的弹子球机随之去向不明。于是“我”在 1973 年的某一天忽有所感，决心去找那台弹子球机，找弹子球机上的“她”：

> 某一天有什么俘获我们的心。无所谓什么，什么都可以。玫瑰花蕾、丢失的帽子、儿时中意的毛巾、金·皮多尼的旧唱片……全是早已失去归宿的无谓之物的堆砌。那个什么在我们心中彷徨两三天，而后返回原处……黑暗。我们的心被掘出好几口井。井口有鸟掠过。
>
> 那年秋天一个黄昏俘获我的心的，其实是弹子球。

在一位教西班牙语的大学讲师的帮助下，我终于在荒郊野外一座由养鸡场冷库改成的仓库里找到了弹子球机，找到了那台名叫“宇宙飞船”的“俘获我的心”的弹子球机，时隔三年和“她”度过了短暂的几分钟。那确是极有意味的不寻常的几分钟。

这里，我们不禁要问，到底是弹子球机中的什么俘获了主人公的心？或者说，“我”找弹子球机到底是找弹子球中的什么？作品中“我”打交道的人并不多：直子、鼠、双胞胎女郎、同宿舍楼的长发少女、西班牙语讲师。而且不难看出，主人公几乎同任何人都保持距离，甚至似乎谈过恋爱的直子和一起在床上嬉戏的双胞胎女郎都不曾俘获过他的心，没有任何人让他等待过或寻找过。同直子之间，根本没有描述恋爱过程；双胞胎离去时，他也没有挽留，仅仅在送行路上说了一句“你们走了，我非常寂寞”。相比之下，月台上那条狗却让他西装革履——西装革履仅此一次——再三独自去找那座小站，对狗说“等得我好苦”。而更让他心里割舍不下的无疑是弹子球机：

> 常想你来着，我说。心情于是一落千丈。
>
> 睡不着觉的夜晚？
>
> 是的，睡不着觉的夜晚，我重复道。
>
> ……
>
> 找得我好苦。

找得我好苦！正因为找得好苦，主人公才格外注意观察作为弹子球机的“她”的表情，在那么短的时间里观察出了对方几种表情：“终于睡醒似的朝我微笑 / 令人想起往日时光的微笑 / 哧哧地笑，笑脸真是灿烂 / 妩媚地一笑。”可见双方何等两情相悦。而对于作为真正的“她”，“我”却始终保持克制。在小说中，

"我"同主动送上门的一对双胞胎姐妹一起生活,在一张床上睡觉,而且"我"睡在两人中间。按理,这方面应该有很多美妙的事情发生,然而没有发生。发生的最有趣的事是关于配电盘的。三人竟煞有介事地为配电盘举行葬礼,"我"甚至搬出康德语录来作悼词。不妨说,208 和 209 这对双胞胎姐妹尽管也具个性,但并不是作为具有血肉之躯的活生生的人出现的。与她们相比,作为无机物的配电盘和弹子球机反而更为生动,更有感情,更有特点,更能俘获主人公的心。极端说来,人与器械产生了"互文性",人像器械,器械像人——村上由此点化出了社会中人的疏离性。因而,主人公只能转而同动物甚至同无机物即无情之物进行情感交流,踏上寻找弹子球之路。这大约是寻找弹子球行为的第一层寓意。

不仅如此,主人公自身也产生了疏离性,对自己有了疏离感。这同经济状况无关。他大学毕业后同朋友开了一家专门搞翻译的小事务所,经营意外顺利,译件源源不断,运转资金绰绰有余,还雇了个双腿修长的女孩做事务员,女孩又对"我"颇有情意。"咱们是成功人士",朋友说。的确可谓成功人士。然而我产生了乖戾感(違和感)。"时不时有这种乖戾感,感觉上就像硬要把两块种类不同且夹带碎片的嵌板拼在一起似的。每当这时,我总是喝威士忌躺下。早上起来情形愈发不可收拾。周而复始。"甚至觉得自己的脸根本不像自己的脸,不知道自己是谁,不知道如何把握自身。因此当务之急是把疏离了的自身黏合起来,找回我之所以为我的证据。而最好的证据就是那台弹子球机——"她"是"我"的过去的见证人,"我"的自豪、我的荣光的见证人。"只有我理解她,唯独她理解我"。"我"

必须去找“她”,“她”也在哪里连连呼唤“我”。只有同“她”的重逢才能将过去的“我”和现在的“我”合为一体。最后,我在七十八台废弃的弹子球机队列中间缓缓走过后同她再次相遇:

> 三蹼“宇宙飞船”在队列的大后方等我。她夹在浓妆艳抹的同伴中间,显得甚是文静,好像坐在森林深处的石板上等我临近。我站在她面前,细看那梦绕魂萦的板面。黛蓝色的宇宙,如深蓝墨水泼洒的一般。上面是点点银星。土星、火星、金星……最前面漂浮着纯白色的“宇宙飞船”。船舱里闪出灯光,灯光下大约正是一家团圆的美好时刻。另有几道流星划破黑暗。

找到弹子球机之后,“弹子球机的呼唤从我的生活中倏然远逝。空落落的心情也已消失”。“我”基本上终结了身心撕裂的痛苦和不知自己是谁的惶惑,开始期待在长满狗尾草的草原上静听风声,开始“走我应走的路”。不妨说,寻找弹子球机就是寻找同自我疏离性相对立的自我同一性(identity)。这应该是寻找第二层寓意。

其第三层寓意,在于作者对于彼岸世界的关注。不用说,作为弹子球机的“她”并没有生命,通往弹子球机所在场所的路无异于死亡之旅。那是初冬时节的某个周三夜晚,显然是东京城郊的城郊笼罩在黑暗之中。但那完全是不具日常性的另一种黑暗:

四下彻底黑尽。并且不是单一的黑，而是像涂黄油一样把各种颜色厚厚地涂上去的那种黑。

我脸贴车窗玻璃，静静地注视着这样的黑暗。黑暗呈平面，平展得不可思议，仿佛用快刀将不具实体的物质一片片薄薄切开的切面。奇妙的远近感统治着黑暗。巨大的夜鸟展开双翅，轮廓分明地挡在我们面前。

房舍越走越稀，后来只剩下地底轰鸣般涌起几万只秋虫的鸣声的草原和树林。云层如岩石沉沉低垂，地面上的一切无不耸肩缩首似的在黑暗中屏息敛气。

"我"便是在这样的黑暗中乘车前行。旁边的西班牙语讲师一支接一支吸烟，出租车司机也在吸烟——烟仿佛是维持此岸世界与彼岸世界之"关系性"的唯一物品，"我"不吸烟（尽管"我"平时吸烟，作者本人当时也吸烟），"我"不想用烟来证明自己仍置身于此岸世界。然而"我"到底惶恐不安，恨不得推开车门逃回温暖的被窝。但"我"当然没有那样做。到达目的地后，我下车告别西班牙语讲师，独自沿铁丝网走向三百米开外的仓库。前面也说了，仓库原是养鸡场的冷库。养鸡场倒闭了，鸡没了，但仍有鸡味儿，下雨天味儿更大，甚至可以听到鸡扑棱棱扇动翅膀的声音。我打开仓库铁门，打开灯。

一扇窗也没有的墙壁和天花板涂着有浮光的白色涂料，但已布满污痕，有黄色的有黑色的，以及其他莫名其妙的颜色。一看就知道墙壁厚得非同一般。我觉得自己简直像被塞进了铅箱，一种可能永远出不去的恐怖钳住了我，使我一再回头看身后的门。料想再不会有第二座如此令人生厌的建筑物。

极其好意地看来，未尝不可看成象的墓场，只是没有四肢蜷曲的象的白骨。

显而易见，无论场景还是气氛都属于彼岸的死亡世界，何况作者已明确表述为“象的墓场”。村上 1949 年出生，1980 年写《球》时年龄刚过三十。而且前一年的处女作《且听风吟》刚刚获得“群像新人文学奖”，正值踌躇满志之时，然而他笔下现出了如此富有质感的、“逼真”的死亡世界。这当然同他的年龄和处境无关，而大约源于他的文学观。2003 年初我在东京和村上见面的时候，他对我这样说道：“我已经写了二十多年了。写的时候始终有一个想使自己变得自由的念头。即使身体自由不了，也想使灵魂获得自由。”为了灵魂的自由 —— 我想这不妨概括为村上的文学观。这同他一再强调的写小说是为了“自我治疗”在实质上应是一回事。换言之，小说之于村上是“自我治疗”或“使灵魂获得自由”的手段，而作为小说这一手段的手段，其一，选择同彼岸世界、异界或死亡世界对话；其二，选择同另一个自己即自己的分身对话。在《球》中，前者即弹子球机，后者就是“鼠”。可以说，这两个选择乃是村上伸出的两支触角，以此搜索现实时空的外层即自己灵魂的底层隐秘的信息。在这个意义上，村上的寻找也是在寻找灵魂的出口，两只触角亦是通向出口的两条隧道。在这部作品中他借助弹子球机，在《寻羊冒险记》中借助羊，在《舞！舞！舞！》中借助喜喜……村上一路如此寻找下去。而作为同另一个自己对话这支触角，在《球》和《寻羊冒险记》中表现为“鼠”，在《舞！舞！舞！》表现为“羊男”，在《海边的卡夫卡》中表现为“叫乌鸦的少年”，在《天黑以后》中表现为主人公的姐姐浅井爱丽……与此同时，这两支触角又合并演化为两条线使得故事分为阴阳、虚实两个平行向前推进，其最为典型的就是《世界尽头与冷酷仙境》，《海边的卡夫卡》和《天黑以后》亦一脉相承。

说回《球》。日本学者研究《球》的论文不算很少。如著名文艺批评家柄谷行人根据主人公喜欢看康德的《纯粹理性批判》并通过同大江健三郎《死者的奢侈》的比较，指出，“村上的‘我’通过没有来由地热衷于无谓之物来确保对于有意义有目的热衷于某物之人的优越性——‘我’即这一姿态中存在的超越论式自我意识”，同时指出作品中基于“我”这一“超越论式主观”的世界观。柄谷行人还将村上同大江健三郎进一步加以比较，认为大江为“意义”的崩溃感到痛苦并力图予以寓言（allegory）式重建，而村上则处之泰然*（参见柄谷行人《村上春树的‘风景’》，载《村上春树 STUDIES》第 1 辑，若草书房 1999 年版）*。

日本海外学者中大约以哈佛大学教授杰·鲁宾（Jay Rubin）的研究最为出色。他在一定程度上吸取了柄谷行人的“泰然”之说，同时以富于个性的文字这样表述道：

> 村上春树这些充满爵士乐味道的作品初看之下与最典型日本气质的小说家川端康成（1899—1972）笔下的那些艺伎和茶道并无多少不同，两者

都是作者力图挽住将人生无情地卷往过去的时间之流的结果，而且都将“超然”作为一种对抗之途。在他“失去”双胞胎姐妹时，他眼看着白天从他窗前离去，“一个如此安静的十一月的周日，似乎一切很快就将完全透明”（拙译为“这个一切都清澄得近乎透明的静静的十一月的星期日”）。他再次处于超然状态，他的追求安全抵达了一个终点，那个“真实”的世界慢慢抽离出自己的色彩。这一结局不禁令人想起川端康成《伊豆的舞女》的结局：主人公在流尽热泪后慢慢遁入禅宗的虚无。

《倾听村上春树：村上春树的艺术世界》

［美］杰·鲁宾著，冯涛译

上海译文出版社 2006 年版

原书名为 *Haruki Murakami and the Music of Words*

最后，我还是要强调一下文体——在《球》中文体分外重要，请看开头一段（考虑到有的读者朋友懂日语，容我把日语也照录于此）：

喜欢听人讲陌生的地方，近乎病态地喜欢……他们简直像往枯井里扔石子一样向我说各种各样——委实各种各样——的事，说罢全都心满意足地离去。有的说得洋洋自得，有的则怒气冲冲，有的说得头头是道，有的则自始至终不知所云。而说的内容，有的枯燥无味，有的催人泪下，有的半开玩笑信口开河。但我都尽最大努力洗耳恭听。

原因固然不得而知，反正看上去人人都想对一个人或者对全世界拼命传达什么。这使我联想到被一个挨一个塞进纸壳箱里的猴群。我把这样的猴们一只只从箱里取出，小心拍去灰尘，“砰”一声拍打屁股放归草原。它们的去向我不知道，肯定在哪里嚼着橡树籽什么的，然后一只只死掉——命运是奈何不得的。

見知らぬ土地の話を聞くのが病的に好きだった。……彼らはまるで枯れた井戸に石でも放り込むように僕に向かって実に様々な話を語り、そして語り終えると一様に満足して帰っていった。あるものは気持ち良さそうにしゃべり、あるものは腹を立てながらしゃべった。実に要領良くしゃべってくれるものもいれば、始めから終わりまでさっぱりわけのわからぬといった話もあった。退屈な話があり、涙を誘うもの哀しい話があり、冗談半分の出鱈目があった。それでも僕は能力の許す限り真剣に、彼らの話に耳を傾けた。

理由こそわからなかったけれど、誰もが誰かに対して、あるいはまた世界に対して何かを懸命に伝えたがっていた。それは僕に、段ボール箱にぎっしりと詰め込まれた猿の群れを思わせた。僕はそういった猿たちを一匹ずつ箱から取り出しては丁寧にほこりを払い、尻をパンと叩いて草原に放してやった。彼らのその後の行方はわからない。きっと何処かでどんぐりでも齧りながら死滅してしまったのだろう。結局はそういう運命であったのだ。

不难看出，这不长的一段文字里几乎容纳了村上文体所有要素。新颖别致，洗尽铅华，节奏明快，一气流注，而又峰回路转，机警诙谐，曲尽其妙。简约、韵律和幽默联翩而出各呈风姿，日本式抒情和美国风味水乳交融浑然一体。没有川端康成低回缠绵的咏叹，没有三岛由纪夫近乎自恋的执着，没有大江健三郎去而复来的滞重，没有村上龙无法稀释的稠浓——确如村上所说，“日本语性”基本被“冲洗”干净，了无“赘疣”，从而形成了在传统日本文坛看来未尝不可以说是异端的异质性文体——来自日语又背叛日语，是日语又不像日语。而村上作品之所以成为国人阅读视野中一道恒常性迷人风景线，之所以从中学生放学路上偷偷交换的“涉黄”读物跃入主流文坛和学术话语，一个重要原因，就在于其文体的异质性。读村上，明显有别于读以往的日本小说及其同时代的日本文学作品，却又和村上师承的欧美文学尤其美国当代文学不尽相同。而作为中文译本，无论行文本身多么纯粹，也并不同于中文原创，不混淆于任何中国作家。近乎王小波的知性，但比王小波多了一分绅士般的从容；近乎王朔的调侃，但比王朔多了都市人的优雅。这就是村上，就是所谓村上文体。

《寻羊冒险记》：
村上的“冒险”和羊的隐喻

1979年村上春树30岁的时候写了处女作《且听风吟》,转年写了《1973年的弹子球》,1981年动笔写《寻羊冒险记》(以下简称《羊》),是为青春三部曲。三部曲的第一部侧重于文体的创新,即“使用与人不同的语言”;第二部大体为探索性过渡性作品;第三部《羊》则转向情节的经营(Story Telling),故事性大大增强了,篇幅也长得多,是村上第一部真正够长度的长篇小说,也是最先被译成英文的作品(1989年)。在中国,最先翻译和最受欢迎的是《挪威的森林》,在西方,则是这部《羊》和后来的《海边的卡夫卡》受到更为广泛的关注和好评。

写前两部作品的时候村上还在经营爵士乐酒吧,是深更半夜趴在酒吧台上写的。而在动笔写《羊》之前,村上感到开酒吧和写小说无法兼顾,不可能记完账马上写小说,脑袋不同于冷热水开关,转换不了那么快,时间也怎么都挤不出来。而且他不愿意每天为了生意而同那么多不确定的人打交道,那让他心烦。于是他一咬牙把原本相当红火的酒吧整个卖了,离开东京,搬到千叶县乡下专事写作。当时周围人都劝他最好别轻举妄动，一来买卖顺利，二来当专业作家风险大。但作为他决心在更好的环境中一试身手，“不行再说不行的，不行时重操旧业不迟。我还年轻，在哪里都能混一碗饭吃，这个自信还是有的。”也就是说，这部小说是村上成为专业作家后写的第一部长篇，对于他未尝不是一种新的“冒险”。

写《羊》期间，村上每天时间安排也发生了很大变化。原先因为开酒吧，半夜两三点才能休息，不开酒吧后生活走上了正轨。晚上十点准时睡觉，早上六点起来跑步。酒不去外面喝了，同周围人不再交往了，烟不久也戒了，开始听西方古典音乐了，还在自建住宅院里栽了茄子和西红柿，过起了中规中矩甚至不无隐居味道的中产阶级生活。《羊》从秋天开始写起，翌年初春脱稿，写了四个月。天天写，从早到晚写个不停。除了偶尔去一次东京，几乎整天闷在家里不动。家务也不做，和夫人阳子也不说话，彻底进入创作状态。“写长篇小说实在是很微妙的作业，往往需要削骨般孤独的精神集中力。一点点小事都足以毁掉力量的平衡。”

作为三部曲之一，《羊》当然有同《且听风吟》和《1973年的弹子球》相通之处：背景都是七十年代，主人公都是“我”，“鼠”和杰氏酒吧的中国人杰也再度出场。但写作风格相当不同，人物的性格、生活态度和行动模式也有所改变，由消极趋于积极，其孤独开始带有战斗姿态，带有使命意识。村上曾在加州大学伯克利分校专门谈及风格的变化：

在这部小说中，我的风格经历了一次巨大改变——或者说两大改变。句子更长了，更连贯了；

与前两本书相比，叙事成分起到重要得多的作用。

在我提笔写《寻羊冒险记》之际，我开始强烈地感觉到，一个故事，一个“物语”，并非你的创造。它是从你内心“拽”出来的某种东西。那个故事已经在你内心存在着了。你无法创造它，你只能把它表现出来。至少对我而言这是真的：这就是故事的自发性。对我而言，一个故事就是一辆将读者带往某处的车子。不论你想传达何种信息，不论你想使读者产生何种情感，你首先要做的就是要让读者进入你那辆车。而那辆车——那个故事，那个“物语”——必须具有使读者信以为真的本事。以上这些是一个故事必须满足的条件。

当我提笔写《寻羊冒险记》时，我脑子里并无预设的计划。开篇的第一章我几乎是兴之所至信笔写下的。之后的故事将如何衍生发展下去，我依然毫无概念。但我丝毫没感到焦虑，因为我感觉——我知道——那个故事就在那儿，在我内心。我就像个手持占卜杖的寻水者。我已经感觉到——我知道——水就在那儿。于是我开始挖下去。

《寻羊冒险记》的结构深受侦探小说家雷蒙德·钱德勒的影响。我是他的热心读者，他有的书我读了很多遍。我当时想把他的情节结构应用在我的新小说中。这首先意味着，小说的主人公将是个孤独的城市中人。他就要开始寻找某样东西。

在他追寻的过程中，他将纠缠到各种复杂的情境中。当他终于找到他寻找的那样东西时，它要么已经毁掉要么永远失去了。这显然是钱德勒的方法，我在《寻羊冒险记》中就想采用这样的方式。

《倾听村上春树：村上春树的艺术世界》

［美］杰·鲁宾著，冯涛译

上海译文出版社 2006 年版

原书名为 *Haruki Murakami and the Music Of Words*

村上本人显然对以如此风格和方式写成的这部小说感到满意。"写完《羊》最让我高兴的，是我因此获得了自己往下可以作为小说家干下去的自信。"这种自信或者说"击中感"（手応え）使他不再介意别人的评价。否则——他认为——即使所有媒体都赞不绝口，作为作家也还是要惶惶不可终日。总之这是一部成功的作品。至于成功的原因，村上认为或许就在于他自己也不明白羊究竟意味什么，不知晓其隐喻什么或其寓意何在。而他又恰恰在羊身上感觉出了写故事妙不可言的乐趣。

但读者还是要问：村上为什么写羊呢？

是的，村上喜欢动物，喜欢动物园。去外国旅行也常去动物园。1994 年 6 月来中蒙边境采访路过长春时还特意去了动物园，抱着小老虎照了相。村上说他之所以喜欢动物，其原因有两个，一是动物不能说话，这点让他喜欢得不得了。"虽然拥有某种自我，但是不能将其化为语言——对这样的存在我怀有极大的同情。"另一个原因在于有时能够以动物为基轴传达许许多多的事情。因而他的作品屡屡有动物出现，如猫、狗、马、熊、象、袋鼠、独角兽等等。问题是，羊作为一种日常性动物在日本并不具有日常性，笔者旅居日本五年从来没见过羊，连羊的图片也没见到。日本只有去北海道才能见到羊。然而村上突如其来地对羊发生了兴趣。究其原因，村上只是说一个偶然的机会把羊这一概念（concept）植入了自己的脑袋，思来想去之间，忽然涌起一个念头：对了，就以羊为主题写一部小说好了！随即去了北海道。他在加州大学伯克利分校的讲座上讲了这一过程：

> 我跑到北海道去看真的羊。日本几乎所有大型养羊的牧场都集中在北海道。在那儿，我得以亲眼看到真正的羊，跟养羊的人交谈，并在政府部门查阅关于羊的一些资料。我得知日本本土原来并没有羊。它们是明治早期作为一种稀罕动物进口到国内的。明治政府曾制定过鼓励养羊的政策，但如今羊差不多已经被政府当作一项没有什么经济效益的投资完全放弃了。换句话说，羊在某种程度上成了日本政府不顾一切推进现代化进程的一种象征。我知道这些之后，就马上决定我要写一部以“羊”为关键词的小说。

但是，村上回东京后写的开头部分同羊毫无关系。不料写着写着，感觉“整部作品的空气开始奇异地朝羊方向倾斜”，仿佛是羊拖着笔尖一路疾书。很快，整个故事脱离他的打算而独自行走起来，不知不觉之间写成了比前两部作品加起来还要长的长篇——可以说,不是村上写羊,而是羊让村上写,羊写村上。果然是一只神通广大的羊。

那么羊到底意味什么、隐喻什么、象征什么呢?这是围绕这部作品争论的焦点,也是读者最感兴趣或最为关注的问题。日本评论家方面,有人认为"象征蒙古式的征服世界的强权意志"(川村二郎),有人视之为"外国种意识形态"(佐伯彰一),有人看作"'他者性'的象征"(井口时男),有人认为"既象征西欧近代的文化力量,又象征日本近代致力于西化的意志"(关井光男),有人视为"溶解个人轮廓而使社会结构依原样膨胀的日本近代的象征"(今井清人),有人看作"针对否定个体的观念表现带有超越论性质的自己的媒体"(柄谷行人)。美国不少读者则"将羊把握为神话性土著性存在的表象,而对这样的历史意志同全球化世界发生关系之际的类似'发烧'的东西怀有极浓的兴趣"(村上春树)。凡此种种,不一而足。其实,村上一方面说他自己也不明白羊意味什么,另一方面又在上面那段引文中说得相当明白:"羊在某种程度上成了日本政府不顾一切推进现代化进程的一种象征。"众所周知,日本明治政府极力推进的现代化带有强烈的军国主义性质,所谓"不顾一切",当然包括侵略扩张在内。不妨说,日本的现代化进程就是侵略扩张进程——中日甲午战争、霸占我国台湾、吞并朝鲜、日俄战争,直至大举进攻中国内地。在这个意义上,羊既然是"现代化进程的一种象征",那么也就是日本军国主义的象征、黑暗和邪恶的象征。这只背部带有星状斑纹的褐色绵羊钻进"先生"即右翼团体首领的脑袋,使他成为一个神通广大的谜一样的人物,在"满洲"同关东军参谋们打得火热(有可能参与策划"九一八事变”),进而在整个中国内地兴风作浪,在苏联即将出兵中国东北时带着无数金银财宝返回日本。战后虽然一度作为甲级战犯被捕,但因为“估计同美军之间做了什么交易”而被免予起诉。随即用巨额钱财构筑了一个强大的地下王国,控制了包括政界、财界、舆论界、官僚集团和文化在内的整个日本社会。“也就是说,先生一个人控制着国家这一巨大轮船的船底。他一拔塞,船就沉没。乘客们肯定会在不明所以的时间里葬身鱼腹。”而现在,“先生”因为脑袋里一个大血瘤而不省人事奄奄一息——羊离开“先生”的脑袋不知去向。因此之故,“先生”的黑西服秘书以软硬兼施的手段打发“我”去寻找那只羊,以便自己成为羊的新的宿主继续控制地下王国。于是“我”开始去北海道寻找那只羊,开始了“寻羊冒险记”。在这个意义上,寻羊就是寻找邪恶的所在,就是寻找始终伴随明治以来的日本现代化进程的军国主义的源头。前面提及的哈佛大学教授杰·鲁宾(Jay Rubin)也从村上在美国的讲话及其作品中敏锐地捕捉到了这点,在他那部专著(英文原名为 *Haruki Murakami and the Music of Words*)中一针见血地指出:“村上借此赋予当代日本消费文化的关键性控制因素以邪恶的动机,并将其与隐藏在日本注定走向毁灭的大陆侵略扩张企图之后的同样驱动力联系到一起。而在老板(即“先生”——笔者注)无所不包的影子帝国之后,隐藏着一种巨大的、吞噬个人的、极权主义的‘意志’,其化身就是一只‘背部有星斑的褐色羊’。”

寻找这样的羊当然要冒险,而冒这样的险是需要勇气的。这说明村上已起步走出个人心灵的腹地和被称为“全共斗”的学生运动的狭窄地带,而开始摸索着进入日本近现代史极其黑暗的隐秘部位，致力于发掘“恶”的形态和根源，表现出同日本官方历史观及其历史文本相抗衡的决绝的战斗姿态。这一姿态越来越鲜明地贯穿到后来的《奇鸟行状录》《海边的卡夫卡》以及《天黑以后》等作品之中，从中不难看出一个人文知识分子应有的良知和担当意识。可以说，这才是真正对历史和日本未来负责任的态度。而这无疑是从《寻羊冒险记》迈出第一步的。令人惊叹的是，这一步迈得那么义无反顾：在作品最后，“我”替已经死去的“鼠”接好炸药引线把那个想成为羊的宿主的阴险的黑西服秘书炸死——“远处传来爆炸声……只见圆锥形山那里升起一道黑烟”。言外之意，恶必须终结！

最后说一下这部长篇小说的文体本身。我想为此引用两段文字。一段仍然来自杰·鲁宾《倾听村上春树：村上春树的艺术世界》，他这样写道：

> 村上春树在记忆的内部世界进行的冒险目的就是步普鲁斯特之后尘力图捕获时间之流，但有一个至关紧要的不同：村上一点都不沉闷。你可以轻松地读完全书。他像艾勒里·奎因一样轻松有趣——是为我们这个高度商业化、低胆固醇时代提供的一种清新的低卡路里式的普鲁斯特趣味。他处理的都是那些根本性的问题——生与死的意义、真实的本质、对时间的感觉与记忆及物质世界的关系、寻找身份和认同、爱之意义，但采取的是一种易于消化的形式，不沉闷、不冗赘、不压抑，

但又十足真诚，绝不故弄玄虚。他面向现今的我们讲话，用的是我们这个时代的语言，对于活在这个世上所具有的全部好处和乐趣既敏于感受又秉持一种虚无主义的态度。

另一段引自《羊》第三章，主要是关于女孩耳朵的工笔描绘：

有的曲线以超越任何想象的奔放将画面一气切开，有的曲线以不无神秘的细腻勾勒出片片精微的阴翳，有的曲线则如古代壁画描绘出无数传说。而耳垂的圆滑胜过所有的曲线，其厚墩墩的肌肤凌驾着所有的生命/她美丽得恍若梦幻。那是一种此前见所未见甚至想所未想的美丽。一切如宇宙一般膨胀开来，同时又全部凝缩在厚实的冰河里。一切被夸张得近乎傲慢，同时又全部被削落殆尽。它超越我所知的所有观念。她和她的耳朵浑融一体，如一缕古老的光照滑泻在时光的斜坡。

这就是村上的文体，再补充什么都是饶舌的了。

《世界尽头与冷酷仙境》：
双线推进的“正面突破”

1979 年至 1982 年写完《且听风吟》《1973 年的弹子球》和《寻羊冒险记》三部曲之后，村上有了自信，觉得可以作为专业作家干下去了 —— 就像“游泳游了很久很久，手总算碰到岸了”。于是他想喘一口气，长篇暂且放一放，写写短篇和随笔什么的。于是写了许多短篇，结集为《去中国的小船》（1983）、《袋鼠佳日》（中译本名为《百分之百的女孩》）（1983），以及《萤》（1984）。同时在《周刊朝日》开了随笔专栏，还翻译了美国作家菲茨杰拉德、卡佛、欧文一些作品，并对翻译津津乐道，“翻译让我从中学到很多很多东西”，能从侧面“补充”自己。可以说，在动笔写这部《世界尽头与冷酷仙境》之前的三四年时间里，村上生活得非常充实，做了许许多多事。当然这也有维持日常生计的需要。《寻羊冒险记》当时卖了 15 万册。当时纯文学不景气，能卖 15 万册已经算畅销的了，但作为“生活费”则远远不够。这期间他卖了千叶船桥相当时髦的房子，搬到神奈川县海滨小城藤泽居住，还去了希腊参加马拉松，去美国旅行了六个星期，哪一桩作为“生活费”都不是小数。

说起来，他是从卖掉酒吧专事写作后才开始跑步的。从3公里跑起，越跑越长，直到参加马拉松。搬到藤泽后，早上起来就跑，太阳出来在海边晒太阳，还学了冲浪。总之非常注意锻炼身体。他说写长篇小说需要高度精神集中力，是非常累人的活计，没有健康的身体根本吃不消。在这点上，写长篇和长跑42公里差不多，都需要孤独的耐力和坚定的自信。他说能不能写长篇，较之问自己的脑袋，更应问自己的身体。“许多人都说作为文学创作者太健康了不好，我看未必。我认为人的精神这东西生来就是不健康的。以为自己健康是一种错觉。只是，有了肉体的健康才能表现精神的不健康。天生健康的人根本不存在。…… 至少创造东西的人是不健康的，健康的人创造不出来。”村上也确实健康。2003年初笔者在东京见他时他已年过五十，但体形同小伙子不相上下，胳膊上的肌肉一块块隆起，手掌十分粗硕，很难想象这样的手会捣鼓出那般精巧细腻的文字。

《世界尽头与冷酷仙境》（以下简称《世》）大约是1984年8月动笔的，翌年3月脱稿，写了半年，恰好在他36岁生日那天傍晚写完最后一行。“又写得很辛苦，再没有那么辛苦的了。好在因为那时天天跑步，跑得相当有距离，所以精神集中力完全跟得上，体力也有，这才坚持得住。”这部小说译成中文都不止三十万字，是他当时最长的长篇。据村上1991年总结“十年创作”时介绍，在他当时出的几部作品中，有很多人说最喜欢《世》。不久继《寻羊冒险记》译成英文在美国出版，读过的美国人也都说好，英译者伯恩鲍姆就说最中意这部。在中国虽发行不到10万册（截至2006年底），但据笔者了解，读者不喜欢则罢，一喜欢就喜欢得不得了。日本文学评论界也大体给了肯定性评价，获得了谷崎润一郎文学奖，成为第一个获得此奖的战后出生的作家。五名评审委员中，丸谷才一给的评价最高：这部长篇的成功之处在于“几乎天衣无缝地构筑了一个优雅而抒情的世界。许多作家都已意识到我们的小说必须从现实主义中解脱出来，可是一旦脱离现实主义，又往往写得乱七八糟。而村上却在舍弃现实主义的同时写得丝丝入扣，有一种独特的清新格调。其甘美的忧伤底层潜藏着对于现实的狂放态度。这位作家通过游离世界而创造世界，通过逃避而面带羞涩地完成果敢的冒险，通过扮演‘虚无’的传达者而探求生之意义。”同为评委的大江健三郎也为“年轻的”村上经营这一富有冒险精神的文学实验而获奖感到“欢欣鼓舞”。不过总的说来，这位诺贝尔文学奖获得者对村上作品的评价不是很高，认为未能“超越对于年轻人生活风尚的影响，无法在更宽广的意义上以对日本现状与未来的表现引起知识分子读者的兴趣”。

可以断定，《世》是一部别开生面的成功之作。村上本人也颇为踌躇满志。他说到了这一阶段，自己也渐渐知晓自己所做的事与众不同。写完《寻羊冒险记》之后一直想来个正面突破，而《世》是“正面突破的第一步”。

说别开生面也好“正面突破”也好，其最为显而易见的表现，是大胆而严谨的双线平行结构（parallel world）。虽然类似结构或手法在《且听风吟》《1973年的弹子球》和《寻羊冒险记》中就已使用过，但两条线毕竟有主次隐显之别，而《世》则完全并驾齐驱，恰如两条钢轨平行伸展开去。当时日本国内的编辑要求村上压缩为“世界尽头”，美国的编辑要求压缩为“冷酷仙

境”。而村上都拒绝了,坚决认为应该叫这个或许冗长、荒谬的名字。他在加州大学伯克利分校演讲时讲到这一点:

> 之所以用这个“双重”标题,是因为小说包含两个不同的故事,一个叫“冷酷仙境”,另一个叫“世界尽头”,交互以间错的章节平行展开。最后,这两个截然不同的故事相互重合、合二为一。这种叙述技巧一般用于神秘故事或科幻小说。像肯·弗莱特(Ken Follett)就经常援用类似手法。我想将这一手法用于一部大型的长篇小说……
>
> 写这部小说的过程对我而言像是某种游戏,所以在很长一段时间内连我自己也没概括这两个故事将如何融为一体。那种经历真是刺激,同时也让我筋疲力尽。我明白自己会有相当长一段时间不会再去做类似的尝试了。

《倾听村上春树:村上春树的艺术世界》

[美]杰·鲁宾著,冯涛译

上海译文出版社 2006 年版

原书名为 *Haruki Murakami and the Music Of Words*

在日文原作里边,虽然“冷酷仙境”(Hard-boiled Wonderland)和“世界尽头”用的都是第一人称,但前者为较正式场合用的“watashi”(わたし),后者则为一般场合用的“boku”(ぼく),所以在原作中只看人称即可区别前者与后者。而译成中文,就都成了“我”。或者后者译为“俺”也未尝不可,却又觉得方言味儿太浓，只好放弃。英译本似乎也有同样问题，即都成了“I”。另外，原作为世界尽头那个小镇画了一张地图，状如大脑，在漆黑的底色上用白线勾勒出城墙、运河、树林、湿地、田野、街道，以及钟塔、图书馆、旧兵营、人家等建筑物，城墙外是山岭、苹果林和独角兽的栖居地。村上说地图是他写作当中画的，以便牢牢记住自己凭空想象出来的这个特殊的小镇。

“冷酷仙境”和“世界尽头”最大的区别在于，前者明显是以东京为舞台的高科技现代大都会，后者则是以独角兽为主体的不无中世纪风情的小天地。作为特点，前者是存在的或现实的，后者是不存在的或非现实的。有趣的是，在村上笔下，存在的现实的东西似乎是不存在的非现实的——读者很难从中想象出东京是怎样一座城市，完全没有具象、没有质感、没有生机；而不存在的非现实的反而成了存在的、现实的东西，可观可闻，可感可触，甚至有专门的地图，描写也细致入微，有很强的临场感，充分显示了村上“无中生有”的写作本领。小说出版不久，他在一次接受采访时说：“详细描写不存在之物的细部，那种快乐是无可替代的……比较说来，那是一种宁静的快乐——不存在之物的存在感从自己身体渗出的快乐，就像是‘同未知的邂逅’。”存在的不存在感，不存在的存在感，这一特色在他此后的创作中也屡屡出现，甚至贯彻始终。就其本质而言，不妨说是他的一种生命体验和人生态度。换个角度看，“冷酷仙境”中的我（わたし）和“世界尽头”中的我（ぼく）“感觉上是我自身存在中的存在与不存在，二者平行存在。那也可以说是意识和无意识，或者理解为现实性存在与内在性存在”。一句话，乃是同一人的虚实两面。

"冷酷仙境"和"世界尽头"的另一特点是一动一静,动静形成鲜明的对照。村上一开始就打算玩花样,以双涡轮(Twin Turbo)向前推进,一个沉稳平和安然静谧,一个起伏跌宕富有动感。"而且我喜欢钱德勒,想以冷酷(Hard-boiled)这条线展开,想让很多很多离奇古怪的人出场,想让莫名其妙的东西层出不穷",以此作为快速驱动情节的动力。相比之下,"世界尽头"基本局限在城墙以内,寂寥、整齐而又不无神秘,使人联想到欧洲中世纪的城堡兼田园风光。村上说这点受到特吕弗电影的影响:"特吕弗有部影片叫《华氏451》吧?里面有很多人为避免焚书而脑袋里默诵着在森林中静静生活。写的时候我倒不是想着特吕弗的电影写的,但觉得有那样的场所进来还是再好不过的——我觉得自己十分渴求那种能够抚慰自己的场所。"那个场所即"世界尽头"。那里的居民长生不死,而作为代价,他们必须牺牲自己的影子,必须抛弃自己的心和思想。从此四大皆空,没有感情,没有痛苦,没有烦恼,没有希望,没有绝望。主人公在最后关头放弃了和影子一起逃离的唯一机会,决定留下不走——"我想留在这里"。

村上为什么让主人公留在"世界尽头"呢?我想这恐怕同村上对由"冷酷仙境"所象征的现实世界的认识有关。这里我们不妨粗略探讨一下"冷酷仙境"的寓意或隐喻(metaphor)所在。如果说,"世界尽头"强调的是心(心的有无),"冷酷仙境"强调的是脑——脑的正常与否或人脑与电脑的关系。"我"(计算士)的遭遇是电脑造成的——老博士出于所谓科研需要往"我"脑袋里擅自植入电脑"中继站"和电脑线路,后来"中继站"由于一点点失误而融化了,电脑线路也取不出来了,致使

"我"的生命只剩下二十九小时三十五分。这里最大的问题或者教训在于:电脑线路是人植入人脑的,结果却由电脑控制了人脑。即使科研能力那般出类拔萃的老博士对此也无能为力。他一方面感叹"电脑这玩意儿实在可爱得很",一方面向"我"表示由衷的歉意,"现在已发展到了我束手无策的地步。我已无计可施,你也无法可想。车轮越来越快,谁都不能使它停下。"换言之,现代社会已进入"脑化"时代——较之人脑化更是电脑化时代。始而电脑受制于人脑,继而人脑受制于电脑。电脑成了独立存在,人脑遭到放逐。这便是作为现实的现代社会,这样的社会又有什么好留恋的呢?莫如留在"世界尽头"为好,而那无疑是整个人类的悲哀。在这里,村上显然对一味追逐高科技而疏于人性复归的现代社会感到担忧、无奈和怀有警惕。美国哈佛大学教授杰·鲁宾(Jay Rubin)认为《世》"是村上对于大脑及其接受的世界之间的关系进行的一次最深刻入微的探索",从另一角度谈及"脑化"问题。可以说,《世》是一部故事荒诞而主题严肃的作品。

就文体而言,"冷酷仙境"和"世界尽头"也略有不同。前者多少带有冷酷的幽默,后者则于宁静中酿出无奈。且各举几行为例。如"冷酷仙境"开篇第一章这样描写电梯:

我现在乘的电梯宽敞得足以作为一间小办公室来使用,足以放进写字台放进文件柜放进地柜。此外再隔出一间小厨房都显得绰绰有余,甚至领进三头骆驼栽一根中等椰树都未尝不可。其次是清洁,清洁得如同一口新出厂的棺木。四壁和天花板全是不锈钢,闪闪发光,纤尘不染。下面铺着苔绿色长绒地毯。第三是静,静得骇人。我一进去,门便无声无息——的确是无声无息地倏然闭合。之后更是一片沉寂,几乎使人感觉不出是开是停,犹如一条深水河在静静流逝。

而在随后的“世界尽头”之中,描写金毛兽(独角兽)的笔调则是这样的:

当号角声弥漫小镇的时候,兽们便朝太古的记忆扬起脖颈——超过一千头之多的兽们以一模一样的姿势一齐朝号角传来的方向昂首挺颈……刹那间一切都静止不动。动的唯有晚风中拂卷的金色兽毛。我不知道此时此刻它们在思考什么凝视什么。兽们无不朝同一方向以同一角度歪着脖子,目不转睛地盯视天空,全身纹丝不动,侧耳谛听号角的鸣声。稍顷,号角最后的余韵融入淡淡的夕晖。它们随即起身,仿佛突然想起什么,开始朝一定的方向起步前行。

换言之,前者确像冷冷的、酷酷的、后现代的钱德勒式电影镜头,后者则仿佛一幅静静的、幽幽的中世纪油画。

此外,村上在关于这部长篇的访谈中有两段话颇耐人寻味。一段是关于节奏(rhythm)的。他说他写小说的一个“诀窍”

就是拒绝预设框架(structure),倘预设框架,文章的流势势必受阻,或者说节奏就“死掉了”。这同音乐是一回事,假如钢琴手弹一个音时考虑下一个音,音就呜呼哀哉了。“我认为,所有的艺术行为和创作行为都取决于节奏的连续性,音乐最典型。所以,一旦中途断掉就完了,而一开始就想好也同样完了。总之失去自身内部涌起的类似自发性(spontaneous)那样的东西是不可以的。”另一段是关于小说的“可能性”的。他说现今不同以往,看小说的人少了。这并非由于小说读者智能水准下降,而是人们兴趣多样化造成的。较之读书,很多人更愿意做运动、听音乐、看电视看录像。尽管如此,还是有只能以小说这一形式来表达的认识系统。而小说家的任务就是向读者提供这一系统。“在这个意义上,我认为小说仍是具有无限可能性的领域。虽说差不多所有类型的‘物语’都给人写过了,但使用新的认识系统逐个清洗那些‘物语’还是可能的。同其他领域相比,这方面无需人手,无需资本。在这点上小说家是蛮舒服的。如果总是紧紧抓住原有价值——我是说原有价值而不是说原有类型(type)——必然堕落为小圈子艺术。必须经常清洗自己本身才行。”事实上村上也不断清洗自身,不断清洗“物语”,不断向小说可能性的极限地带发起冲锋——《世》就是咄咄逼人的一次,从而使小说这一形式在当下信息时代眼花缭乱的众多媒体中破城突围,仍然能够为读者提供认识系统而未被边缘化,仍有其无可取代的生存空间。这点从村上小说的印行量也可得到证明:据《朝日新闻》统计,截至 2004 年 11 月中旬,他的 13 部主要作品在日本行销 2414 万册之多。

《挪威的森林》：
永远的青春风景

《挪威的森林》(以下简称《挪》)是村上春树最有名的小说，也是其作品中最容易看和写实的一部。没有神出鬼没的迷宫，没有卡夫卡式的隐喻，没有突如其来的情节，没有匪夷所思的人物，只是用平静的语气娓娓讲述已逝的青春，讲述青春时代的种种经历、体验和感触——讲述青春快车的乘客沿途所见的实实在在的风景。对于中国读者来说，很可能是另一番风景，孤独寂寞、凄迷哀婉而又具有可闻可见可感可触的寻常性。可以说，描写如此风景的小说，在村上文学世界中仅此一部。在它之前，巍然矗立着《世界尽头与冷酷仙境》那座寒气逼人的神奇的冰峰；在它之后，接踵而至的是《舞！舞！舞！》那永远停不下来的舞步。

据村上介绍，《挪》的诞生有其必然性。写完《世界尽头与冷酷仙境》之后，村上筋疲力尽，感觉上就像整个人被掏空了，所有的库存——包括“自己尚未认可的、不完全的甚至污秽的”东西——尽皆耗费一空。更主要的是他有些写烦了，想换个手法来点与以往不同的东西。这倒不是说他对以往的作品缺少自信。莫如说相反，他认为自己作为作家已经进入“稳定期”，有了固定的读者群，生活因而有了保障。尤其《世界尽头与冷酷仙境》的问世使他获得的正面评价多了起来，自己随之有了自信。但他有些焦躁。对以往的写作模式和手法感到不满足，想另起灶炉，开辟一片新天地。新天地是什么呢？

> 那就是现实主义（realism），彻头彻尾的现实主义。也就是说要从和《世界尽头与冷酷仙境》又有所不同的角度来个“正面突破”。不过，尝试现实主义这个欲望自从写完《且听风吟》之后一直就是有的，渐渐发展成势在必得的决心。我不想把自己框死，所以才想用现实主义来一场与以往不同的“正面突破”。这便是《挪》的创作动机。
>
> 此外还有一点，那就是我眼看就四十了，想趁自己的三十年代还拖着青春记忆尾巴的时候写一部类似青春小说的东西。记得当时接受采访时曾表示要写一部让全国少男少女流干红泪的小说。
>
> 《村上春树访谈：我这十年》
>
> 载于《文学界》1991 年 4 月临时增刊号：《村上春树 BOOK》

也就是说，《挪》是村上在手法上改弦更张和怀有青春危机感的必然产物。前者他在《村上春树全作品 1978—1989》第 6 卷中也说过，后者则在《挪》开头第一章中借主人公之口再次提起：“…… 记忆到底还是一步步离我远去了。我忘却的东西实在太多了 …… 但不管怎样，它毕竟是我现在所能掌握的全部。

于是我死死抓住这些已经模糊并且时刻模糊下去的记忆残片，敲骨吸髓地利用它来继续我这篇东西的创作。”在这个意义上，不妨认为村上想对青春时代——包括自己在内的一代人的青春时代——做一个总结性交代，而这样的交代也的确适合采用现实主义手法。至于能否写出来，村上并没有充分的把握。那期间他搬了几次家，从神奈川县的藤泽搬回东京，又搬去大矶。虽说他不讨厌搬家，但随着年龄的增长，家具什物越来越多，渐渐搬得不耐烦起来。更头痛的是由于不擅长应付日常琐事，无论搬去哪里都难以静下心集中精力写作。“在写东西这点上，我是个相当神经质的、笨拙的人，不是在哪里都能进入状态那一类型。”这样，为了写这部设想中的小说，他决定出国，开始了第一次长期旅居国外的生活。

第一次降落在罗马机场时的情景，至今仍记得真真切切。那是一九八六年十月初晴朗温暖的一天。阳光强烈，空气明晃晃炫目耀眼，但和清澄得仿佛天空掉底般的日本秋空不同，那里总好像有一层迷迷蒙蒙的东西，犹如音乐的通奏低音，轻柔而又宿命地笼罩着所有的声音、所有的时间。阿皮亚大道的松树也好，宫殿泛红的墙壁也好，特韦雷河的水面也好，都蒙着无可形容的秋雾样的过滤网。南欧的秋天有一种无端地让人感伤的地方。

《村上春树全作品 1978—1989⑥·创作谈》

讲谈社 1991 年 3 月版

这是村上谈《挪》的创作那篇文章的第一段。而《挪》的开头同样写的是机场:“三十七岁的我坐在波音 747 客机上。庞大的机体穿过厚重的雨云,俯身向汉堡机场降落。十一月砭人肌肤的冷雨,将大地涂得一片阴沉 ……”二者虽然地点不同,景色不同,但都那么令人感伤,而且年龄完全一致。村上 1986 年是三十七岁(1949 年出生),《挪》的主人公“我”也是三十七岁。这应该不纯属巧合。村上到达南欧是 1986 年 10 月,开始写《挪》是在其后不久的 12 月 —— 村上难免把当时的感伤和异国生活的孤独带入作品之中,作品时间也设定在与之相近的 11 月,地点是同在欧洲的汉堡。即使就这点来说,这部小说也如村上在《挪》后记所说的,“具有极重的私人性质”。在旅欧游记《远方的鼓声》中村上也说《挪》和《舞!舞!舞!》“命中注定地涂上了异国标记”。换言之,村上是在南欧生活特有的感伤和孤独气氛的包围中一边回忆已逝的青春一边创作这部长篇的,作品的情境和村上实际置身其间的情境在一定程度上是融为一体的。而这无论对于村上本人还是对于他的作品都是个例外。

那么,如此产生的《挪》到底是怎样性质的小说呢?这个对作品本身其实并不很重要的问题在日本引起了不少人的兴趣。主要集中在两点:其一,多大程度上属于自传?其二,是否属于“恋爱小说”?先看第一点。关于这点的争议村上本人也有责任。他一方面说《挪》具有极重的个人性质且一再强调“现实主义”,一方面又再三表白主人公渡边与他本人无关,同时又并不否认多少有相似之处。例如他在接受东京大学副教授柴田元幸采访时这样说道:

这部小说出来后，接到很多信。大家为什么都把我的小说中的“我”和现实中的我捆在一起考虑呢？不错，时代背景我是和小说相同。而且用“我”这个第一人称写小说也容易导致这种情况出现。但是有人也真是太抄近路了。

……（出场人物的喜好和我本身重合）那样的部分我想是有的。但那终归只是一个视点。因为主人公是第一人称，所以需要有相应的“感情移入”，在某种程度上。这样，我的喜好也好想法也好直接融入其中的情况也是有的。不过就拿小说里出现的“料理”来说吧，较之我的喜好，不如说游戏成分更多些——实际上我只做极其单一的东西。如切干萝卜丝啦羊栖草啦煮蒟蒻等等。但若光写这个，“料理”谈资很快就枯竭了，所以就要适当编造。明知那玩意儿做不来，但还是往下写。不是全部一丝不苟。因此，这些细小地方读者如果一一信以为真可就糟了。再比如音乐，我个人向来不怎么喜欢“甲壳虫”。倒也不是说讨厌，听还是听的。不过一定程度上的确是和自己重合的。另外，也有的融入主人公以外的人物身上。

……（我在永泽身上的投影）多少有一点吧。因为我在某种程度上也存在那种极端部分。那个人物对我是极有趣的人物。或者说有很多很多感同身受的部分。对于“我”也是这样。有的地方有同感，有的地方没有。

村上春树访谈：《在像山羊邮信一般迷宫化的世界中》

载于《村上春树的世界》：*EUREKA* 1989年临时增刊号

此外也有不少和村上本人经历类似的地方。例如书中出现的20世纪60年代的“学潮”是村上亲身经历的；渡边住的宿舍是以村上当年实际住的宿舍为原型的；主人公就读的大学显然指村上和夫人阳子的母校早稻田大学，村上学的即是戏剧专业；绿子身上多少带有村上夫人阳子的影子；主人公喜欢读的《了不起的盖茨比》和一些美国当代作家正是村上同样喜欢的等等。可是不管怎样，《挪》是虚构的。即使“具有极重的私人性质”，即使主人公是作者的“分身”，《挪》也不是自传体小说，更不等同于自传。“但小说感觉起来就像一部自传，它偏重活生生的经验而非超自然的智力游戏和头脑风暴，而且远比其他作品更加直接地告诉我们年轻的村上第一次从神户来到东京时的真实生活状态……《挪》最了不起的技巧上的成就也许正在于村上将自传体的日本私小说技巧创造性地用于一部完全虚构的长篇小说”（*《倾听村上春树：村上春树的艺术世界》，杰·鲁宾著，冯涛译，上海译文出版社2006年版*）。

再看一下《挪》是否属于“恋爱小说”。如果说上面类似“原型研究”的探讨主要在读者（村上迷）中间展开，那么这次探讨以至争议则主要发生在文学批评界。其实，若以村上本人的说法为准，这点本来是不存在争议的。因为日文原版上下册的金色腰封上明确强调是恋爱小说。红色封面的上册写的是：“这部小说是我迄今一次也没写过的那一种类的小说，也是我无论如何都想写一次的小说。这是恋爱小说。虽然称呼十分老套,但此外想不出合适的说法。一部动人心魄的、娴静的、凄婉的百分之百的恋爱小说。”绿色封面的下册写的是:“他们所追求的大多已然失去,永远消失在进退不得的黑暗的森林深处……一部描写无尽失落和再生的、时下最为动人心魄的百分之百的恋爱小说。”其中上册的“恋爱小说”和下册“百分之百”字样的下面打了横线以示重要。既然作者本人如此言之凿凿地断定《挪》是“恋爱小说”且是“百分之百的恋爱小说”,那么别人何必在这上面争论不休呢(当然不是说不可以争论)?何况原本不是大不了的问题。问题首先在于村上本人另有说法。他在1991年3月在前面提到的《创作谈》一文中这样写道:

> 我之所以在腰封加入“百分之百的恋爱小说”这句话,说起来,那其实是自己对于出这样一种小说一事本身的辩解(excuse)。我想说的简单概括起来就是:“这不是偏激的(radical)不是新潮的(chic)不是知性的(intellectual)不是后现代的(postmodern)不是实验性的小说,而是普普通通的现实主义(realism)小说——请就这样读好了!”问题是,毕竟不好在腰封上写这东西,于是绞尽脑汁搬来“恋爱小说”这个说法。因此,虽说《挪》被人从“恋爱小说”这一观点加以评论是自己招致的,但老实说,即使现在我也非常困惑。这是因为,在准确意义上《挪》不能说是恋爱小说。或者不如说我连恋爱小说到底意味什么都不晓得(现在也

不晓得)。我看过许多小说,其中大半都写的是爱,处理的始终是如何给予(不给予)爱和如何接受(不接受)爱,但我几乎没有把那样的小说看作恋爱小说。而我自己在这本书中所描写的种种样样的爱,我想也没有超越那种意义上的爱的形式。所以,如果有批评说《挪》这部小说中没有描写真正意义上的恋爱因而不能称为恋爱小说,我想那大约是对的。

如果勉强下个定义,我认为将这部小说称为"成长小说"还是接近的。我之所以最终未能按最初计划把《挪》作为"轻小说"收住,原因也在这里。……我不能不对这个故事负起全面责任。一如《挪》中的出场人物对爱或对道德负起责任一样,我也势必对故事负起责任。

紧接着,村上在一篇访谈文章中再次强调腰封上的广告词本来不是想写"百分之百的恋爱小说",而想写"百分之百的现实小说"。但担心那样写谁都不会买来看。而若代之以"青春小说",一来不是"青春小说",二来"青春小说"这个词早已落入俗套,只好姑且用"恋爱小说"。"可我并不是作为恋爱小说来写的,那不过是广告词罢了。作为我,真想宣称这是我的一部现实主义小说。"随后村上坦言没想到《挪》卖得那么火,否则根本不至于用"恋爱小说"做广告词*(参见《村上春树访谈:我这十年》,载于《文学界》1991 年 4 月临时增刊号:《村上春树 BOOK》)*。一句话,所谓"恋爱小说"很大程度上是出于商业操作方面的考虑，是违心的说法。加之村上第一次以“现实主义”文体写成的这部长篇差不多没有人从文体角度加以评论，也几乎没有引起一般读者的注意，人们纷纷把目光投向“恋爱小说”四个字，使得村上感到自己的作品被误读了，苦衷被漠视了，为之感到委屈。既然别人不说，只好自己一再出场表白。他还怕别人不理解他所说的现实主义，特意说了他“所考虑的现实主义”的三个要素：一要简洁，有速度；二要行文不妨碍故事的流程，不对读者做更多的物理及心理上的要求；三要尽量不使感情“自立”，转而托付给关系不大的东西（*参见《作家谈创作》，载于《村上春树作品集 1979—1989》第 6 卷所附“月报”*）。他还强调《挪》不是用传统日语而是用“现代语言”写成的。然而大部分人偏偏不肯从现实主义角度看待他在《挪》中苦心经营的文体。于是村上在解释之余，开始有些不平了，埋怨日本主流文坛总是把眼光盯在“古已有之的规范上面”，“我就不明白为什么大家如此轻视文体”。

客观地说，大多数人的确是把《挪》作为描写“三者关系”的“恋爱小说”看待的，评论也多以恋爱的“关系性”为主轴展开，但不同的声音也明显存在。如黑古一夫就指出《挪》不是“恋爱小说”，因为其中不存在爱，没有涉及爱的内心纠葛，充其量只能算作甜美的“青春物语”（*黑古一夫《“丧失”或“恋爱”的物语——〈挪威的森林〉》，载于《村上春树：The Lost World》，六兴出版 1989 年 12 月*）。三枝和子把恋爱的基准定为“具有自我的男性与具有自我的女性之间的对等的男女关系”，而《挪》中的主人公“自我”并不明确。而且，《挪》虽然不能说完全没有精神恋爱因素，但其“比重几乎都同肉体相关，离开肉体的精神全然不存在”，因此，“只能得出一个奇妙的结论——恐怕根本不是恋爱小说”，至多定义为“新型恋爱小说”，但“那早已不能称为恋爱”（*《〈挪威的森林〉与〈青梅竹马〉》，载于《村上春树 studies》第 3 卷，栗坪良树 拓植光彦编，若草书房 1999 年 8 月*）。尽管含义不同，但在结论上两人是同村上不谋而合的。此外还有称之为“自杀小说”“自慰小说”的（千石英世）等等。

至于“现实主义”，确乎极少有人——几乎没有——从这一角度把握《挪》的文体。有人称之为“翻译腔文体”（樱井哲夫），有人称之为“酒吧老板文体”（ねじめ正一）。即使提及现实主义的，其评价也往往倾向于否定。如认为《挪》虽然讲的十八年前的记忆，但并非以“记忆的准确性”为目的，而且故事是从“现实与语言之间的信赖关系受到损坏”这一点起步的（*参见远藤伸治《村上春树 studies》第 3 卷*）。黑古一夫还认为“性与爱的分离对于七十年代的青年人应该不具普遍性”。这些都对《挪》的“现实主义”构成质疑。当然村上自有村上的说法，一来村上指的主要是文体，二来村上认为现实主义小说没有必要限定其必须是“实事”，“即使写的事不够自然，而只要读者觉得自然，也就是现实主义”。就《挪》而言，村上认为不自然的地方虽然也有很多，但读起来应该觉得自然，“因为已经赋予了以今天的眼光看来属于现实的因素”（*参见 EUREKA 1989 年 6 月临时增刊号：《村上春树的世界》*）。相比之下，哈佛大学教授杰·鲁宾基本认同《挪》是现实主义小说这一说法。他在其专著《倾听村上春树：村上春树的艺术世界》中说：“村上应对写一部现实主义小说这一‘挑战’的最基本的回应是用确切的、描述性的细节填充每一个场景，相对于他一贯边缘、抽象的文学风景这的确很稀罕。对于宿舍生活和东京周边的描写都基于第一手经验，包含于其间的不但有象征价值或情节上的重要性，更有从记忆中重现他青春的一个重要阶段的用意：1968—1970年学运的狂暴岁月占据了小说的大部分篇幅。”

依我之见，作为手法和风格（文体）我认为《挪》是现实主义的，而作为内容，说是“恋爱小说”或“青春小说”也未尝不可，不大赞成在恋爱小说、青春小说和“成长小说”之间还要明确划一条非此即彼的界线，仿佛势不两立。一般来说，青春时代谁都要恋爱，谁都要成长，或者说爱情和成长是青春时代的主旋律，再加以区分又有多大意义可言呢？况且“恋爱小说”和现实主义小说也并不矛盾，前者指内容或性质，后者指风格或手法——完全可以粗线条归纳说成现实主义风格的恋爱小说（中文更习惯说爱情小说或言情小说）。原因很明显，《挪》基本没有演示此前和此后作品经常出现的大跨度的想象力，没有让人感到莫名其妙的怪诞描写，而是大体老老实实讲述主要在一个男孩和两个女孩之间发生的爱情故事，用村上的说法，读起来“觉得自然”。何况还有“极重的私人性质”——不妨理解为无论情感倾向还是人物本身抑或特定场面都较其他作品有更多的作者本人的投影，也就是说，多多少少含有传记性因素。

归根结底，《挪》之所以无论在日本还是在中国卖得那么好，影响那么大，最根本的原因在于这部小说讲的是一个通俗而完整的故事，而且是爱情故事、独特的爱情故事。所以说通俗，是因为里面没有不知何所来不知何所去的双胞胎女郎，没有神神道道的羊男和同样神神道道的海豚宾馆，更没有莫名其妙的夜鬼和忽然比例失调的大象，读起来无须劳心费神。毫无疑问，只有通俗才能为更广泛的普通读者所接受。所以说完整，是因为不像村上其他作品那样采用拼图式、双轨式或交错式、跳跃式结构，基本按照时空顺序和人物性格逻辑步步推进。而且村上显然很会讲故事，有条不紊，娓娓道来，读起来十分引人入胜，让人享受到一种阅读特有的快感。关于这一点，日本的美国文学专家越川芳明有一段颇为精彩的表述，引用如下：

> 自不待言，《挪威的森林》在风格上同村上春树以前的作品截然不同。不是创作初期那种片断叠加式的小说，而是一部无懈可击的一气呵成的长篇。或者如村上本人所自负的那样，确是他一生仅有一次的"成功之作"。例如：此故事向彼故事的推进与跨越竟如抹了油的钢轨一样光滑流畅。翻开书页，我们就像坐在下坡时的喷气式过山车一般体味到一种风驰电掣的速度感。
>
> 情节推进的自然流畅，反过来说，也就是阅读时感觉不出"摩擦"与"抵抗"，或者说书中没有令人不由得止步不前那种生涩的措辞和使人生厌的跳跃。作者并不仅仅回避这类"摩擦"，而且如木匠推刨子一般将表面削得平滑如镜。应该说，这是作为小说家的一种刻意操作——就连拐往岔路的时机以至拐的方式都力求妙造自然，同时又注意使整部小说的主题愈发丰满充实。

越川芳明：《村上春树：美国式罗曼司的可能性》

载于 *EUREKA* 1989 年 6 月临时增刊号：《村上春树的世界》

据我的阅读范围而言，这是学者当中对《挪》以至村上春树最富于激情和想象力的肯定和赞赏，很切合中国读者的感觉。无论如何，对于一般读者来说，完整而流畅的故事最容易接受。在村上所有作品中，只有后来的《国境以南 太阳以西》在这点上同《挪》较为接近。

更吸引人的是，这个通俗而完整的故事还是个爱情故事。不管村上本人和部分批评家如何否认，是个爱情故事或“青春物语”这点应该是不错的。因为几乎包含了几乎所有的青春元素：连带与孤独，开朗与感伤，追求与失落，坚定与彷徨，充实与寂寞，纯情与放荡，时尚与乡愁，奔走与守望，无奈与救赎，忏悔与迷惘…… 青春离不开爱，《挪》也是如此，从而构成一个刻骨铭心的爱情故事。能说渡边同直子和绿子之间没有真正的爱或者没有恋爱吗？如果那不是恋爱，便只能是友爱。但那明显超越了友爱程度。直子或许没有真正爱过渡边——“直子连爱都没爱过我的”，但渡边对直子的感情应该出自爱。不错，如渡边自己所说，他和直子之间情况极为复杂，千头万绪，而且由于天长日久，实情都渐渐变得模糊不清，可是他始终没有放弃自己对直子应尽的责任。而那种责任感，较之友情，更多的还是来自爱情。第十章有这样几句话：“…… 我仍在爱着直子，尽管爱的方式在某一过程中被扭曲得难以思议，但我对直子的爱是毋庸置疑的，我在自己心田为直子保留了相当一片未曾被人染指的园地。”紧接下去，在就绿子的事写给玲子的信中仍写道“我爱过直子，如今仍同样爱她。…… 在直子身上，我感到的是娴静典雅而澄澈晶莹的爱”。渡边最大的优点就是坦诚，他说爱，便是真的在爱。因为爱，才产生责任感，才一直希望直子出来和自己住在一起，才会在直子离开人世后独自失魂落魄流浪一个月之久。

另一方面，渡边对绿子的爱或许是有所犹豫和保留的，但绿子对渡边的爱则是那样汹涌澎湃，没有怀疑的余地：

> “为什么？”绿子吼道，“你脑袋是不是不正常？又懂英语假定形，又能解数列，又会读马克思，这一点为什么不明白？为什么还要问？为什么非得叫女孩子开口？还不是因我喜欢你超过喜欢他吗？我本来也很想爱上一个更英俊的男孩，但没办法，就是看中了你。”
>
> ……
>
> “我可是有血有肉的活生生的女孩，”绿子把脸颊擦在我脖颈上说，“而且现在就在你的怀抱里表白说喜欢你。只要你一声令下，赴汤蹈火都在所不惜。虽然我多少有蛮不讲理的地方，但心地善良正直，勤快能干，脸蛋也相当俊俏，乳房形状也够好看，饭菜做得又好，父亲的遗产也办了信托存款，你还不认为这是大甩卖？你要是不买，我不久就到别处去。”

在《挪》中，我们既不能否认爱的存在，又不能否认这种爱或者恋爱呈现为非同一般的特殊形态。最突出的表现，是性与爱的分离，或者说爱未能归结为身心合一即肉体和精神融为一体这一传统“恋爱小说”的形式。直子真心爱着木月，而肉体却违背其意愿，拒绝同木月做爱；相反，直子未必真心爱渡边，而身体却“等待”对方的进入。这种性与爱的分离是直子一个解不开的心结，同时未尝不是她自杀的原因之一。另一个表现是，虽然小说写的是所谓“三角恋爱”，但就三人的“关系性”而言，丝毫没有此类小说中常见的类似争风吃醋的心理纠葛及相应的行为模式。绿子知道渡边另有喜欢的人，却没有不快的表示，只是说“我等你，因我相信你”。作为直子，她固然不晓得渡边和绿子的关系有了实质性进展，即使晓得，也不至于妒火中烧——渡边曾在信中提到绿子和绿子的父亲，她回信淡淡说道：“绿子那个人看来很有趣。读罢那封信，我觉得她可能喜欢上了你。”当然，心理纠葛不是完全没有，但只发生在渡边一个人身上，两个女子基本置身其外。或许正因如此，正因为恋爱采取了新的形式，这个爱情故事或者青春物语才如此引人入胜，如此刻骨铭心。

不过，细想之下，渡边心目中最理想的女子，恐怕既不是直子又不是绿子，而是初美：“娴静、理智、幽默、善良，穿着也总是那么华贵而高雅。我非常喜欢她，心想如果自己有这样的恋人，压根儿就不会去找那些无聊的女人睡觉。”尤其在第八章吃饭时永泽同初美吵嘴后他送初美搭出租车回宿舍途中，渡边愈发感到初美身上有一种引起他“感情震颤”的东西，一直在思索着那东西究竟是什么。

当我恍然领悟到其为何物的时候，已是十二三年以后的事了。那时，我为采访一位画家来新墨西哥州的圣菲城。傍晚，我走进一家意大利比萨饼店，一边喝啤酒嚼比萨饼，一边眺望美丽的夕阳。天地间的一切全都红彤彤一片。我的手、盘子、桌子，凡是目力所及的东西，无不被染成红色，而且红得非常鲜艳，俨然被特殊的果汁从上方直淋下来似的。就在这种气势夺人的暮色当中，我猛然想起了初美，并且这时才领悟到她给我带来的心灵震颤究竟是什么东西——它类似一种少年时代的憧憬。这种直欲燃烧般的天真烂漫的憧憬，我在很早以前就已遗忘在什么地方了，甚至很长时间里我连它曾在我心中存在过都未记起。而初美所摇撼的恰恰就是我身上长眠不醒的“我自身的一部分”。当我恍然大悟时，一时悲怆至极，几欲涕零。她的确、的的确确是位特殊的女性，无论如何都应该有人向她伸出援助之手。

也就是说，初美之所以是渡边心目中最理想的女性，主要是因为初美是他“少年时代的憧憬”的象征，而少年时代的憧憬总是纯真的。从中不难窥见渡边身上除了坦诚之外的又一个优点：向往纯真。这点也可从他对待其他几个人的态度上看出。他喜欢和欣赏死去的木月，木月是他绝无仅有的朋友，“除了他，过去和现在我没有一个可以称得上朋友的人”。而木月是纯真——至少是单纯——的男孩，纯真得“就像在无人岛上长大的光屁股孩子”。木月之死无论对直子还是对我的冲击都是震撼性以至毁灭性的。因为木月的死不仅仅意味一个朋友的失去，而且意味至高无上的纯真客体的毁灭。之于初美也是一样,所以渡边在得知初美自杀之后,同永泽彻底绝交。对于敢死队,较之反感,莫如说感到求之不得,因为敢死队“近乎病态地爱洁成癖”,而且不会谈恋爱,买衣服嫌麻烦,讨厌裸体画,他所留心的仅限于海岸线变化之类。而这在某种意义上也是一种纯真,至少不失纯真。唯其如此,渡边才在作为笑料对直子讲起敢死队后感到内疚:“…… 说心里话,真不大忍心把他作为笑料。他出生在一个经济并不宽裕的家庭,是家里不无迂腐的第三个男孩。况且,他只是想绘地图 —— 那是他可怜巴巴的人生中的一点可怜巴巴的追求,谁有资格来加以嘲笑呢!”那么对于永泽是怎样的态度呢?渡边对他怀有好感,是因为“他最大的美德是诚实”;而从来没向他“交心”、从未将他视为朋友的一个原因,就是因为永泽缺乏纯真情怀 ——“想方设法拐弄女孩子”,甚至捉弄作为恋人那么难得的初美。用村上的话说,永泽是一个“在道德意义上破产”的人。另外,渡边爱不释手 ——“一次都没让我失望过,没有一页使人兴味索然”—— 的《了不起的盖茨比》中的盖茨比也是个历经坎坷而始终不失纯真的典型人物,为了与往日情人黛西重温旧梦而不惜任何代价,而死于阴谋也是带着诱人的迷梦死去的。凡此种种,都显示出渡边向往和追求纯真的倾向,而追求纯真的过程,无疑是精神成长过程。在这个意义上,也可以说是村上认为的“成长小说”。这也是这部小说的一个光点和价值所在。

读者或许要问:渡边同那么多女孩睡觉,怎么还能说是纯真呢?该说是放荡才对。不错,渡边是同很多女孩睡过觉,说是放荡也有道理。但有两点需要注意。一是自从去阿美寮确认自己对直子的感情之后,就再也没同哪个女孩随便睡觉。二是他在确认对绿子的感情之前，刻意避免同绿子发生性关系，即使和绿子一起躺在一张小床上，即使"绿子把鼻子贴着我的胸口，手搭在我腰部"，渡边也极力克制了自己，待绿子响起睡熟的声音后，溜下床去厨房看《在轮下》。可以说，渡边一旦确认了对对方的感情，对待性就变得严肃起来，开始有了责任感。而这未尝不可视为他对纯真、对纯真爱情的追求，不宜同一味放荡（比如永泽）画等号。

下面再就读者来信提的较多的几个疑问谈一下。

1. 为什么有那么多性描写？

的确，性描写是够多的。《挪》之前的《且听风吟》《1973年的弹子球》《寻羊冒险记》和《世界尽头与冷酷仙境》中几乎没有性描写，而《挪》陡然出现这么多，难怪许多读者感到困惑。这同村上的心情变化有直接关系。他在《村上春树全作品1979—1989》第6卷所附"月报"中的《创作谈》写道：

> 写《挪》时我想做的事有三件。第一是用彻头彻尾的现实主义文体写；第二是就性和死一吐为快；第三是消除《且听风吟》那部小说含有的类似处女作性质的羞涩那样的东西，而正面推出"反羞涩"。就这三点进一步详细说明是非常困难的，作为我只能说作为心情是这样的。

针对日本有人说《挪》色情，村上在接受采访时反唇相讥，说性场面根本就不性感，"居然还有人说是色情"。他接着说：

我是想把它写得纯净些的。生殖器也好性行为也好,越是如实地写就越是没有腥味。我是以这个想法写的,但不少意见认为并非如此,说是色情,说现代年轻人难道是那样的不成?可若是连那个都算是色情,我倒是想问那些人到底过的是怎样的性生活。

村上春树访谈:《我这十年》

载于《文学界》1991 年 4 月临时增刊号:《村上春树 BOOK》

公正地说,色情诚然不算色情,但若说"根本就不性感",怕是说不过去的,至少以中国人的感觉看是这样的。也是因为这一点,在中学生中间一般是不大有人大声谈论《挪》的,甚至有的家长不让孩子看,担心孩子看了"学坏"。其实,从文学角度看,那些性描写是为情节所必需的,并非以渲染性场面为目的,说没有多少"腥味"也并无不可。而且,就篇幅来说也不是很多。顺便说一句,在漓江出版社出版时由编辑删去了 1600 字左右,2001 年转到上海译文出版才补上去,是为"全译本"。这同卖点也没多大关系,因为 2001 年前书就已经卖得不错了。

2. 为什么有那么多人死去?

关于这一点村上自己有个说法:

在这部小说中,很多出场人物一个接一个死去消失,有不少批评说这怕也太巧了吧。但不是我辩解,老实说,那是故事要求我那么做的,作为我,除此实在没有别的办法。而且,这个故事基本上是关于 casulties（没有确切译法，或许可以说是战斗人员的“减损”）的故事。就是说我身边有许多人死掉或失去，或者说有许多人在心中死掉或失去。在这里我真正想描写的不是恋爱姿态，莫如说是 casulties 姿态，是 cusulties 之后剩下来不得不活下去的人们或事物的姿态。所谓成长恰恰是这么回事，就是人们同孤独抗争、受伤、失落、失去却又要活下去。

载于《村上春树全作品 1979—1989⑥·创作谈》

讲谈社 1991 年 3 月版

简言之，村上写死是被迫的，那是成长或活下去必须付出的一个代价。《挪》中，木月死了，直子死了，初美死了，直子的姐姐死了。总的说来，死在村上作品中并不少见，但相比之下，《挪》中的死者都具有突出的正面特点，木月那么“热情公道”，直子那么温柔漂亮，初美简直近乎完美，直子的姐姐品学兼优，因而他们的死都那么令人怀念，小说开篇前第一页写的就是“献给许许多多的祭日”。可以说，《挪》既是死者的安魂曲，又是青春的墓志铭。同时死又给生者留下只有通过死才得学得和体会的东西。渡边通过木月的死 —— 以木月死去的那个晚上为界 —— 得知“死并非生的对立面，而作为生的一部分永存”；通过直子的死，明白任何哲理都不可能治愈失去所爱之人造成的悲伤，唯一能做到的，就是从悲哀中挣脱出来。事实上渡边也最后穿越了那片无边的泥沼和阴暗的森林，开始同现实世界接轨，摸索新的人生 —— 借用村上的话，“所谓成长恰恰是这么回事”。

3. 为什么同玲子做爱?

不少读者来信都说,同玲子做爱很难叫人接受,大概这是中国读者最难接受的情节。所以这样,不外乎出于以下三个原因:一是年龄差距,玲子三十八岁,比渡边大一倍;二是在某种意义上玲子是在扮演母性和渡边的精神导师的角色;三是玲子毕竟是个曾经患有精神疾患的人。因此同玲子做爱多少存在伦理和道德问题,至少不够自然。唯一讲得通的理由是玲子是身穿直子的衣服出现的,不妨视之为直子的化身,两人做爱意味直子前来了却自己一桩心愿。但不管怎么说,我以为这是一处败笔。或许村上又要辩解,那不是作者要两人做爱的,而是故事要求两人做爱。村上当然有做任何辩解或解释的自由,而读者是否认同则是另一回事。

4. 渡边和绿子结婚了吗?

这也是读者感兴趣的一个疑问。

其实,小说一开始就对这个疑问做出了否定性回答。“三十七岁的我坐在波音 747 客机上”—— 尽管不能据此明确断定,但一般说来,此时的“我”应该没有旅伴。“为了不使脑袋胀裂,我弯下腰,双手捂脸,一动不动。很快,一位德国空中小姐走来,用英语问我是不是不大舒服”—— 假如有旅伴即绿子作为夫人陪在身边,按常识应由绿子首先向“我”表示关心,无需劳空姐特意过问。“机身完全停稳后,旅客解开安全带,从行李架中取出皮包和上衣等物。而我,仿佛依然置身于那片草地之中。”—— 若有绿子随行,那般活泼好动的绿子早拉“我”抢先冲出机舱了,就像当年一声“走吧”拉“我”离开教室一样,怎么可能把“我”独自留在“那片草地之中”不管呢？显然，渡边后来并没有和绿子结为夫妻。不过，作为现实情况，村上倒是同据人考证为绿子原型的阳子结婚了，即村上阳子夫人，而且婚后也十分要好——“我，妻，加一只猫，一起安安静静地生活”。

岁月如流。《挪》日文原版1987年在日本问世，距今已整整过去了二十年。其中译本1989年在美丽的漓江之滨的漓江出版社诞生，也已过去十八年时间。十八年十八载，不知有多少中外畅销书被冲出记忆的围墙，而《挪》依然在文艺百花园里弥散着其特有的芬芳。据统计，仅2001年移植黄浦江畔上海译文出版社以来，印数已近150万册。

其间无数读者来信朝我这个译者手里飞来，每三封就有两封谈《挪威的森林》。或为故事的情节所吸引，或为主人公的个性所打动，或为韵味的别具一格所感染，或为语言的洗练优美所陶醉。有人说像小河虾纤细的触角刺破自己的泪腺，有人说像静夜如水的月光抚慰自己孤独的心灵，有人说引领自己走出四顾茫然的青春沼泽，有人说让人刻骨铭心地懂得了什么叫成长……当年的《挪》迷如今已经三四十岁——又一代人跟着她涉入青春的河床。

美国华人学者李欧梵教授在他的散文集《世纪末的反思》中将《挪》列为二十世纪对中国影响最大的十部文学译著之一。其根本原因，我想不妨引用文学评论家白桦先生十多年前的话加以概括：《挪》“以纪实的手法和诗意的语言”注重表现“少男少女在复杂的现代生活中对于纯真爱情和个性的双重追求……超出了一般爱情描写的俗套，而具有更为深刻的人生意义”。在这个意义上，未尝不可以断言，《挪威的森林》将作为青春旅程中的一段凄婉而迷人的风景线，陪伴一代又一代人走向成长，走向远方。

《舞！舞！舞！》：
无可奈何的独舞

村上春树1987年写了《挪威的森林》（以下简称《挪》），相隔不到一年就开始创作《舞！舞！舞！》（以下简称《舞》）。书名来自The Dells乐队演唱的一首名叫《舞！舞！舞！》的布鲁斯歌曲。歌曲悠扬舒缓的节奏在他心头盘旋之间，他忽然打定主意写《舞》这部长篇。小说于1987年12月17日动笔，翌年3月24日写毕。其大部分是在罗马写的，收尾是在伦敦。这是村上旅欧期间继《挪》之后完成的第二部长篇小说（另外还写了一部名为《电视人》的短篇集）。他在旅欧游记《远方的鼓声》中这样描述当时写作的情景：

> 写长篇小说时我一向抛开其他所有工作，把精力彻底集中到一件事上，这样也才能写得快些。而旅居欧洲期间由于不受任何人干扰，所以写作速度比以往还快……不折不扣从早闷头写到晚。除了小说几乎什么也不想，心情上就好像把桌子放在深深的井底写作似的。

所以，我觉得这两部小说(另一部为《挪》——笔者注)命中注定地涂上了异国标记。在那些异国城市，我们(即我和妻)孤独得不得了。几乎没有可以称为熟人的人，而我们所能说的语言又不足以结交朋友和得到熟人……

我想，即使在日本，也许多花些时间，但也还是会写出同样的两部小说。对我来说，《挪威的森林》和《舞！舞！舞！》是我在结果上必然写的小说。只是，若在日本写，这两部作品很可能带有与现在不同的色彩。明确说来，我恐怕不至于垂直“深入”到这个程度，好也罢坏也罢。

也许某类读者生理上喜欢这种深入方式。不过我想归终我是心甘情愿深入到那样的世界里面去的，情愿在异质文化的包围下、在孤立的生活中最大限度挖掘自己的脚下(或者尽可能孤军深入)。我的确有这样的渴望。

这段话，我想有两个关键词值得注意，一是“必然”，二是“深入”。

先看“必然”。为何《挪》和《舞》是村上在结果上“必然”写的小说呢？《挪》显然是因为作者很早就想以现实主义笔法写一部“足以让全国少男少女流干红泪”的“百分之百的恋爱小说”。《舞》则相反，是想尽快逃离现实主义的心情所使然。之所以想逃离，一是因为他觉得《挪》对自己来说是“另类”小说，同他的任何作品都没有多少关联，而且现实主义毕竟不是其感兴趣的创作方向。于是他想在短时间内证明《挪》“不是我”，想返回自己原来的天地，“想回老家（Home Ground）”。第二个想逃离的原因，可以归结为《挪》畅销后发生的使他的心情变得很糟的种种麻烦事。“说起来匪夷所思，小说卖到十几万册时，我感到自己似乎为许多人喜爱、喜欢和支持；而当《挪》卖到一百几十万册时，我因此觉得自己变得异常孤独，并且为许多人憎恨和讨厌。”这使他想尽快忘掉和逃出“挪威的森林”，想消除《挪》给人的印象。事实上在罗马写《舞》时他也心烦意乱，《远方的鼓声》关于嗡嗡嗡飞来飞去的“两只蜂”的描述未尝不可以看作对那些“憎恨和讨厌”他的评论家们的影射，说他们的嗡嗡声吵得要死，致使他想东西都想不成——“去哪里都一回事，他们对我说。无论跑多远都一成不变，嗡嗡嗡嗡嗡嗡。哪怕你跑去天涯海角，我们也紧随不舍，所以你一筹莫展，归根结底。你将在一筹莫展的时间里年届四十，就那样变老变衰。没有谁喜欢你这个人的……大家都要憎恨你，写小说也什么作用都起不了。嗡嗡嗡嗡嗡嗡嗡嗡。”这些所谓嗡嗡声不仅让村上即使远在罗马也心力交瘁，还使得他开始脱发，每天洗澡时浴缸活塞周围都淤着黑糊糊好些头发，本来密实的头发明显变薄，持续相当长一段时间后才有所好转。当然凡事都有好坏两个方面，从好的方面来说，就是促使他迅速夺路而逃，一头扎进《舞》的写作之中。

使得村上“必然写”《舞》的原因还有一个，那就是《寻羊冒险记》留下的尾巴。在《寻羊冒险记》中，“我”按鼠的指示接上炸弹引线，炸死了那个企图成为羊的下一任宿主以便继续操纵地下王国的阴险的黑西服秘书，之后从北海道返回东京。但没有交代在北海道失踪的耳模特女友的下落，神秘的羊男也不了了之。“有很多很多东西我都想写。海豚宾馆啦羊男啦主人公‘我’啦，都很想很想写。那以后怎么样了呢？一直让我牵挂。连我也对羊男是什么怀有极大的疑问……想有个尾声。”于是《舞》开篇就写道“我总是梦见海豚宾馆”，把话题拉回六年前的《寻羊冒险记》。“有人在此流泪，为我流泪”的那个人和“旁边有时躺着”的那个女子显然是《寻羊冒险记》“我”的耳朵极漂亮的女友。关于“我”，作者特意以后记形式强调《舞》的“主人公‘我’原则上同《且听风吟》《1973年的弹子球》《寻羊冒险记》中的‘我’是同一人物”。在这个意义上，可以说《舞》是《寻羊冒险记》的续篇。顺便说一句，《舞》是村上用电子文字处理机（后来改用电脑）写的第一部小说，在此之前都是用自来水笔写在四百字稿纸上的。

下面探讨一下村上所说的“深入”的含义，看他到底在《舞》中深入挖掘了什么。这里我想引用美国哈佛大学教授杰·鲁宾在其专著《倾听村上春树：村上春树的艺术世界》（*Haruki Murakami and the Music of Words*）中说的一段话：“如果说《寻羊冒险记》是对右翼极端主义分子及大陆冒险主义的超现实主义的一击，那么《舞！》就是一次更为系统化的努力，希望在一种其意义由大众媒介支配的文化中追问找一份职业和谋生到底意义何在的问题。虽然村上依然着迷于生命、死亡和记忆这类有关存在的重大问题，但与以往相比，这次他将火力更加集中于现代社会的弊病上。《舞！》在严肃性上又上了个新台阶，一种愈加强烈的关于作家一定要对他生活于其间的社会担当起特定责任的意识和关注。”

引文中说的“现代社会”,无疑是作为作品背景的上个世纪八十年代中期——村上第一次把作品背景推进到八十年代——的日本社会,而此时的日本社会已是《舞》反复强调的“高度发达的资本主义社会”。概括起来,《舞》可以说是村上对“高度发达的资本主义社会”所做的一次垂直的、深入的、系统化的透视和挖掘,或者说是一次批判。

在村上眼中,他置身其间的日本这个“高度发达的资本主义社会”至少有两个特点。第一个特点是它追求利润的最大化。其具体形象就是以新海豚宾馆(Dolphin Hotel)为代表的房地产业。政府部门把老海豚宾馆所在地段将要进行二次开发的情报透露给了这家房地产业,其属下的新海豚宾馆当即不择手段地抢占黄金地皮。“一切都是在周密的计划下进行的,这就是所谓高度发达的资本主义社会。投入最大量资金的人掌握最关键的情报,攫取最丰厚的利益。这并非某个人缺德,投资这一行为本身就必须包含这些内容。……投入一千亿日元资本的人必然对投资后的经济效益进行周密研究,同时搞一些幕后动作。在这一世界里公正云云均无任何意义……”假如有人拒绝出让或转卖土地,便不知从哪里冒出一群为虎作伥的恶棍。恶棍中不仅有常见的地痞无赖和黑社会团伙,甚至还包括权倾一方的政治家。即使有人持刀攻上门来威胁以至殴打拒绝搬迁的凄凄惶惶的小老板等原住户,警察也迟迟不出面制止,因为早有话通到警察上司那里去了——那等事甚至算不上腐败,算不上内幕,而是“一种体制”,是“高度发达的资本主义的必然程序”。老海豚宾馆的小老板便是在这种情况下不知去向,新海豚宾馆则对此讳莫如深,致使“我”终归没有找到六年前在北海道认识的那个小老板,勉强找到的只有已换成带有海豚浮雕且用英文宣示的同名招牌。尽管人们对此无不心知肚明,但全都守口如瓶,全都无动于衷。有谁会把一个受迫害的小老板下落放在心上呢? "人们崇拜资本所具有的勃勃生机,崇拜其神话色彩,崇拜东京地价,崇拜'奔驰'汽车那闪闪发光的标志。除此之外,这个世界上再不存在任何神话。这就是所谓高度发达的资本主义社会……在这样的世界上,哲学愈发类似经营学,愈发紧贴时代的脉搏。"虽说资本主义的本质就是攫取利润这点属于马克思主义的常识,但把这一常识援引到当今那般生机勃勃那般"富有神话色彩"的、早已高度发达了的资本主义社会的作家并不多见——至少在日本,而且一针见血:"哲学愈发类似经营学!"

高度发达的资本主义社会的第二个特点是它的商品性(这点实质上同前面第一个特点密切相关)。村上在《舞》中借主人公"我"之口说道:"高度发达的资本主义社会就是要从所有的空隙中发掘出商品来。……卖春也罢,卖身也罢,只要附以漂亮的包装,贴上漂亮的标签,便是堂而皇之的商品。再过不久,说不定可以通过商品目录在西武百货店订购应征女郎。"西武百货店如何尚不知晓,而作为事实,至少可以通过专门俱乐部打电话叫应召女郎。"我"的朋友五反田就打电话一起叫来两个女孩,同"我"睡的咪咪"雍容华贵",同五反田睡的"甚是妩媚"。五反田告诉"我"找女孩花的钱可以从经费里开销,"就是这么一种体制。那俱乐部的招牌是晚会服务公司,开的是响当当的绿色发票,即使有人来查也不至于轻易露出马脚,结构复杂得很。这样,同女人睡觉便可以光明正大地作为接待费报销。

这世道非同小可”。“我”随即接道:“高度发达的资本主义社会。”更有甚者,可以通过“国际特快专递”在东京预订,在火奴鲁鲁同女郎睡觉——牧村拓居然为“我”付了三次的钱,以致我不得不解掉女郎手腕上的红绸礼品带(表示她是牧村拓花钱买下送“我”的“礼品”),在女郎的引导下完成最后动作。也就是说,在那样的制度下,一切都可以成为或被迫成为商品,成为消费品。而且只有能成为商品的才有价值,商品性是价值的前提,否则便一钱不值。不仅女孩可以成为商品,就连五反田那样的电影明星其实也是商品,一切都处于公司或经纪人严密监控之下,几乎没有任何自主选择的自由。用五反田本人的话说:“就连自己领带的花纹都几乎不能选择。那些自作聪明的蠢货和自以为情趣高雅的俗物随心所欲地对我指手画脚——什么那边去,什么这儿来,什么坐那辆车,什么跟这个女人睡……”就连五反田因不堪忍受这些而自杀之后,媒体仍不放过他的商品性,在他身上大做文章,把他的死作为猎物肆无忌惮地大嚼特嚼,“如同鼻虫咀嚼腐肉那样咀嚼得津津有味”。这便是村上笔下高度发达的资本主义社会,以榨取利润和人为制造商品性从而进一步榨取为宗旨的、物欲横流的社会。“我”深深憎恶这个社会,“从心底从根源上深恶痛绝”。

再憎恶也无济于事,再憎恶也只能在这样的社会里活下去。那么怎样活下去呢?羊男出场指教了:跳舞,不停地跳舞,“我所能告诉你的只有一点:跳舞!什么也别想,争取跳得好些再好些,你必须这样做”。不用说,如此跳舞只能让“我”感到孤独、无奈和厌倦。实际上孤独、无奈和厌倦也是现代都市生活的主流情绪,村上以很大篇幅让主人公反复体验和诉说这种情绪，由此完成了一个个性化都市生活者形象的塑造。这一形象始于《且听风吟》，继而由《1973年的弹子球》和《寻羊冒险记》中的“我”发展到《挪》里的渡边，及至《舞》中的“我”才最后完成。2002年村上在为中文版《海边的卡夫卡》写的序言中对这一形象做过一个概述，他说：“我笔下的主人公迄今大多数是二十几岁至三十几岁的男性。他们住在东京等大城市，从事专业性工作或者失业。从社会角度看来，绝不是评价高的人。或者莫如说是在游离于社会主流的地方生活的人们。可是他们自成一统，有不同于他人的个人价值观。在这个意义上，他们保有一贯性，也能根据情况让自己成为强者。以前我所描写的大体是这样的生活方式、这样的价值观，以及他们在人生旅途中个人经过的人与事、他们视野中的这个世界的形态。”应该说，这些特征在《舞》中“我”的身上都有集中而典型的表现。而这也正是“我”以至《舞》的一个吸引人之处。孤独而又不失真诚和温情，无奈而又不失豁达与幽默，厌倦而又从不自怨自艾自暴自弃，身处社会边缘而又拥有自成一统的价值观和付诸行动的良知和勇气。这既是“我”面对高度发达的资本主义社会采取的生存策略，又是一种自我救赎行为。同时不难发现村上回归社会即正面介入社会问题的萌芽。

当然，作为文学作品，无论深入的主题还是富于魅力的人物都有赖于语言，即要写得别致和有趣。就《舞》来说，至少里面的比喻足够别致和有趣。试举数例：

〇可怜的宾馆！可怜得活像被十二月的冷雨淋湿的一条三只腿的黑狗。

〇公路上方漂浮着白骨般的一弯晓月。

〇说到这里，话语突然不翼而飞，就像谁从远处把电话机插头拔掉一样。

〇女孩们如同做牙刷广告一样迎着我粲然而笑。

〇五反田无力地一笑，笑得如同夏日傍晚树丛间漏出的最后一缕夕晖。

〇男子用兽医观察小猫跌伤的前肢那样的眼神，瞥了一眼我腕上的迪斯尼手表。

〇她略微噘起嘴唇，注视着我的脸，那眼神活像站在山丘上观看洪水退后的景象。

〇他先看我看了大约五分之一秒，活像在看门口的擦鞋垫……

如何，够有趣的吧？不言而喻，文本的独特性首先取决于语言的独特性或不可复制性，毕竟，文学是语言的艺术。

《国境以南 太阳以西》：
“国境以南太阳以西”有什么

这部小说也许可以称为《挪威的森林》（以下简称《挪》）的翻版或者续篇。《挪》是三十七岁的“我”对于青春时代同直子和绿子恋爱过程的回顾；而在《国境以南 太阳以西》（以下简称《国境》）中，故事主要发生在主人公三十六岁那年。这一年是主人公“我”结婚第六年，已经有了两个女儿，两家酒吧开得红红火火，正可谓一般世人所说的事业有成家庭幸福的中年男士。这时“直子”（岛本）忽然出现了，依然那么美丽动人，那么娴静优雅，那么若即若离，于是浪漫发生了。而在同“我”度过一个刻骨铭心荡神销魂的夜晚之后，“直子”悄然离去，再无消息……

不过，就写作情况来说，《国境》同《挪》基本没有直接关联，有直接关联的莫如说是《奇鸟行状录》。村上春树结束三年旅欧生活回到日本不久便去了美国，从 1992 年 2 月住到 1995 年 8 月。前两年半是在新泽西州的普林斯顿，应邀在名校普林斯顿大学任“访问学者”（Visiting Fellow），实际上更近似驻校作家。住处由学校提供，只偶尔给学日本文学的美国研究生讲讲日本现代文学作品，时间很充裕，加之环境幽静，不需要同更多的人打交道，得以专心从事创作，用一年多一点时间写出了《奇鸟行状录》第一部和第二部。写完后他总觉得若干地方有欠谐调，于是让夫人阳子看一遍谈谈感想——以往也经常这样，结果夫人也不很满意，说有趣固然有趣，但由于枝蔓太多了，致使故事主干有些乱，劝他修剪一下。随即村上和夫人看了好几次作品，反复讨论，最后决定删除三章，并根据夫人的建议以这三章为基础构思另一个故事，这个故事就是《国境》。"从过程来看，《国境》的诞生很大程度上恐怕同妻的 suggestion（示意）有关……当然，若经过一段时间，即使没有她的建议，我想我也会进行同样的作业。或许多少有一些反复走一点儿弯路，但到达的地点必然是同一地点。不过她的意见可能大幅削减了我独自作业所需时间。具体说来，《国境》主人公初君同《奇鸟行状录》的主人公冈田亨原本是同一人物。而且，《国境》第一章几乎照搬《奇鸟行状录》原来的第一章。"因此，将二者联系起来读是饶有兴味的。自然，作为故事完全是两个故事。至少，《奇鸟行状录》是主人公的老婆有外遇，而《国境》是男主人公本人有外遇。

同村上其他小说相比，《国境》最明显的特点是其中出现了家庭。村上创作之初就宣称不写家庭，不愿意受包括家庭在内的所有"团体"的束缚，甚至为此而不要孩子，因为没有孩子只夫妻两人他认为是不能称之为家庭的。但这部小说，仅仅这部小说写了家庭，而且是相当完整的家庭，妻子直到最后也没有离婚或者失踪，属于地地道道的日本式贤妻良母。小孩也有了，一大一小两个女儿。"我每天早上开车把大女儿送去幼儿园，用车内音响装置放儿歌两人一起唱，然后回家同小女儿玩一会儿，再去就近租的小办公室上班。周末四人去箱根别墅过夜。我们看焰火，乘船游湖，在山路上散步。”可以说，这是一幅相当典型的中产阶级“雅皮”生活场景。小说不仅有家庭出现，连岳父也登场了，并且是很不错的岳父，借钱帮他开了酒吧，使他从一家不起眼的出版社的不起眼的教科书编辑变成了雇用三十多名员工的两家酒吧老板，甚至劝他不妨及时风流：“我在你这个年龄也蛮风流着哩，所以不命令你不许有外遇。跟女儿的丈夫说这个未免离谱，但我以为适当玩玩反倒有好处，反倒息事宁人。适当化解那东西，可保家庭和睦，工作起来也能集中精力。所以，即使你在哪里跟别的女人睡，我也不责怪你。”但要“我”记住不可找无聊女人，不可找糊涂女人，不可找太好的女人。并进一步提出三点注意事项：切不可给女人弄房子；回家时间最晚不超过半夜两点；不可拿朋友做挡箭牌。如此岳父、如此言传身教的岳父，在中国恐怕绝对找不出来，相反的倒可能比比皆是。村上把这个都写了进去，应该说对家庭及其周边写得相当深入了。就像他前三部作品坚持不写性，而在《挪》开始“解禁”，一旦“解禁”就写得不可收拾。顺便说一句，《国境》也写性，程度仅次于《挪》。

不久，主人公果真“风流”了，有了外遇。不过这并非岳父开导的结果，也不是一般情况下的外遇，而是背景比较特殊的外遇。其中包含的两个方面的问题，不妨认为是这部小说的主题。

首先是过去与现在的关系问题。主人公的过去存在三个女子。一个是岛本，当时她才十二岁，还是个小女孩。两人在一起听了纳特·金·科尔唱的《国境以南》。小学毕业后，因所上初中不同，两人分开了。“不去见岛本之后，我也经常怀念她。在整个青春期这一充满困惑的痛苦的过程中，那温馨的记忆不知给了我多少次鼓励和慰藉。很长时间里，我在自己心中为她保存了一块特殊园地。就像在餐馆最里边一张安静的桌面上悄然竖起‘预订席’标牌一样，我将那块园地只留给了她一个人，尽管我推想再不可能见到她了。”由于当时两人都还是小学生，交往还不具有真正的性因素。第二个女子是“我”的高中同学泉。泉尽管“不会给我同岛本一样的东西”，也不怎么漂亮，但有一种自然打动人心的毫不矫情的东西。加之年龄的关系，同泉的交往明显带有性方面的需求。“我”对泉说：“不想做那种事不做也可以，可我无论如何都想看你的裸体，什么也不穿地抱你，我需要这样做，已经忍无可忍了！”实际上“我”也那样做了。第三个女子是泉的表姐，第一次见面“我”就想和她睡。实际交往两个月时间里，“我同泉的表姐只管大干特干，干得脑浆都像要融化了”——两人只有性关系，双方并不相爱，都没有发展恋人关系的念头。后来此事被泉知道了，两人关系就此终止。岛本、泉、泉的表姐，这三个女子构成了主人公的过去。无论“我”去哪里，无论“我”做什么，过去都如头顶的一片云一样投下阴影。

岛本在他三十六岁时蓦然出现在他的酒吧里而又暂时消失之后，他这样想道：

在别人看来，这或许是十全十美的人生，甚至在我自己眼里有时都显得十全十美。我满腔热情地致力于工作，获得了相当多的收入。在青山拥有三室一厅住房，在箱根山中拥有不大的别墅，拥有宝马和切诺基吉普，而且拥有堪称完美的幸福的家庭。我爱妻子和女儿，我还要向人生寻求什么呢？纵使妻子和女儿来我面前表示她们想成为更好的妻子和女儿、想更被我疼爱，希望我为此不客气地指出下一步她们该怎么做，恐怕我也没什么好说的。我对她们确实没有一点不满，对家庭也没有任何不满，想不出比这更为舒适的生活。

然而在岛本不露面之后，我不时觉得这里活活成了没有空气的月球表面。

岛本代表过去，或者说是主人公主要的过去。岛本即“过去”的出现和某一段时间“不再露面”，使得主人公“十全十美”的现在 —— 现在的处境成了“没有空气的月球表面”。“我”必须在过去与现在之间 —— 在岛本与妻之间 —— 做出选择，没有中间，岛本一再强调“我身上没有中间性的东西”。一句话，非此即彼。而这样的选择在现实生活中任何人或多或少都会碰到。在这个意义上，《国境》是与现在息息相关的、很有日常性和现实性的故事。这点也和作者的大部分作品有所不同。

然而，又很难说是以《挪》那样的现实主义手法写成的小说。下面就想就第二个方面探讨一下：现实与虚幻的问题。写《国境》期间，村上一直在考虑《雨月物语》里面的故事。《雨月物语》是江户时期上田秋成（1734—1809）写的志怪小说，九篇故事中有六篇脱胎于《剪灯夜话》和《白蛇传》等中国古代传奇、话本。一个共通特点是故事的主人公自由游走于阴阳两界或者实境与幻境、自然与超自然之间。村上说,对于当时的人来说,在二者之间划出明确的界线恐怕是不可能的,也几乎是没有意义的。“作为我,想把那种意识与无意识之间的界线或者觉醒与非觉醒之间的界线不分明的作品世界以现代物语这一形式表现出来”。而《国境》便是收纳这一主题的恰到好处的容器。在这部小说中,说到底“我”的过去只能通过“岛本”这个喻体(metaphoric)才能呈现,只能通过这样的非现实非正常的存在加以勾勒。村上在为收入《村上春树全作品 1990—2000》第 2 卷(讲谈社 2003 年版)的《国境》写的“解题”中就此进一步写道:

> 岛本是实际存在的吗?这应该是这部作品最重要的命题之一。她是否实际存在并非作者要在此给出具体答案的问题。在作品中岛本当然存在。她活着、动着、说话、性交。她推动故事的发展。至于她是否实际存在,则是作者无法判断或者没资格判断的问题。如果你觉得岛本实际存在,她就实际存在于那里,有血有肉,一口口呼吸。倘若你感到她根本不存在,那么她便不在那里,她就纯粹成了编织初君的一个精致幻想。她实际存在与否,应该是由你和岛本(或者对于你的岛本式人物)之间决定的问题。作品这东西不过是凸显个性的一个文本而已。

于是我们在《国境》中看到了虚实两个岛本:一个是十二岁时握“我”的手握了十秒的岛本,一个是“我”二十八岁时在东京街头紧随不舍的穿红色风衣的仿佛岛本的岛本;一个是时隔二十三年忽然出现在酒吧里“笑得非常完美”的岛本,一个是拉“我”去远离东京的河边撒下婴儿骨灰的岛本;一个是在箱根别墅同“我”长时间实实在在交合的岛本,一个是翌日清晨在枕头上留下脑形凹坑而踪影皆无的岛本。一句话,一个是此侧现实世界中的岛本,一个是“国境以南太阳以西”的岛本。而我就随着两个岛本往来并迷失于现实和虚幻之间。其中有两个典型的细节。一个是那个谜一样的男人为了阻止他尾随岛本而给他的装有十万日元的信封后来从抽屉里不翼而飞;另一个是岛本送给他的那张旧唱片随着岛本从箱根别墅的消失而无从找见。这愈发使得他无法融入现实,感觉上就好像被孤零零地抛到没有生命迹象的干裂的大地,纷至沓来的幻影将周围所有色彩吮尽吸干。不仅如此,主人公还对自己本身和自己置身其间的高度发达的资本主义社会产生虚幻之感:

极为笼统地说来,我们是生吞活剥了战后一度风行的理想主义而对更为发达、更为复杂、更为练达的资本主义逻辑唱反调的人。然而我现在置身的世界已经成了由更为发达的资本主义逻辑所统领的世界。说一千道一万,其实我已经在不知不觉之间被这一世界连头带尾吞了进去。在手握宝马方向盘、耳听舒伯特《冬日之旅》停在青山大街等信号灯的时间里,我蓦然浮起疑念:这不大像是我的人生，我好像是在某人准备好的场所按某人设计好的模式生活。我这个人究竟到何处为止是真正的自己，从哪里算起不是自己呢？握方向盘的我的手究竟多大程度上是真正的我的手呢？四周景物究竟多大程度上是真实的景物呢？越是如此想，我越是丈二和尚摸不着头脑。

不用说，这一连串的追问来自更大意义上的过去与现在的龃龉、现实与理想的错位。这样的追问只能进一步加深对自己、对自身处境和现实社会的幻灭感，激起从中逃离的欲望。那么逃去哪里呢？逃去“国境以南太阳以西”那个虚幻的世界，而岛本无疑是那个世界的化身——“岛本，我的最大问题就在于自己缺少什么，我这个人、我的人生空洞洞缺少什么，失却了什么。缺的那部分总是如饥似渴。那部分老婆孩子都填补不了，能填补的这世上只你一人。和你在一起，我就感到那部分充盈起来。充盈之后我才意识到：以前漫长的岁月中自己是何等饥饿何等干渴。我再也不能重回那样的世界。”换言之，主人公成长的过程就是力图填补自己缺失部分的过程。他所真正倾心的女子也都首先具有这方面的功能。他和十二岁时的岛本在一起，是为了弥补自己以至双方的“不完整性”；他高中时代的恋人泉虽然长得不算怎么漂亮，但有一种自然打动人心的温情；他当初对妻有纪子所以一见倾心，也并不是因为她长得漂亮，而是因为从其长相中明确感觉到了“为我自己准备的东西”。而最能填补他缺失部分即心灵空缺——在物质生活上他并不缺少什么——的人当然仍是岛本，只有岛本才能使他彻底充盈起来。所以他才最后下决心同岛本从头开始,“再不重回那样的世界”。然而终归他不得不重回那样的世界。他和妻有纪子言归于好的夜晚,妻问他想什么,他说“想沙漠”。也就是说,重返原来的现实世界就是重返沙漠,因为“大家都活在那里,真正活着的是沙漠”。如果不回沙漠,那就只能忍受孤独,而他再不想孤独,“再孤独,还不如死了好”。很明显,村上在这里已不再欣赏和把玩孤独了,而在寻求“国境以南太阳以西”而不得的情况下,在孤独与沙漠之间选择了沙漠,选择了现实世界。他在前面提到的那篇“解题”中最后这样写道:

> 我本身当然不认为《国境》属于“文学性退步”之作。我是在向《奇鸟行状录》那部超长小说攀登的途中作为间奏曲写这部作品的,由此得以一一确认自己的心之居所,在此基础上我才得以继续向《奇鸟行状录》的顶峰攀登。在这个意义上,这部作品在我的人生当中(请允许我说得玄乎一点,即我的文学人生当中)自有其价值、有其固有的意味。

《奇鸟行状录》：
从“小资”到斗士的“编年史”

如果问我村上作品中最佩服哪一部，我会毫不犹豫地举出《奇鸟行状录》（直译应为“拧发条鸟编年史（Chronicle）”，以下简称《鸟》）。这是一部真正的鸿篇巨制，日文为上中下厚厚三大卷，译成中文都有50万言，达650页。时间跨越半个世纪，空间远至蒙古沙漠和西伯利亚荒原。出场人物众多，纷至沓来而各具面目；情节多头推进，山重水复，雾锁云笼。更重要的是，在这部作品中，村上完全走出寂寞而温馨的心灵花园，开始闯入波谲云诡的广阔沙场，由孤独的“小资”或都市隐居者成长为孤高的斗士。在这点上，我很赞同我几次提及的哈佛大学教授杰·鲁宾（Jay Rubin）的见解，《鸟》“很明显是村上创作的转折点，也许是他创作生涯中最伟大的作品”。

这部小说是在美国创作的。1991年初村上应邀赴普林斯顿大学做Visiting Fellow（访问学者）。去美国大使馆签证时，在出租车上听得第一次海湾战争正式打响的消息，村上的心情顿时黯淡下来，他觉得这是个不好的前兆。虽说美国成为战场的可能性微乎其微，但遭受恐怖袭击的可能性还是存在的。作为他，当然不想去正在打仗的“当事国”。但一来事情已经进展到不宜后退的地步，二来也不好给帮忙邀请他的朋友添麻烦，只好硬着头皮前往。到了美国一看，发现这个国家正处于“准战时体制”之下，即使普林斯顿这样优雅安静的大学城也到处飘扬着星条旗，人们无不为开战而欢欣鼓舞，爱国浪潮汹涌澎湃。电视上反复播放空袭巴格达炮火连天的场面和英姿飒爽斗志昂扬的前线将士形象——一场“有组织的暴力同有组织的暴力的正面冲撞”就这样不容分说地开始了。

> 《奇鸟行状录》这部长篇小说就是在这样的环境中动笔的。我想，无须说，这种“准战时体制”的紧张空气对我写的小说有不少影响。假如不去美国而是在日本写这部小说，那么很可能写成和现在多少有所不同的东西。人生中是没有什么“假如”的，这点我当然清楚。尽管如此，我还是认为这个“假如”应具有很大的意义。
>
> 《村上春树全作品 1990—2000 ④·“解题”》
>
> 讲谈社 2003 年 5 月版

至于村上不去美国而在日本写这部小说会写成什么样子，自是不得而知——正如村上所说，人生中是没有什么假定的，但有一点是很明确的：这部小说含有“美国”因素。

村上夫妇是 1991 年 2 月抵达美国的。所谓“Visiting Fellow”，只是个虚衔，没有非做不可的事，无须专门演讲，无须带班上课，总之就像是“客人”，可以自由支配时间，想干什么就干什么。这正合村上心意，3 月即投入《鸟》的写作。每天凌晨四点多起来，喝着咖啡聚精会神写到九点左右。他用来写作的房间朝北，窗外有一棵大树。“树的上方住着勤劳的松鼠一家，这一家子总是急匆匆搜集地面可吃的东西。附近有一只大猫赶来，时不时打松鼠的主意，但在我所见的时间里，一次也未能得手。青松鸦夫妇（我以为）大声叫着飞临，在树枝间往来飞跃，很快不知去了哪里。随着季节的更迭而从南向北或由北往南迁徙的加拿大鹅，成群结队落在院子里稍事歇息。那艳丽的翅膀在阳光下闪着青色的幽光 …… 日后每当我看见《奇鸟行状录》这本书，脑海中就浮现出这幅田园牧歌式的光景。”也就是说，村上是看着这些鸟、听着鸟的叫声写这部长篇的。如果说第一次海湾战争是村上写《鸟》的大环境，院里的鸟则是其小环境。村上是个喜欢深度思考而又感性敏锐细腻的作家。可以推想，如此看鸟听鸟时间里，难免对鸟发生特殊兴趣，由此形成了“拧发条鸟”的神奇想象 —— 作品中，每当故事出现重大转机时都有拧发条鸟的叫声传来，“吱吱吱吱”不断拧紧世界的发条，于是下一个情节很快从作者笔下弹出。

如此写了四五个小时，村上暂且和鸟们告别，走出房间去附近散步或跑步。他跑得很远，往往跑 10~15 公里。跑完去学校游泳池尽情游泳。作为运动量来说，的确十分了得。村上几次强调，写长篇莫如说是体力活儿，是同体力的较量，没有好的体力根本熬不住。“总之那时候一是锻炼身体，二是集中写小说，每天只考虑这两件事。”写了将近一年，第一部“贼喜鹊篇”和第二部“预言鸟篇”写完初稿。第三部“捕鸟人篇”则是在波士顿郊外的剑桥城（坎布里奇）写的。1993 年 7 月村上从普林斯顿搬来这里，在塔夫茨大学当驻校作家。这最后一部大约于1993年底动笔，1995年4月脱稿，《鸟》一二三部至此大功告成。两个月后他动身返回日本。也就是说，旅美四年半时间大部分用来创作这部长篇了，是村上花费时间最长、倾注心血最多的作品。村上回忆说：

> 开始写这部小说的时候，书名还没决定。不久，得了《拧发条鸟编年史》这个书名。没怎么为此伤脑筋，是很自然浮上脑海的。至于chronicle（编年史）一词到底从何而来，我则不很清楚。没有意义没有目的，只是作为普通词儿、作为音节一下子浮上脑海的。不过我想，既然取了chronicle这个书名，那么就应该有时间纵轴即历史那样的东西牵扯进来。也就是说，不是由内容设定一个词，而是反过来由一个词设定内容。而且，实际上《鸟》这部作品也成了历史色彩很浓的故事。那大概自然而然地、本能地要求我写那样一个故事。

在谈到《鸟》第三部的时候，村上这样写道：

> 关于那一时期是以怎样的心情写《鸟》第三部的，时至今日我已记不确切了，只记得写得非常投入，如醉如痴。那个故事在等待我写它，我所做的不外乎把它顺利地解放出来。既然故事的轮廓已经转动，那么我只要乘坐上去即可。我在第一部、

第二部印行之后不久即推出第三部，所以写得相当入迷。那时我已不再使用电子文字处理机，而改用 Macintosh 电脑来写。新书房朝东，清晨的阳光闪闪耀眼。我同样早早四五点起床，一边用低音量听着巴洛克音乐一边写。那里有书写迄今自己从未书写过的东西那种静静的兴奋。我这样讲给自己听：我正在踏入新的领域，而这对我是非同一般的。由于写得太入迷了，以致最后阶段神志变得相当模糊，这点记得很清楚。离开桌子后身体东摇西晃，好半天开不了口。为了清醒脑袋，我时常去查尔斯河畔散步。

这两段引文中有一个共同点特别值得注意，那就是：不是村上想写《鸟》，而是《鸟》让村上写。前面提到的大小两个环境影响，终究是外部影响，而这里透露的则是内在驱动力——是那个故事"自然而然地、本能地要求我写"，"等待我写"，是故事推动我"踏入新的领域"。换句话说，村上是在故事本身的召唤下甚至被动地写这部长篇的。那么，到底是什么故事、是故事中的什么因素在深层次上召唤和促使作者非写不可呢？暴力！暴力是这部长篇小说的中心点。有两条线交叉穿过这个中心点：纵线是历史线（"时间纵轴"）亦即"年代纪"（Chronicle），其主轴是诺门罕（又译"诺门坎"）战役；横线是现实线，现在进行时，主轴是一个男人到处寻找老婆，寻找下落不明的老婆。两条线都缀满暴力，或者说都是暴力这个中心点的延伸。在充分演示暴力的过程中，两条线共同指向一个靶心：

“Violence, the key to Japan（暴力，就是打开日本的钥匙）！”这是村上明确说过的原话，引自前面提过的杰·鲁宾的专著《倾听村上春树：村上春树的艺术世界》第 220 页（*原书名为 Haruki Murakami and the Music of Words，冯涛译，上海译文出版社 2006 年版*）。毋庸置疑，此乃村上这部伟大作品的主题。

先看纵线，看作为主轴的诺门罕战役（日本习称“诺门坎事件”）。这场战役是 1939 年春夏之交在靠近内蒙新巴尔虎左旗诺门罕村的中蒙（当时称“满蒙”）国境地带展开的。交战方一方是日本关东军，一方是苏蒙联军。关东军投入 6 万兵力，结果在强大的苏军机械化部队势不可挡的反击下丢盔弃甲，死伤和失踪近两万之众，一个师团全军覆灭，致使关东军不得不重新考虑进攻苏联的计划。这样一场五十多年前的战役何以引起村上的特别注意呢？据村上在那篇“解题”中解释，他所去的普林斯顿大学有几个图书馆，他最常去的是“东洋学科”附属的图书馆，那里有很多关于日本的书籍。一次在历史书架上东找西找时间里，发现有不少图书写的是“诺门罕事件”。村上说他小时候在图书馆翻书时，有一本书上有形状奇特的飞机和坦克图片，看文字说明，得知是诺门坎战场用过的武器。不知何故，自那以来，他就对那场历时短暂然而异常血腥的战役怀有按捺不住的强烈兴趣，同时为“Nomonhan”（诺门罕）一词的异国声韵而心醉神迷。

而现在，我在同日本相距遥远的普林斯顿大学图书馆里，作为同少年时代相距遥远的一个中年人，手拿关于诺门罕战役的书啪啪啦啦翻动书页。我发觉自己至今仍为这个词的声韵而迷恋得无法自拔。于是我随意把这些书一本本拿在手中忘我地读了起来。这样的邂逅说不可思议也真是不可思议。

阅读之间,我忽然想到:这正是自己始终寻求的题材。那是一场奇妙而残酷的战役。哪一方都没获胜,哪一方都没失败。围绕一块几乎没有战略价值的地方的原本不存在的国境线投入大量军队和武器,众多士兵丢掉性命。最后由于政治决断而一切在暧昧之中结束战事。非现实战略催生非现实战斗,流出现实的血,然而将军们的大半都没有为此负责。我决心将这场战役作为小说中的一个纵轴使用。我一边看书一边把自己带往 1939 年的蒙古草原。我听到了炮声,肌肤感受到了掠过沙漠的风。

不难看出,村上所以将诺门罕战役作为纵穿小说的一个基轴,除了偶然因素,还因为这场战役有四个特点:奇妙而残酷,决策的非现实性(草率),暧昧(不了了之),无人负责。而这在很大程度上恰恰是日本近现代史、日本式暴力的主要特点。更重要的是,村上切切实实感觉出这样的历史、这样的暴力至今仍在继续,不仅在国家组织或其理念中继续,甚至还在包括自己本身在内的个人身上继续。应当说,正是这种长期潜伏于内心底层的可怕的感觉、直觉"自然而然地本能地"要求村上拿起笔来,书写暴力,追究暴力,清算暴力,从而减少暴力以至拒绝暴力。

回顾起来，村上笔下很早就写过暴力和邪恶，如《寻羊冒险记》（1982）中的“先生”、《世界尽头与冷酷仙境》中的“夜鬼”和“组织”等等，但真正自觉地、深刻地，纵横交错淋漓酣畅地描写暴力并以暴力为中心点则是第一次——《鸟》的确堪称村上创作道路上一个里程碑式的转折点。

就历史这条线来说，暴力主要集中在三个点：诺门罕、侵华战争和太平洋战争，尤其集中在前两个点上。发生在诺门罕的暴力通过“间宫中尉的长话”加以表现，其中剥人皮场面可谓暴力的极致，触目心惊，不寒而栗，每一个字都在滴血都在惨叫都闪着刀光，视线简直不敢再往下移动。间宫中尉本人被逼跳入茫茫沙漠正中的一口深不见底的枯井，在对苏军作战中被坦克压掉一只胳膊。虽然后来九死一生返回日本，但整个人已彻底成了“空壳”，不爱任何人，也不被任何人爱，山本在他的梦境中不知被剥了多少次皮，耳畔不知多少次响起山本凄绝的惨叫。“沦为空壳的心和沦为空壳的肉体所产生的，无非是空壳人生罢了”，只是履行“继续存活这一职责”罢了。唯一让他略感安慰的，是他在即将“作为空壳从此消失在一片漆黑”中之前，终于有勇气把这段亲身经历的暴力讲给了主人公“我”。也就是说“我”是唯一了解间宫中尉的历史之人。由此不难看出暴力对人的伤害何等惨重：暴力不仅在肉体上使人“变成血肉模糊的块体”，而且在精神上使人沦为“空壳”，使人对历史缄口不语。换言之，历史在此中断，其真相被埋葬，民众无人知晓。民众知晓的乃是被官方修正液涂抹过的历史。唯其如此，村上才决心下到历史的深井，启封那段充满血腥味的黑色历史，回放暴力!

历史纵线的另一个暴力集中点就是侵华战争。主要通过第三部第二十八章“拧发条鸟年代纪 #8(或第二次不得要领的杀戮)”提起在“战前的满洲”即我国东北地区发生的暴力。在苏军即将攻入东北之际,关东军司令部的一名中尉会计官奉命处理“满洲国首都”新京特别市(今长春市)的一座动物园里的动物,枪杀除了大象的所有动物之后,八个关东军士兵端枪押来四个中国人。四人是“满洲国军军官学校”的学生,因杀死两个日本教官逃跑被抓而面临处决。其中三人被用刺刀刺死,“五脏六腑被剜得一塌糊涂,血流满地”。最后一人被棒球棍打死(因为他用棒球棍打死了两名日本教官),一个士兵将棒球棍“全力朝中国人后脑勺砸下”。不料被砸死的中国人“却以不知从何而来的最后一滴生命力像老虎钳子一样紧紧抓住”脸上有青痣的日本兽医的手腕,一起栽进事先挖好的坑中。即使脑袋两次被子弹打中也还是抓住兽医不肯松手。在场的中尉和士兵看得目瞪口呆。小说后来借间宫中尉之口明确说道:“我们日本人在满洲干的也不例外。在海拉尔秘密要塞设计和修建过程中,为了杀人灭口,我们不知杀了多少中国人!”

同时还在“间宫中尉的长话”中谈到在中国其他战场发生的暴力:“战线迅速推进,供需跟不上,我们只有掠夺。收容俘虏的地方没有粮食给俘虏,只好杀死。这是错的。在南京一带干的坏事可不得了,我们部队也干了。把几十人推下井去,再从上边扔几颗手榴弹。还有的勾当都说不出口。”显然“在南京一带干的坏事”是指南京大屠杀。尤其难得的是,村上在第三部第二十八章指出了日本兵干“坏事”的原因:“他们大多数农村出身,少年时代正值经济萧条的三十年代,在贫困多难中度过,满脑袋灌输的都是被夸大了的妄想式国家至上主义,对上级下达的无论怎样的命令都毫不怀疑地坚决执行。若以天皇的名义下令'将地道挖到巴西',他们也会即刻拿起铁锹开挖。”在这里,村上固然没有绕开天皇,点出了天皇对于二战中的日军暴力负有责任,但相对说来,其笔锋的指向更是以天皇的名义下达命令的暴力机器,即没有人对致使“众多士兵丢掉性命”的缺乏现实性的草率战略决策负责的、暧昧的封闭性国家组织。村上认为这才是暴力的源头,也是诺门罕战役吸引他的根本原因及这一题材的意义所在。

更危险和可怕的是,这一封闭性系统至今仍在,因此暴力仍在。而将其具体化的便是那条现实横线——主人公寻找失踪的老婆过程中遭遇的种种怪事和阻碍。其最大的阻碍来自妻子久美子的哥哥绵谷升。绵谷升无疑是带有暴力性的邪恶人物。不过较之《寻羊冒险记》中的“先生”和剥皮鲍里斯等历史上暴力性邪恶形象,绵谷升显然更具欺骗性和时代特征:“绵谷升堪称头脑敏捷的变色龙,根据对手颜色改变自身颜色,随时随地炮制出行之有效的逻辑,并为此动员所有的修辞手段。”其职业当然不是军人而是大学老师,是写了厚厚一本经济学专著的学者。作为“变色龙”,绵谷升尤其擅长利用电视表现自己,面对摄像机显得风流倜傥游刃有余,穿一身价格昂贵做工考究的西装,扎一条相得益彰的领带,架一副文质彬彬的眼镜。“神情和悦,语声安静,谙熟给对方后背以致命一击的诀窍”,而且熟知如何才能操纵民众的情绪。事实上也博得了民众的好感和喝彩,“即使相当博学多识的人亦受其蛊惑”。然而就是这个人以莫名其妙的手段害死了还是小学生的妹妹即久美子的姐姐,以莫名其妙的方式彻底玷污了加纳克里他,又以莫名其妙的招数将久美子从主人公手里夺走据为己有。总之,绵谷升"始终如一地损毁着各种各样的人,并且将继续损毁下去"。下一步情况糟糕:这种暴力性邪恶人物当上了国会议员,成了政治家。其政治目标"是要使日本摆脱当今的政治边缘状态,将其提升到堪称政治及文化楷模的地位"。

令人惊异和沉思的是,以上种种描述竟同现实中的日本某些政治家形象如出一辙。而且其从政之路也毫无二致。绵谷升的叔父是国会议员,其当选是因为承袭叔父选区之故。而其叔父战前曾作为专门搞兵站学的年轻技术官僚于1932年前往成立不久的"满洲国"考察满蒙地区羊毛供给情况,以便为进攻苏联的日军装备防寒服做准备。此人在奉天(沈阳)见到了策划"九一八事变"的陆军中将石原莞尔,两人谈得甚为投机,战后也未间断"亲密交往"。绵谷升的父亲是运输省精英官僚,"自视甚高,独断专行,习惯于下达命令,对自己所属世界的价值观丝毫不加怀疑。对他来说,等级制度就是一切。对高于自己的权威自然唯命是从,而对芸芸众生则毫不犹豫地践之踏之"。他认为日本这个国家体制上固然是民主国家,但同时又是极度弱肉强食的等级社会。若不成为精英,在这个国家几乎就谈不上有什么生存意义,只能在石磨缝里被慢慢挤瘪碾碎。他把这种"大成问题的哲学和畸形世界观"彻底灌入绵谷升的脑袋,绝对不允许儿子甘拜任何人下风。也就是说,战前那个暴力性国家组织或其理念仍然流淌在此人血液中并极力传给了儿子绵谷升。而绵谷升那个同二战有千丝万缕关系的叔父又提供了政治地盘使其继承了国会席位——村上就是这样勾勒出了暴力的传承路线。一句话,暴力仍在!

因此,作者必须使主人公投入战斗。

《鸟》是妻子突然下落不明,作为主人公的丈夫寻找其下落的故事。我的小说的一个重要主题(motif)就是很多场合"寻找丢失的什么"。例如《寻羊冒险记》中主人公寻找带有星形斑纹的特殊的羊和不见了的朋友,《世界尽头与冷酷仙境》中主人公为寻找失踪的少女而进入没有影子的小镇。但《鸟》与此前作品的不同之处,在于主人公积极主动地期盼寻找并为此进行战斗。我以前小说的主人公,总的说来被动"卷入"事物流程的色彩很浓,但是《鸟》的主人公冈田亨则具有"无论如何也要找到妻子"的始终一贯的坚强意志。在世人眼里他绝非强人,可他有个特点:一旦下定决心就不后退。所以无论他妻子的哥哥绵谷升说"你没必要找我妹妹",还是妻子本身提出"你别找我",他都不屈不挠地寻找下去。因为主人公完全清楚寻找妻子一事不是为了别人,而是为了自己本身。

我想,这种积极性或战斗性是贯穿整个作品的。或者说如果没有如此明确的积极向上的意志,要最后完成这么长的故事也是不可能的。在这个意义上,《鸟》这部作品在我作为作家的生涯中——特别是在获得第3部以后(这一经过容以后述说)——起到了转折点的作用。也就是说,写这部作品之前同之后相比,我作为作家的姿态有很大不同。现在回头看去,毫无疑问,《鸟》以后的我的作品无不朝着逐渐失却都市式洗练(sophistication)和轻俏的方向行进,一种类似“介入”意志那样的东西开始在出场人物身上一点点显现出来。

后来在为2003年7月出版的《村上春树全作品1990—2000》第五卷写的“解题”中果然进一步强调了第3部的主题:“一言以蔽之,就是也只能是‘战斗’和‘救赎’。”说起来,按村上原来的设想或以往的创作风格,写完第一部和第二部就算写完了。但作为单行本出版之后村上脑袋里产生了一个疑问,而且疑问越来越大。他问自己:自己想写的东西在第一、二部完全写尽了么?他觉得没有写尽,还有东西确确实实剩了下来,也就是说,故事还在脑袋里继续。至少有几个谜团没有解开——主人公的妻子久美子为什么突然离家出走?绵谷升在多大程度上同久美子的失踪有关?主人公如何同其“对决”?尤其最后一点让村上欲罢不能。在第一、二部里边,主人公的“对决”或战斗姿态没有得到充分展现,还在“寻找”途中(包括井下)苦苦求索,真正的战斗尚未开始。应该说,主要是这点让当时的村上——若是以前的村上倒也罢了——感到意犹未尽。于是村上在相隔大约一年半之后开始第三部的创作。这回他旗帜鲜明地将重点置于“战斗性”,让主人公义无反顾地把久美子从作为邪恶象征的绵谷升手里夺回。

> 为此，冈田亨势必同阻挡他去路的一切障碍进行对决，势必通过战斗予以排除，这当中势必有暴力性发生。暴力这东西，或者人的活动所产生的恶性物的存在——这是任何人都无法否定的历史事实，在某种情况是无可回避的。所以，小说中，大约50年前的间宫中尉和剥皮鲍里斯的对决同当代冈田亨和绵谷升的对决基本齐头并进。冈田亨怀着强烈的愤怒操起棒球棍在黑暗中打死“莫名其妙的东西”——间宫中尉未能做到的事情由他完成了。最后，尽管他已遍体鳞伤，但还是找回了同样遍体鳞伤的妻子。
>
> 《村上春树全作品 1990—2000⑤·“解题”》
>
> 讲谈社 2003 年 7 月版

值得注意的是，构思和创作第三部期间村上实际去中蒙边境考察了诺门罕战役的战场遗址。考察时有两件事让他格外惊异，一是实际目睹的旧战场同他想象和在《鸟》第一部描写的场景几乎一模一样；二是当他捡起迫击炮弹残片和子弹带回宾馆后，半夜醒来发觉整个房间咔咔作响地剧烈摇晃，连走出房间都不可能。村上以为发生了地震，摸黑爬出房间。而刚一开门爬到走廊，摇晃戛然而止，平静如初。1995 年 11 月他在同著名心理学家河合隼雄对谈时就此这样说道：“我猜想这大概类似一种精神波段相互吻合的东西。所以如此，我想是因为自己在故事中介入（commit）诺门罕介入到相应程度的关系。虽说我不认为这是超常现象什么的，但还是感觉到了那样的作用、那样的关联”（*《村上春树去见河合隼雄》，河合隼雄 村上春树著，新潮社 1996 年 1 月版*）。此外村上在他的《边境 近境》中更具体地谈到了这一体验。对于村上的这番奇异体验，较之作为著名心理学家的河合隼雄，倒是那位哈佛大学的日本文学教授杰·鲁宾（Jay Rubin）的分析来得简洁明快：

> 换句话说，村上其实坐在超自然的界限之上。一方面他会斩截地否认其存在，而另一方面他又觉得意识这种东西不是科学能完全解释得了的。正因为如此，他对诺门坎（即诺门罕 —— 笔者注）的实地考察对于廓清他要写的东西意义匪浅，其成果就是《鸟》的第三部。也正是在这里，冈田邂逅了他内心深处的战争与暴力，仿佛它们一直潜伏在那里等着他去发现。
>
> 《倾听村上春树：村上春树的艺术世界》
>
> ［美］杰·鲁宾著，冯涛译
>
> 上海译文出版社 2006 年版
>
> 原书名为 *Haruki Murakami and the Music of Words*

鲁宾还说：“只有第三部可以说受益于他对这个自学生时期就一直挥之不去的实地勘察”（准确说来是自上小学的时候）。所谓受益或者影响，一方面是活生生的旧战场给了村上更真切的触动，加深了他对诺门罕战役和暴力的认识 —— 在海拉尔他实际看了“为了杀人灭口我们不知杀害了多少中国人”的海拉尔秘密要塞，另一方面就是他觉察出了那种鲁宾认为是“超自然的”奇异的“关联”（つながり）。在第三部他进一步写了那种“关联”。例如“满洲国”新京动物园的园长（肉豆蔻的丈夫、肉桂的父亲）脸上有一块青痣，主人公冈田亨从深井上来之后脸上也有了一块青痣。再如日本兵用棒球棍打死了中国人，冈田亨同样用棒球棍打死了绵谷升。作为拧发条鸟更是从50年前的过去一直叫到现在：在新京动物园打死中国人的年轻日本兵听见了，冈田亨夫妇听见了，第三部第五章“深夜怪事”中的少年听见了。在这里，不相信任何宗教的村上较之强调生死轮回（虽说他相信“偶然”），毋宁说是暗示历史与现在之间的某种“关联”，亦即：历史不容割断，更不应忘记！

当然，最主要的关联体现在绵谷升身上：

> 在冈田能够把久美子从黑暗中带回真实的世界之前，他必须直面他最深的恐惧：由绵谷升所代表的邪恶。绵谷升对大众传媒的娴熟操控使他在政治上如鱼得水，他是其叔叔一辈大陆掠夺政策的继承人。他代表的邪恶正是《寻羊冒险记》中那种以右翼组织老板为化身的邪恶。村上将之与日本政府的独裁传统联系到一起，正是这种传统要为侵华战争中杀害的无数中国人及战争中牺牲的数百万日本民众以及镇压20世纪60年代后期理想主义的学生运动负全责。这一因素大大扩展了

小说的空间，使其远远超越了一个失败了的婚姻故事的范畴。冈田在追寻妻子及其自身过程中的发现远远超越了他的预期。他发现了他的祖国近代历史中最丑恶的一面，其最主要的成分是暴力和恐怖，而且就浅浅地隐藏于日常生活的表面之下，喷薄欲出。当他用棒球棍几乎将一位民歌手打死时，他也发现了隐藏于自身的暴力倾向。

……《鸟》确确实实是一部编年史，故事的背景虽精确地设定于20世纪80年代中期，却一直深挖至战争年代的暴力，亦即日本现代疾患的病根。

鲁宾不愧同时也是《鸟》英译本的译者（他的夫人是日本人），在他这部专著中，看得出他对《鸟》的文本最为熟悉，对这只奇鸟情有独钟，因而评论也写得最为充分和最见功力，笔触独到，深刻犀利，尽管个别地方因过于得意而逻辑上略显芜杂。日本文学评论界也注意到了这种"暴力的传承"，亦不乏中肯的评论。如铃村和成认为村上是在纵览暴力以扭曲形式寻求排泄口的世界，村上从美国看日本时，日本看上去像是"翻卷着莫名其妙的暴力漩涡的国家"；重冈彻认为村上意在通过绵谷升来表现法西斯主义，"绵谷是潜藏于人的无意识暗处的弱小感、劣等感、积怨、憎恶、杀意等的显在化身，是将其正当化并作为对外暴力有组织地加以动用的力量"；风丸良彦认为村上是将绵谷升作为封锁真实历史之意义的"权力"世界的象征来塑造的，作品中含有以往不曾有过的政治信息；日置俊次认为小说对"暴力"的描写及作为史实的战争插曲、剥皮和井的象征性同《沉默的羔羊》的羊、刀、剥皮、井等意象难分彼此，等等。不过相对之下，其评论力度似乎都不及鲁宾这位美国教授，没有鲁宾那样观点鲜明，一刀见血。就这点而言，不妨认为，日本一些主流文学评论家缺乏借助《鸟》这样的契机直面和反思本国历史的应有的良知、勇气和远见卓识。两相对照，也就更显出村上的卓尔不群和难能可贵。

确如鲁宾所说，正是村上的这种"发现"，或者说正是村上在诺门罕所感觉到的"关联"促使他写出了这部了不起的作品，也就是说在催生村上的历史责任感和社会责任感过程中起了决定性作用。其实，村上本人已然就此说得相当肯定。他在写完第三部半年后同河合隼雄做的那次对谈——上面已经提过——中强调：为了把久美子从黑暗世界拉回光明世界不得不使用暴力。这里所说的黑暗世界，就是不断积累的"历史性暴力"所在的世界，也就是有剥皮场面和残忍杀害中国人场面出现的世界。而为了将久美子从黑暗世界拉回光明世界使用的暴力，其中有一种"同历史性暴力遥相呼应的盖然性"——村上在这里再次确认了那种割不断的"关联"。他认为这似乎是自己的"历史认识"。随后村上毫不暧昧地断言：

> 归根结底，日本最大的问题，就是战争结束后没有把那场战争的压倒性暴力相对化。人人都以受害者的面目出现，偷梁换柱地以非常暧昧的言词说"再不重复这一错误了"，而没有哪个人对那个暴力装置负内在责任。
>
> ……我所以花费如此漫长的岁月最后着眼于

暴力性，也是觉得这大概是对于那种暧昧东西的决算。所以，说到底，往后我的课题就是把应该在历史中均衡的暴力性带往何处，这恐怕也是我们的世代性责任。

《村上春树去见河合隼雄》，河合隼雄 村上春树著
新潮社 1996 年 1 月版

恕我重复，村上认为这种历史性"关联"或暴力的传承不仅表现在国家这一系统及其理念之中，还表现在——亦如鲁宾指出的——个体身上，存在于自己心中。因此，还必须清算自己自身内部的第二次世界大战。"我渐渐明白，珍珠港也好诺门罕也好，这类五花八门的东西都存在于自身内部。与此同时，我开始觉察，现在的日本社会，尽管战争结束后进行了各种各样的重建，但本质上没有任何改变。这也是我想在《鸟》中写诺门罕的一个理由。"对谈快结束时，村上叮问河合隼雄日本社会发生质变了么，河合此时再也无法回避了，回答说"这要看怎么看，换个看法，也可以说几乎没有什么改变"。通读两人对谈这本书，很容易看出两人在这个问题上的温差：村上十分明确，河合比较暧昧，甚至不无"狡猾"。相对说来，河合关注的更是村上小说的"心灵治愈"（心の愈し）作用，而不是历史的、社会的治愈力。在这里，鲁宾这位美国学者再次显示出其行文的"战斗性"及其关注的重点：

在写第三部的过程中，村上在一次采访中被问道："为什么你们这一代人要为你们出生前就已

结束的战争负责?”他的回答是:“因为我们日本人。当我在书中读到日军在中国的暴行时,我都不敢相信这是真的。那是如此愚蠢,如此荒谬和如此丧心病狂。那是我的父辈和祖辈的暴行。我想知道到底是什么驱使他们干出这样的事:屠戮成千上万的平民。我试图去理解,却怎么也做不到。”

显然,正是这样的历史责任感和社会责任感成就了《鸟》这部之于村上的里程碑式力作,同时使村上从一般意义的作家转变为人文知识分子,从“小资”成长为斗士。

耐人寻味的是,小说收尾之际,村上笔锋一转,再次提起中国:“轮廓分明的冬月冻僵似的悬在空中。上弦月,弧形尖锐,犹如一把中国刀。”这是村上在《鸟》中用的最后一个比喻,一个象征,一个意象。

《鸟》在艺术上也很成功,无论行文风格还是情节设计完全不同于日本传统小说,气势恢弘,时空辽阔,纵横捭阖,风起云涌。1995 年获得了层次很高的“读卖(新闻)奖”。评委、文学评论家丸谷才一在评语中这样写道:“这个格局庞大的故事尽管临近结尾部分不无紊乱,但仍极富魅力。若干小故事纵使收入《一千零一夜》亦不逊色,堪称奇才之作。这里有通过睿智而洗练的独特笔调带来的不安、忧伤、残忍和温情。村上春树给我们的文学以新的梦境”*(《群像日本作家:村上春树》,加藤典洋等著,小学馆 1997 年 5 月版)*。据杰·鲁宾在他那部专著中介绍,在颁奖典礼上,评奖委员会主席、诺贝尔文学奖获得者大江健三郎高声朗诵了《鸟》中关于间宫中尉在井底得到阳光“宠幸”从而参透生死的描述。大江说村上能够一方面严肃探索其内心深处的主题，一方面使众多读者产生共鸣。鲁宾这样描述了授奖仪式结束后的情景：

> 授奖仪式结束后，来宾们纷纷举杯祝酒，开始将注意力转向丰盛的佳肴。但大江周围却被一大堆仰慕者团团包围，都想有亲炙大师的机缘，搞得大江几乎无缘享用美酒佳肴。然而大江一旦得以脱身，就主动走向村上，他周围那群仰慕者只得分列两旁，让这位诺贝尔奖获得者通过。
>
> 大江满面红光，显然因为有将自己介绍给村上的机会而真心高兴，而村上只回以紧张的微笑。当谈话转向两位作家都深深热爱的爵士乐时，紧张状态才基本上烟消云散。大江身着一套蓝色细条纹西装，戴着他那招牌似的圆眼镜，而前来受奖的村上则足蹬一双白色网球鞋，穿一件松松垮垮的运动外套和一条斜纹棉布裤。大群摄影师麇集周围捕捉这重要的一刻。在众目睽睽下，村上和大江几乎无法进行任何较为私密或深入的对话。两人热诚地交谈了十分钟左右即友好地分手，此后这两位作家再未谋面。
>
> 虽然大江与村上的生活方式和创作的小说世界迥然相异，但这两位作家所具有的共同点或许比双方乐于承认的都大得多。…… 这两位作家都在深入探讨记忆与历史、传奇与故事讲述的问题，

并都继续深入到情感的黑暗森林，追问作为个人、
作为世界的公民、作为日本人的他们到底是谁。

鲁宾还说村上景仰大江，认为大江尽到了作为一位“纯文学”作家肩负的职责，为他因此获得诺贝尔文学奖表示高兴。对于大江拒绝接受日本天皇随后授予的文化勋章以捍卫自己始终一贯的反主流文化立场，村上同样致以敬意。

村上和大江，这两位当今日本最有影响和代表性的作家，一位自称是彻底的个人主义者，一位是纯粹的民主主义者，两人似乎分属遥远的两极，但骨子里的东西都意外相近。至少在对待历史、对待极权主义、权威主义等封闭性暧昧性社会体制上，两人都是当之无愧的斗士。

《斯普特尼克恋人》：同性恋故事与文体"突围"

《斯普特尼克恋人》是村上春树第九部长篇（或中篇）小说，1999 年由日本有名的大出版社讲谈社出版。在此之前，他有四年基本没写小说。采访东京地铁沙林毒气事件的受害者，据此写了纪实文学作品《地下》（*Underground*），继而采访该事件制造者奥姆真理教信徒（包括原信徒），写了《地下》的续篇《在约定的场所》。此外出版了同心理学家河合隼雄的对谈集《村上春树去见河合隼雄》，还整理了在普林斯顿大学为研究生上课时的讲稿，以《为了年轻读者的短篇小说导读》为书名出版。同时出版了纪行文学《边境 近境》。也就是说，在写完三卷本《奇鸟行状录》之后的几年时间里，除了收在《列克星敦的幽灵》中的几个短篇，村上没有能够进行小说创作。反过来说，那部用四年时间写成的长篇巨制，几乎耗尽了村上身上所有的小说创作能量，致使他差不多处于弹尽粮绝的状态，只能转而从事"非小说"的写作。

一系列"非小说"作品中，对于村上最重要的莫过于《地下》。在面对面采访 60 余名毒气受害者和写作过程中，村上受到了始料未及的震动，促使他就人生意义和伦理道德进行了深度思考，甚至在某种程度上改变了他日后人生的行进方向。至于那种改变究竟多大规模，他当时还说不清楚。因为一切都是在肉眼看不见的深水下进行的，无法用语言客观地将其动向说得一清二楚。村上为此感到焦躁、乖戾和困惑。他在为《村上春树全作品 1990—2000》第二卷（讲谈社 2003 年版）写的“解题”中这样说道：

> 唯其如此，作为我只能最大限度回避将自己体验到的“莫名其妙”（わからなさ）诉诸言语化这一逻辑程序，而将其整个转换为“物语”这一不同的体系，经过一定时间后再作为综合性的 tangible（可触知的）的整体形象展示给世界……我需要准备时间，需要时间将它彻底吞进去并有效地加以消化。我隐约觉得大约需要三年时间。
>
> 我就是在这样的阶段想起写《斯普特尼克恋人》这部小说的。也就是说，当时我处于“中间地段”。我很想写小说，在长时间从事非小说写作之后，我的身心迫不及待地要写小说。但那时我清楚知道自己要写的东西可能不会成为综合性的、换言之即贝多芬的“奇数式”作品。因为我还没有为此做好准备。当时我想写的是能够为自己本身预热的、比较个人化（personal）的“台地式”作品。写这样的作品应该可以调整自己的状态，使得自己投入格局更大的写作。换句话说，那应该可以使

我的方向变得更加明确，可以使我沿着那个方向稳稳推进一个刻度。

以上大体是《斯普特尼克恋人》的创作背景。

就故事来说，这是个关于同性恋的故事。斯普特尼克（Sputnik）是上一世纪五十年代苏联发射的第一颗人造卫星名称，意为“旅伴”“伴随者”，在这里指同性恋者堇爱恋的敏（敏为英语 mew 的音译，意为海鸥），即“斯普特尼克恋人”。堇不由分说地爱上了敏，“那完全是一种纪念碑式的爱。而爱恋的对象比她年长十七岁，已婚，且同是女性。一切由此开始，（几乎）一切至此结束。”令人沉思的是，村上为什么在“那样的阶段”或“中间地段”构思了同性恋故事呢？记忆中，村上有三次涉及同性恋题材。第一次是在《挪威的森林》（1987），此为第二次，第三次是在近作短篇集《东京奇谭集》（2005）中的《偶然的旅人》。前者写的是将铃子一点一滴构筑的幸福一瞬间彻底毁掉的那个小女孩，是作为坏孩子写的，尽管她本身也是个令人同情的受害者；后者写的是衣着得体彬彬有礼的四十一岁的男钢琴调音师，绝不令人讨厌，毋宁说招人喜欢，使得一位极有魅力的女子见面第二次就主动邀他一起去“安静的地方”。相比之下，《斯普特尼克恋人》中的堇作为同性恋者则情况复杂得多，不幸得多。堇喜欢“我”，“我”也喜欢堇，和她在一起时“我的心因之受到无比温存的抚慰，就像从夜幕下驶过无边荒野的列车窗口望见远处农舍的小小灯火”，然而两人始终未能身心融为一体。“我”当然有强烈需求，但堇对于“我”不怀有性方面的兴趣，以致“我”为了缓解痛苦和回避危险而同其他女性发生肉体关系，甚至包括自己教的班上一个小学生的母亲。另一方面，堇对同为女性的敏怀有“犹如以排山倒海之势掠过无边草原的龙卷风一般迅猛”的真正的爱恋之情，渴望同敏结合在一起。当敏对她表示“不是我拒绝你，但我无能为力”之后，她从希腊一座小岛上消失了，失踪了。简而言之，堇置身于“中间地段”。作为同性恋者，她既不能同身为男性的“我”享受两性之爱，又不能在同为女性的敏身上得到满足。她为之焦躁、困惑，“哪里也去不成”，“哪里也抵达不了”。这样的窘境未尝不是作者当时心境的折射，未尝不是作者想以“综合性的tangible（可触知的）的整体形象展示给世界”的境况的雏形。不言而喻，“中间地段”也是过渡地段，意味转机即将到来，新的一步即将迈出。

实际上村上也在这里迈出了新的一步。最明显的是文体上的变化。关于这一点，村上在前面提到的“解题”中有如下表述：

> 写这本《斯普特尼克恋人》的时候，有一点十分明确：我决意向自己过去一直采用的——换言之，作为武器使用的——某种文体告别。具体说来，我打算告别的是类似小说开篇出现的“比喻的泛滥”那样的东西。决心在《斯普特尼克恋人》中将自己行文的此类修辞特征无论如何也要来个彻底清仓，把这些货色统统打扫干净，往后再说往后的，往后捣鼓一点文体不同的东西就是。将村上味文章义无反顾地写尽写透，写到往下再不写也

无遗憾的地步——老实说,这是一件非常开心的活计。

我为什么下这样的决心呢?说起来话长。但就极为基本的说来,我想那是因为我极其渴望往下以多少不同于自己原有文体的文体进行创作。至少就长篇小说这一容器而言是这样的。为此就要把原有文体中的"突出"部分暂且消除、抛掉。长远看来,我必须把自己的文章转换(shift)为更加简洁、更加中立、更加机动灵活、更加带有普遍性的东西。进一步说,我需要把小说的动力学(dynamics)从文体层面逐渐推进到"物语"层面。

换个说法,《斯普特尼克恋人》在文体上是村上的一个转折点,是他对原有文体举行的告别仪式。不过,这一告别仪式也带有村上式的温情:为了安慰原有文体,他先让它们出尽风头,然后才同其分手另觅新欢。以吃饭打比方,他要把原来喜欢的东西尽情尽兴吃个够,之后才转而琢磨新菜谱。那么,下面就让我们看看村上即将告别的、或者说正在加倍演示的是怎样的文体:

○二十岁那年春天,堇有生以来第一次陷入恋情。那是一场犹如以排山倒海之势掠过无边草原的龙卷风一般迅猛的恋情。它片甲不留地摧毁路上一切障碍,又将其接二连三卷上高空,不由分说地撕得粉碎,打得体无完肤。继而势头丝毫不减地吹过汪洋大海，毫不留情地刮倒吴哥窟，烧毁有一群群可怜的老虎的印度森林，随即化为波斯沙漠的沙尘暴，将富有异国情调的城堡都市整个埋进沙地。

○脑海如冬日夜空般历历分明，北斗七星和北极星在固定位置闪烁其辉。她有许许多多事情要写，有许许多多故事要说。若在哪里捅一个准确无误的出孔，炽热的激情和奇思妙想必定会如岩浆鼓涌而出……

○天空的蓝和昨天同样一刻又一刻增加其深度。硕大的圆形月亮从海上升起，几颗星星在天上打孔。

○不久天光破晓，新的太阳将如从母亲腋下（右侧还是左侧呢？）出生的佛陀一样从山端蓦然探出脸来。

○摘下眼镜，那对眼睛如从月球拾来的石子一般冰冷冰冷。眼镜戴回后，冰冷没那么冰冷了，而代之以死水潭般的黏稠。

这样的句子可谓俯拾皆是。尤其第一段，如村上自己所说，确有“比喻的泛滥”之嫌。所谓“告别”，换个角度，也可以说是新的尝试、新的实验。村上在自己的网页也承认，他是想看看他这部小说在文体上到底能走多远，想“完成一次精彩的突围”，“作为一次风格上的实验，对我而言好比另一部《挪威的森林》”。同时，聪明的村上也想借此看看读者对他这种文体实验的接受以至忍耐程度。日本文学评论界对此基本毁誉参半，有人认为充满“华丽的比喻”（向井敏），有人认为属于“做作的陈腐的比喻”（清水良典）。中国读者方面，从笔者接得的信上看，相当大一部分人对这种不无炫耀意味的滞涩的文体感到失望，而怀念村上以往灵动、优雅、潇洒、爽净、“酷酷”的风格。当然也有人持不同看法，认为这部小说“语言幽默风趣，生动自然，行文组织得心应手，处处呈现出一派纯熟的大家手笔”*（甄芳《穿越时空的爱情传说》，收于《相约挪威的森林》，华夏出版社 2005 年版）*。

在我看来，村上这次文体或风格的实验在总体上不能说是成功的，至少不能算是他所追求的“精彩的突围”。作为作家，任何人恐怕都想在文体上破城突围，以期掌握几套笔墨，最好十八般兵器无不得心应手，这当然无可厚非，亦是情理中事。但是，同立意和情节等方面的改变相比，文体的改变大概是难度最大的。在创作的所有元素中，文体大约是最固执最稳定的东西，一旦形成，即使有所改变，也万变不离其宗。村上纵有非凡的文学才情，也很难例外。其志可嘉，而其功难成。尤其在原有文体已为广大读者所熟悉和赏识的情况下，成功的希望就更为渺茫——文学读者相对保守，不喜欢自己熟识的作家忽然变脸，不希望地平线上无端冒出另一个村上春树或村上文本。村上决心“彻底清仓”，读者执意索要“库存”，村上要颠覆，读者要坚守。二者的错位，注定使得这场“突围”无法“精彩”。何况就文体实验本身来说也未必多么可取。特别是开头第一段，浓墨重彩，叠床架屋，比喻泛滥。无论什么，泛滥必然成灾。况且，村上的比喻原本就在似是而非和似非而是之间、在常识和诡异之间走钢丝，稍一走偏就跌落下去，这次就跌下去了。说起来，作为译者刚一动笔就觉出味道不大对头：要惯了方天画戟的村上怎么一下子舞起青龙偃月刀来了？原来擅长用轻骑兵攻其不备，怎么忽然来了个地毯式轰炸？无奈我是译者，无权修检原本，只能硬着头皮跟进。结果不出所料，不少读者有类似感觉，觉得不像村上了，读着读着就"噎"了一下，游着游着就呛了一口，走着走着就绊了一跤。话又说回来，这部小说中也不尽是泛滥成灾的比喻，也有旧日风情，如"一种令人眷恋的亲昵的微笑，仿佛时隔好久从某个抽屉深处掏出来的"/"嘴角漾出仿佛即使对刚形成的冰山都能以心相许的温暖的笑意"/"白光光的月如懂事的孤儿一般不声不响地浮在夜空"等等。毫无疑问，众多读者也和我一样更中意这种俏皮、机智而又不温不火的比喻，给人一种类似乡愁的温馨。但愿村上别再变着法子"突围"了。村上后来又"突围"了几次，如《神的孩子全跳舞》和《天黑以后》，但总的说来都不够"精彩"。大概他自己也觉察到了，在最新的短篇集《东京奇谭集》又绕个弯转了回来，读者随之舒了口气。

相比之下，村上这部小说中进行的另一个尝试——从单视点变为多视点的尝试应该说取得了成功。他在那篇"题解"中这样写道：

> 我在这部作品中所做的另一尝试，是小说视点的移动问题。这部作品有三个主要人物出场："我"和堇、敏。"我"当然是讲述者。在这个意义上，这个故事一如我过去所写的，仍是第一人称小

说。但作为我，这回就像把电影摄影机向后拉一样将“我”的视点拉往后侧，使得“我”和堇、敏三人的视点几乎对等地、时而各自独立时而相互交织地发挥作用——我想写这样的小说。如同《了不起的盖茨比》中的卡拉维，“我”尽管是仔细观察故事的有血有肉的讲述者，但《斯普特尼克恋人》总体上并非他的故事。视点随着故事的推进而实时（real time）移动。其结果，可以复合地、动态地观察世界。我追求的就是如此结构的故事。在这种技术性（technical）领域尝试挑战也是我开始写这部作品时设定的目标之一。

概括起来，村上在这里想写成远距离多视点全景摄影式小说。不错，他以前的小说基本是以男主人公“我”（BOKU）之单一视点或视角观察世界、把握周围各种人和事的关系的，读者的视线受“我”单向度的牵引。离开了“我”，其他人物就难以存在，小说世界就无以成立。哈佛大学教授杰·鲁宾（Jay Rubin）敏锐地看出了这一点：“二十年来，使用这种朋友般亲切的第一人称方式讲述故事一直是村上春树叙事策略的中心环节。……在村上春树绝大多数叙述者为‘我’的作品中，唯一存在的‘个性’就是‘我’本人，他的领悟力一直令我们着迷。其余人物只是他心灵的映射。一个村上春树的故事的焦点就是‘我’的一段奇遇或经历；一部村上春树的小说通常会提供很多这样的‘节点’，而不在于探索某个人物的个性或展开某种结构紧密的情节”（*《倾听村上春树：村上春树的艺术世界》*，

杰·鲁宾著，冯涛译，上海译文出版社 2006 年版，原书名为 Haruki Murakami and the Music of Words）。而现在，就像厌倦了原来不无“小资”情调的文体，村上对原来的单视点结构也不耐烦起来，决心破城突围，由单视点变为多视点，由独角戏变为三角戏。平心而论，相对于文体，这项突围行动则容易为读者所接受，也是成功的。毕竟三人唱戏比一个唱戏要热闹许多，也暗合了罗素所说那句话：幸福的本源是参差多态。在这里，我们的确看到了三人对等交叉的视线扫描出的更为驳杂繁复的世界场景，或者说看到了三条视线令人眼花缭乱的落点：过去的“我”、现在的“我”；过去的堇、现在的堇、梦中的堇、失踪后的堇；过去的敏、现在的敏、此侧世界的敏、彼侧世界的敏……诚然，村上此前的小说也不乏这样的视线落点甚至更多，但那相对说来归“我”一人所有，而这里则大体由三人平分秋色，几乎没有主从之分、高低之别。而且如大跨度推拉镜头，忽近忽远，忽上忽下，忽左忽右，快速切换，制造出一组组各自为政而又有机融合的蒙太奇。我们后来看到，类似手法在《天黑以后》（2004）得到了愈发淋漓尽致而又扑朔迷离的展示。在给我们以耳目一新之感的同时，又多少使人觉得头晕目眩。适应也罢不适应也罢，这就是村上春树。在文学世界里，莫如说村上一开始就是个调皮的孩子，对一切怀有强烈的好奇心，喜欢花样翻新，不满足于自我复制，尽管客观上有时很难避免。

最后，看一下村上对其作品中一以贯之的孤独情境借助人造卫星“斯普特尼克”进行的并非一以贯之的表述也应该是饶有兴味的：

〇自那以来，堇便在心中将敏称为“斯普特尼克恋人”。堇喜爱这句话的韵味。这使她想起莱卡狗，想起悄然划开宇宙黑暗的人造卫星，想起从小小的窗口向外窥看的狗的一对黑亮黑亮的眸子。在那茫无边际的宇宙式孤独中，狗究竟在看什么呢？

〇那时我懂得了：我们尽管是再合适不过的旅伴，但归根结底仍不过是描绘各自轨迹的两个孤独的金属块儿。远看如流星一般美丽，而实际上我们不外乎被幽禁在里面的、哪里也去不了的囚徒。

〇我闭上眼睛，竖起耳朵，推想将地球引力作为唯一纽带持续划过天空的斯普特尼克后裔们。它们作为孤独的金属块在畅通无阻的宇宙黑暗中偶然相遇、失之交臂、永离永别，无交流的话语，无相期的承诺。

更耐人寻味的是，小说的结尾同《挪威的森林》竟那样相似：

“现在在哪里？”

“我现在在哪里？……”

——我们不知道自己在哪里，更不知道自己去哪里，我们就这样活着。或许这就是孤独的本源和本质。

《海边的卡夫卡》:
命运、“异界”与精神救赎

大约一个月前的事了,浙江大学一位即将毕业的女生跑来青岛找到我,向我表示感谢,说她高中时代一度陷入精神危机,休学在家。那期间给我写了信,也接到了我的回信,从中受到鼓励。不久又读了我译的村上春树的《海边的卡夫卡》,决心像书中主人公田村卡夫卡君那样告别过去,重返学校完成学业。结果学习成绩很快上去,得以考入浙大。“如果没有您的回信,没有碰巧读到《海边的卡夫卡》,我的人生就不会是现在这样子。”她感慨地说。作为我,当然已忘记那封回信了。一来事情过去了几年,二来给读者回的信实在很多。其中确有几人考上大学后再次来信表示感谢,但像她这样当面致谢的还不曾有过。这让我分外欢喜和欣慰,实实在在生出一种感触:自己大半生总算做了一件切切实实有益于青年、有益于社会的好事。

如此典型的例子诚然为数不多,但毕竟提供了一种验证。大而言之,验证了文学的力量;小而言之,验证了《海边的卡夫卡》的力量——使心灵或灵魂获得救赎的力量。而这恐怕正是村上多数作品的力量所在,也是大凡文学作品的主要魅力和价值所在。否则要文学做什么呢？要作家和翻译家做什么呢？在某种意义上，只有文学和宗教才能使人的灵魂得到安顿和救赎，进而得到升华和超度。

说回《海边的卡夫卡》。这部长篇是我在距村上最近的地点翻译的。原著2002年9月出版，我同年10月抵达东京，应日本国际交流基金邀请在东京大学访学一年。11月即着手翻译。翌年1月在东京同村上见面谈了一个多小时，告别时请他为中文版写一点文字，这就是大家见到的"《海边的卡夫卡》中文版序言"。村上在这篇序言中明确写道：

> ……在这部作品中我想写一个少年的故事。之所以想写少年，是因为他们还是"可变"的存在，他们的灵魂仍处于绵软状态而未固定于一个方向，他们身上类似价值观和生活方式那样的因素尚未牢固确立。然而他们的身体正以迅猛的速度趋向成熟，他们的精神在无边的荒野中摸索自由、困惑和犹豫。我想把他们如此摇摆、蜕变的灵魂细致入微地描绘在fiction（小说）这一容器之中，借此展现一个人的精神究竟将在怎样的故事性中聚敛成形、由怎样的波涛将其冲往怎样的地带。这是我想写的一点。
>
> 当然您一读即可知晓，主人公田村卡夫卡君不是随处可见的普通的少年。他幼年时被母亲抛弃，又被父亲诅咒，他决心"成为世界上最顽强的

十五岁少年”。他沉浸在深深的孤独中，默默锻炼身体，辍学离家，一个人奔赴陌生的远方。无论怎么看——在日本也好，或许在中国也好——都很难说是平均线上的十五岁少年形象。尽管如此，我还是认为田村卡夫卡君的许多部分是我又同时是你。年龄在十五岁，意味着心在希望与绝望之间碰撞，意味着世界在现实性与虚拟性之间游移，意味着身体在跳跃与沉实之间徘徊。我们既接受热切的祝福，又接受凶狠的诅咒。田村卡夫卡君不过是以极端的形式将我们十五岁时实际体验和经历过的事情作为故事承揽下来。

概括起来，《海边的卡夫卡》（以下简称《卡》）是一个少年精神成长史的一个剖面，也可以说是一部“成长小说”。众所周知，村上是一位彻头彻尾的个人主义者（有人称之为“村上流新个人主义”）。村上自己也坦率承认这一点，“什么也不引渡给别人，同任何人都不发生连带关系”*（村上春树谈《海边的卡夫卡》，载于《文学界》2003年第4期）*。这点在他以往的作品中表现得十分明显，是其作品主人公一个最明显的特点。那些主人公几乎全是尚未结婚或离婚的单身男性，没有家庭没有子女，亲戚也基本没有，甚至父母也不出场。不在公司等必须与人协调各种关系的团体中任职，或者失业或者半失业，或者从事类似翻译或自由撰稿人那样个体性质的工作。因此他们从来不是社会这部庞大机器中的一个螺丝钉，不认同任何权威、权势、权位、体制和所谓主流价值观，而宁愿离群索居，在社会边缘地带作为边缘人默默拧紧自己的发条。但他们绝非弱者,也同所谓颓废、冷漠不大是一回事。他们拥有健全的知识体系、独立的人格和价值观、世界观。他们的一个突出表现就是独自在脑袋里或在私人交谈中对现存社会体制即“高度发达的资本主义”酷酷地评头品足、冷嘲热讽,时有一针见血的见解和惊人之语。在这个意义上,堪称真正的强者。

但是,这次村上写的是十五岁的少年,意在展现其精神“聚敛成形”的过程。这样,就不可能像以往那样将其置于家庭和社会的大视野之外,尤其不可能让他成为社会体制彻底的旁观者和批判者。相反,必须促使他一步步认同和返回以学校教育为主的社会体制之内。这样的姿态在村上笔下可以说是第一次出现。而这当然需要异常艰难、甚至惊心动魄的蜕变过程。为此村上给这个十五岁少年设置了种种障碍。其中最大的障碍来自家庭,即幼年时被母亲抛弃造成的心灵伤害和被父亲那个可怕的预言造成的精神痛苦。那与其说是预言,莫如说更是恶毒的诅咒:你迟早要用那双手杀死父亲,迟早要同母亲交合。“预言总是如黑糊糊的神秘水潭出现在那里。平时静悄悄潜伏于某个人所不知的场所,一旦时机来临,它就无声无息地涌出,冰冷冷浸满你身上每一个细胞。你在残酷的洪水泛滥中奄奄一息,痛苦挣扎。”为了挣脱这个预言、这个诅咒,田村卡夫卡君选择在十五岁生日当天离家出走,以孤立无援的状态投入到成年人世界的惊涛骇浪之中。

那么,田村卡夫卡果真从那个诅咒中挣脱出来了吗?就杀父这点来说,表面似乎挣脱了,因为他父亲雕刻家田村浩一在他离家出走大约十天后被人杀死在东京自家书房里,而他当时则在远离东京的高松市。可是奇怪的是，那时他的T恤黏糊糊沾满了什么人的血——“有可能我通过做梦杀害了父亲，通过类似特殊的梦之线路那样的东西前去杀害了父亲。”而大岛则认为那是未免过于大胆的超现实意义假设，“听起来简直像科幻小说的梗概”。读者也难免要问：田村卡夫卡到底杀没杀死他父亲呢？关于这点，村上在《卡》出版后不久接受《文学界》采访时说了这样一番话：

> 在我所设想的“文脉”里面，一切都能够自然而然地发生。在我设想的世界中，类似远距离杀死父亲这样的事莫如说也是自然主义现实主义的。所以，例如中田杀人而卡夫卡君手上沾血是丝毫不足为奇的。问我为什么这样，我也说不好，反正是理应有的事。
>
> 只是，读者中也有许多人说莫名其妙：为什么田中杀人而卡夫卡君手上沾血了呢？那是可能发生的。为什么说可能发生呢？因为“物语”就是要在超越解释的层面表达以普通“文脉”所不能解释的事情。“物语”所表达的和“物语”以外的表达有所不同。
>
> 村上春树谈《海边的卡夫卡》
>
> 载于《文学界》2003年第4期

一句话，在村上式“文脉”里，儿子杀死了父亲。那么“迟早要同母亲交合”那个预言或诅咒又如何呢？应该说也应验了。以少女形象出现的佐伯在甲村图书馆那个墙上挂有“海边的卡夫卡”油画的神秘房间里，以“睡着”的状态同“我”即田村卡夫卡君进行交合——“想必佐伯把我当成了她早已死去的少年恋人，她试图把过去在这房间发生的事依样重复一遍，重复得极为自然，水到渠成，在熟睡中。我想我必须设法叫起佐伯，必须让她醒来。她把事情弄错了，必须告诉她那里存在巨大的误差，这不是梦，是现实世界。然而一切都风驰电掣地向前推进，我无力阻止其势头。我心慌意乱，我的自身被吞入异化的时间洪流中。”田村卡夫卡君就是这样被动地把那个可怕的预言变成了现实。对此读者当然还要提出疑问：现实中的佐伯已经五十岁，而同田村卡夫卡交合的则完全是少女，怎么可能是他的母亲呢？何况又处于睡梦之中。但如上面说过的那样，在村上设计的语境（“文脉”）中，一切都是可能发生的，一切都是正常的，这也正是“物语”特有的优势和可能性。换言之，常识性逻辑和理性不重要，重要的是装在“fiction（小说）”这一容器的隐喻本身。

显而易见，这一构思来自索福克勒斯的希腊悲剧《俄狄浦斯王》，即俄狄浦斯“杀父娶母”的故事。俄狄浦斯是忒拜国王拉伊奥斯和王后伊俄卡斯特的儿子。他出生前，其父王从阿波罗神那里得知此儿将来会杀父娶母，于是将出生不久的俄狄浦斯抛弃在峡谷里。不料婴儿被老牧人救起，并由科林斯国王波吕玻斯和王后墨洛珀收为养子。俄狄浦斯长大后得知那个可怕的预言，为了避免预言的实现而离开以为是自己亲生父母的波吕玻斯和墨洛珀。在逃往忒拜国的路上同一伙陌生人吵架，动怒打死了一个老年人，而那人正是他的生父。到了忒拜后他为百姓除掉了人面狮身的女妖斯芬克可,因此被拥戴为王,在不知情的情况下娶了前王后即他的生母为妻。至此,那个“杀父娶母”的预言全部应验。其后他屡遭不幸。真相大白后,他母亲羞愧自杀,他刺瞎了自己的双眼,自愿放逐。

一般认为,《俄狄浦斯王》的主题是通过个人的坚强意志和英雄行为与命运之间的剧烈冲突来表现命运的强大和善良英雄的毁灭。命运之所以强大,一方面是因为它是无可选择的,如《卡》中大岛所说,“不是人选择命运,而是命运选择人”;另一方面是因为命运有时是荒谬和邪恶的,甚至安排人去做“杀父娶母”这种伤天害理、无可饶恕的事情。而村上恰恰把这样的命运摆在了一个十五岁少年的面前。而且变本加厉,通过琼尼·沃克杀猫的场景暗示少年的父亲是一个性格无比邪恶和扭曲之人。同时借少年之口说出“父亲玷污和损毁他身边的每一个人”,从而使少年继承一半邪恶基因,而这有可能是他母亲在他四岁时把他抛弃的一个原因。总之,这个少年基本天生是一个坏小子,一个被严重损毁的人。何况,俄狄浦斯是在不知情的前提下杀父娶母的,而田村卡夫卡君则在离家出走时就把十二厘米长的沉甸甸的“尖头锋利的折叠刀”带在身上。当他得知父亲遇害时也好像没有感到悲伤,“就真实的心情来说,遗憾的是莫如说是他没有更早死去”。甚至认为有可能是自己“通过做梦杀害了父亲”。而同母亲交合,虽然是被动的,但也并非完全蒙在鼓里。读者在这里势必质疑:这样的十五岁少年还能得到救赎吗?他的人生还有希望吗?

村上春树决心让他得到救赎,决心给他以希望。希腊神话中,善良、勇敢正直的俄狄浦斯没有得到救赎,彻底毁灭了。而在这部长篇里面，糟糕的田村卡夫卡君反而得到了救赎，走向新生。这是二者最大的不同之处。唯其如此，一个是经典的希腊悲剧，讲述命运的不可战胜；一个成了“浪子回头”的故事，强调命运可以克服，人生还有转机。

那么田村卡夫卡君是怎样得到救赎的呢？一个办法是让他思考。村上春树说：

> 我特别注意的是，虽说出场的是十五岁少年，但也不要有太多的启蒙意味。不引导他，不做那样的事。我想做的是让他思考，让他用自己的脑袋判断。作者不可引导他。用前面的话说，就是将各种各样的原型摆在他面前，促使他自然而然地理解、消化和接受。我认为这是赋予作者的重要任务。
>
> （《少年卡夫卡》，村上春树编，新潮社 2003 年 6 月版）

换个说法，就是要让各种各样的东西从田村卡夫卡君脑袋里通过，要从所有角度把知识塞进去，村上在前面提到的那次接受采访当中认为这点非常重要。可是由谁来帮助田村卡夫卡做到这点呢？主要是大岛。可以说，大岛在很大程度上充当了这个少年的精神导师角色：

> 大岛一边开车一边就舒伯特的钢琴奏鸣曲展示他的博学。或许有人对此反感，觉得是在炫耀知识，但大岛是想通过这些把某种东西提供给卡夫卡君这个少年。他这人绝对不直接说不可怎样

做，而是通过他身上存在的某种知识形态来传达什么。

村上春树谈《海边的卡夫卡》

载于《文学界》2003 年第 4 期

的确，大岛从不居高临下地对田村卡夫卡君指手画脚，只是以平等的态度倾听对方的诉说，提供知识和建议时也从无强加于人的意味，更多的时候是表示理解，以其特有的温情和关爱促使少年思考和做出判断。这其实也是村上笔下绝大部分主人公一贯的姿态。因此，尽管大岛是患有性同一障碍的所谓不男不女的"阴阳人"，但绝不使人讨厌，莫如说让人怀有好感，尤其第 19 章大岛对闯进图书馆吹毛求疵的两个女权主义者那番言说，可谓机警洒脱，妙趣横生。最后大岛对少年平静地说道："缺乏想象力的狭隘、苛刻、自以为是的命题、空洞的术语、被篡夺的理想、僵化的思想体系——对我来说，真正可怕的是这些东西。……作为我，不愿意让那类东西进入这里。"耳闻目睹事件整个过程的十五岁少年当然不可能无动于衷。如村上在中文版序言中所说，从中既可以领教世界是何等凶顽（tough），又可以得知世界也可以变得温存和美好。所谓成长大概就是这么回事。

另外一个使得田村卡夫卡获得救赎的办法是让他同"异界"接触。村上认为，把类似生存状态的"元型"那样的东西以纯粹的形式出示给年轻人，其重要性无论在现实世界还是在虚构世界都没有什么不同。但日常生活中朝夕相处的父母很难把自己的"元型"活生生摆在孩子面前，因为日常这东西往往以种种样样的污垢将事物给人的印象(image)弄得模糊不清。而且十五岁正处于反抗期,常常对父母的做法表示反感。“所以,我认为同异界的接触就变得重要起来……但实际上很难发生那样的事情,所以,读书很关键。阅读当中,可以同许多异界发生实实在在的(real)接触。”实际上村上在《卡》这部小说中也让田村卡夫卡君读了很多书,尤其让他读了有“异界”出现的文学作品。《卡》中几次强调田村卡夫卡君最喜欢的地方就是图书馆,从小就经常在图书馆消磨时间,即使看不大懂的书也坚持看到最后一页。“图书馆好比我的第二个家。或者不如说,对我来说图书馆才是真正的家”。离家出走来到高松市区,村上也刻意安排他住进“甲村图书馆”,让他在那里看有关无数“异界”出现的《一千零一夜》——“比之站内熙来攘往数不胜数没有面孔的男男女女,一千多年以前编造的这些荒诞离奇的故事要生动得多逼真得多”。他还在这里同大岛谈起弗兰茨·卡夫卡的小说,说他最喜欢那篇描写奇特行刑机器的《在流放地》。不言而喻,卡夫卡的小说常有“异界”即“怪异的世界”出现。

不仅在书上,在实际生活中作者也让这个少年一再进入“异界”。如在神社后面小树林里失去知觉后T恤沾了很多血,如在甲村图书馆那个神秘房间里见到十五岁的美少女,如在梦中同可能是他姐姐的樱花做爱。而最后关于田村卡夫卡君的几章几乎全部将他置于“异界”之中:他在不妨说是二战士兵亡灵即两个“身穿旧帝国陆军野战军服”的一高一矮两个士兵的引导下从“入口”进入森林尽头地带。在那里,他见到了十五岁的佐伯(“每晚来我房间凝视墙上绘画的少女”)和现实中五十岁的应该是其生母的真的佐伯。真的佐伯一再劝说他离开这座森林尽头的小镇,返回原来的生活,“你还是要返回才行”。当他在返回路上回望小镇而想要留下来的关键时刻,佐伯再次斩钉截铁地叮嘱“我希望你返回,希望你在那里”。至于堪可视为田村卡夫卡君之分身的中田老人更是连续遭遇“异界”,从刺杀琼尼·沃克到得助于山德士上校,从跟猫说话到撑起伞让天降蚂蟥,不妨说,没有“异界”就没有中田的人生经历。

总之,如果没有大岛的言说和启发,没有书中和生活中的“异界”游历,十五岁的田村卡夫卡君就不可能从那个可怕的命运中挣脱出来并且获得救赎。耐人寻味的是,森林尽头小镇那个最后的、至关重要的“异界”是在两个二战日军士兵亡灵的带领下进入其“入口”的。准确说来,这是两个厌战的逃兵,是为逃避战争而躲进森林的。

> “要是还在当兵,作为士兵迟早要被派去外地,”壮个儿说,“并且杀人或被人杀。而我们不想去那样的地方。我原本是农民,他刚从大学毕业,两个人都不想杀什么人,更不愿意给人杀。理所当然。”
>
> “你怎么样?你想杀人或被人杀?”高个儿士兵问我。
>
> 我摇头。我不想杀人,也不想被人杀。
>
> “谁都不例外。”高个儿说,“噢,应该说几乎谁都不例外。问题是就算提出不想去打仗,国家也不可能和颜悦色地说‘是么,你不想去打仗,明白了,

那么不去也可以’。逃跑都不可能。在这日本压根儿无处可逃，去哪里都会立即被发现，毕竟是个狭窄的岛国。所以我们在这里留下来，这里是唯一可以藏身的场所。”

……

“我也不怎么知道。”高个儿说，“对方是中国兵也好俄国兵也好美国兵也好，肯定都不想被搅断肠子死去。总而言之我们就住在那样的世界。所以我们逃了出来。但你别误会了，其实我们决不贪生怕死，作为士兵莫如说是出色的，只不过对那种含有暴力性意志的东西忍受不了……”

从以上行文中，不难看出作者对二战日本逃兵以至那段“含有暴力性意志”的“杀人”的日本现代史的态度：对逃兵予以肯定，并借逃兵之口对那段历史予以否定和批判。还让对那场战争持批判立场的逃兵充当十五岁少年的领路人，从中应该可以读取这样的潜台词：当今日本青少年若要完成精神成长和获得救赎，反省和批判那场战争乃是一个必不可少的“入口”，其领路人便是那样的“逃兵”。同时也暗示出当下的日本政治生态：反省和批判那场战争的人还很难离开“森林”走去外面的主流世界。因为外面的世界在某种程度上仍是高个儿所说的充满暴力性的世界。“刺中对方后马上用力搅，把肠子搅断，否则你会落得同样下场——这就是外面的世界。”换言之，在村上眼里，日本这个国家仍未彻底铲除暴力性土壤。

佐伯的最后出现也意味由这两个二战逃兵领入的“异界”

的何等重要。在某种意义上，佐伯最后也只能出现在这样的地方，在这样的“异界”劝少年返回原来的生活——离开作为封闭系统的“森林”而返回作为开放系统的社会。无疑，佐伯本身也是个巨大的隐喻。作为母亲，她可以隐喻孕育和培养主人公的故土、故国以至整个历史和文化。尽管她抛弃和伤害了主人公，但主人公最后仍原谅了她，并且听从她的劝告重返社会。显然，没有她那句劝告，主人公很有可能像《世界尽头与冷酷仙境》中在最后关头放弃同“影子”一起逃出“世界尽头”机会的“我”那样留在森林尽头。那也就意味他放弃成长，放弃责任，放弃救赎。这当然反映出村上态度的转变：从拒绝社会到融入社会，从放弃责任到回归责任。小说在最后一章进一步确认了这一点：

> “往下什么打算？”大岛问。
>
> “想回东京。”我说。
>
> “回东京怎么办？”
>
> “先去警察署把以前的情况说清楚，否则以后将永远到处躲避警察。下一步我想可能返校上学。……”
>
> “有道理。”大岛眯细眼睛看我，“这样确实再好不过，或许。”
>
> “渐渐觉得这样也未尝不可了。”

小说收尾时，通过田村卡夫卡的另一个自己即叫乌鸦的少年又一次认定“你做了最为正确的事情”。小说最后一句是：“一觉醒来时，你将成为新世界的一部分。”而《挪威的森林》的最后一句是“我不知这里是哪里……我在哪里也不是的场所的正中央不断地呼唤着绿子”,《世界尽头与冷酷仙境》的结尾为“我看见一只白色的鸟在漫天飘舞的雪花中朝南面飞去……剩下的唯有我踏雪的吱吱声”。相比之下,《卡》发出的信息最为确定、积极和有社会连带感。亦如村上在中文版中所说的,“返回之际他已不再是他,他已进入下一阶段”。至此,背负“杀父奸母”这个可怕命运或诅咒的十五岁少年完全获得了救赎,走向新生,而没有像俄狄浦斯那样毁灭。作者设想中的“最根本性的主题”便是这样凸显出来。

说起来,村上春树是在他五十三岁时创作这部以十五岁少年为主人公的长篇小说的。那么村上自己十五岁时是怎样的呢?村上没有回避这一点,他在一次接受采访时这样回答:

> 我十五岁时相当奇特来着。在某种意义上属于极为普通的少年,爬山、下海游泳、和同学玩得很欢,但同时又是个异常喜好读书的少年。也是因为独生子的关系,一旦钻进房间就闭门不出。什么孤独呀沉默呀,根本不觉得难受。用零花钱买了好几本大月书店出的《马克思恩格斯全集》,一头扎进去看个没完。《资本论》什么的当然难得不得了,不过不管三七二十一地读起来,很大程度上也是可以懂的。行文也简洁明快,有一种相当吸引人的地方。卡夫卡、陀思妥耶夫斯基当然也差不多通读了——这样子,恐怕就不是个普通孩子。

反正经常看书。音乐也常听，被现代爵士乐迷住也是那个时候。倒是没有离家出走（笑）。我这个人身上，强烈的向内部分和物理性外向部分好像同时存在。这点现在也一样，人这东西是很难改变的。

当被问及自己十五岁时的记忆是否在写小说过程中苏醒过来时，他否定说不曾有那种情况出现，随后进一步解释道：

十五岁的少年主人公和实际十五岁时的我自己全然不同。也许有多少相似的地方，但基本是另一个人。不过我可以在这个故事当中成为十五岁少年，可以钻进他那一存在，可以作为全新的选项把我的存在和他的存在重合在一起。那对我是十分重要的，同时希望对读者也是十分重要的。如果能够由十分重要的事情把我和少年和读者连在一起，我想那真是再好不过。小说这东西说到底大概就是这么一种东西。

（《少年卡夫卡》，村上春树编，新潮社 2003 年 6 月版）

村上这番话饶有兴味。生活在资本主义社会的十五岁少年自动自觉地读了马恩全集，差不多读懂了《资本论》，而我们中国这边能有多少，甚至有没有这样的十五岁少年恐怕还是个疑问。由此不难明白村上作品中的主人公为什么对“高度发达的资本主义社会”始终保持清醒的审视和批判态度，具有相当敏锐的洞察力。换言之，在村上的教养、知识体系和思想质地中不乏马恩经典著作元素。就这点而言，与其说他是“小资”，莫如说是“普罗”也许更为合适。

此外，这部长篇要求我们阅读时——我在译序中也说过——放弃对外部客观依据的追索，而要彻底沉入自己的内心以至潜意识王国，甚至需要懂一点所谓心灵魔术才能跟随作者在这座卡夫卡式迷宫里完成想象力的各种大跨度跳跃。显而易见，这部长篇尤其以中田老人为主线的偶数各章，种种谜团花样翻新层出不穷，人物在现实与非现实之间自由穿梭，现世与“异界”的屏障荡然无存，场景光怪陆离，变幻莫测。因此，以我们原本偏重于现实主义的阅读常识看来完全匪夷所思。这就更有必要记住前面引用过的村上那句话：“‘物语’就是要在超越解释的层面表达以普通‘文脉’所不能解释的事情。”在这个意义上，任何离奇古怪之事的发生都是自然的、正常的，在村上笔下那也是“现实主义”的。一句话，在“物语”中一切都成为可能，而那毋宁是“物语的意志”所使然。这就是村上的观点。

无须说，正如文学评论界对于村上作品的评价一向毁誉参半，对于《卡》也是如此。这里只介绍两种批评。一种来自东京大学教授、著名评论家和社会活动家小森阳一。他认为田村卡夫卡君未能亲自动手结果父亲隐喻日本战后未能彻底清算天皇战争责任和结束天皇制度，并对此感到不快。他这样慷慨陈词：

> 在情节设计上，卡夫卡少年象征性杀父的背后有昭和天皇幽灵般的阴影。

这一设计，应该视为战败后“象征”式呈现的日本社会状态。一九四五年八月十五日已是大人的一代人未能以自己的力量裁判作为“压倒性暴力”之战争的责任人昭和天皇裕仁的战争责任。相反，昭和天皇裕仁因企图利用天皇的权威对接受“波茨坦宣言”的战后日本实行占领政策的麦克阿瑟的庇护而得以免受东京审判，进而实现“国体护持”，作为“象征天皇制”而成功地存活下来。也就是说，在战败之际已是大人的一代人未能作为全体国民象征性杀父。战前的“绝对主义天皇制”诚然通过美国 =GHQ（盟军司令部）= 麦克阿瑟这一异类父性权力而“代理代行式”解体了，但昭和天皇裕仁本人得以继续活命—— 不过是极其半途而废式的杀父罢了。不，那甚至不是什么杀父，而只是 GHQ 和天皇制之间的一种合谋性同舟共济。

《村上春树论 —— 精读〈海边的卡夫卡〉》

小森阳一著，平凡社 2006 年 10 月版

仔细查阅《卡》，发现有一段直接点出天皇，是借山德士上校之口说出的。说得相当风趣，不妨引用在这里供读者玩味和思索：

“好好听着，星野小子！神只存在于人的意识之中。特别是在日本，好坏另当别论，总之神是圆融无碍的。举个证据：战前是神的天皇在接到

> 占领军司令官道格拉斯·麦克阿瑟将军‘不得再是神’的指示后，就改口说‘是的，我是普通人’，一九四六年以后再也不是神了。日本的神是可以这样调整的，叼着便宜烟斗戴着太阳镜的美国大兵稍稍指示一下就马上摇身一变，简直是超后现代的东西。以为有即有，以为没有即没有，用不着一一顾虑那玩意儿。”

另一种批评声音来自美国哈佛大学日本文学教授杰·鲁宾（Jay Bubin），他在其专著《倾听村上春树：村上春树的艺术世界》（*Haruki Murakami and the Music of Words，直译应为“村上春树和语言的韵律”*）中，特别提及第十六章集中描写的暴力场面。认为第十六章是村上笔下最激烈、最深刻的一章，其中提出的是浸满鲜血的二十世纪记忆中挥之不去的主题，而且这一主题将继续困扰二十一世纪的人类，其开端是如此令人心碎，如此充满暴力。“这部小说的价值或者说成功所在必将建立于村上如何处理他如此急迫地予以表现的这些普世性主题”。那么村上是如何处理的呢？杰·鲁宾很快将笔锋转向批评。他在分析书中琼尼·沃克和“皮条客”山德士上校的邪恶、暴力与堕落之后，写出如下评论：

> ……更令人失望的是小说未能回答第十六章那杰出的杀猫情节的结尾提出的重大问题：对于一个爱好和平的人而言，通过杀死另一个人参与到人类历史最丑陋的核心，即使他的杀人是为了制止别

人继续杀戮,到底意味着什么呢?杀戮与战争是如何改变了一个人,使他不再是原来的他?小说的前十五章百川归海般导向那场恐怖的血腥较量,但随后的三十三章却始终再未能达到那一探询的高度,而且精心编织的中田童年时代有关战时的章节也再未在以后的叙事中起到任何意义。

……看来村上并未看出他在小说的前十六章中已然创造出了多么意味深长的文本,而且错失了使这部小说成为对人类处境的伟大评判的良机。

《倾听村上春树:村上春树的艺术世界》

[美]杰·鲁宾著,冯涛译

上海译文出版社 2006 年 6 月版

原书名为 *Haruki Murakami and the Music of Words*

此外杰·鲁宾对《卡》还有许多批评,如认为情节的设计有时相当武断和随意,有时又过于依赖叙事策略和巧合,而且忽视现实层面的诸多前后不一致。作为文体,“迎头掷向读者的那些绚丽矫饰的文字数量甚至超过了《斯普特尼克恋人》中临近另一世界时演奏的高调音乐”,以及隐含说教倾向等等。可以说,《卡》是这位哈佛教授批评最多的村上作品。不过这部书在美国卖得很好,还被媒体评为 2005 年十佳图书之一。在中国也卖得不错,中译本出版四年来,已印行 330 多万册,仅排在《挪威的森林》之后。

好了,啰嗦不少了,就此打住。

《天黑以后》：
另一种形态的“恶”

如村上春树自己所说，他的小说的确常有中国人出现。如《且听风吟》《1973年的弹子球》《寻羊冒险记》中杰氏酒吧的老板杰，《去中国的小船》中的中国老师、中国女孩和中国推销员，而且总的说来都属于正面形象。杰话语不多但善解人意、富有爱心，又有幽默感，“他虽说是中国人，日语却说得比我俏皮得多”（《且听风吟》）。因此无论“我”还是“鼠”都和他相处得很融洽，甚至不妨说是两人唯一的知心朋友，以致《寻羊冒险记》中的“我”把一张金额“好厉害的”支票看也没看就交给了他。《去中国的小船》中的中国女孩是“我”打工时碰上的十九岁的女大学生，“说长得漂亮也并非不可”，并且“干活非常热心”，“我”诚恳地向她表示“和你在一起我非常愉快……觉得你这个人非常非常地道”。对于去外面一所小学考试时偶尔见到的负责监考的中国老师，二十年后“我”还能记起他的形象和他考试前说的那句话：“抬起头，挺起胸，并怀有自豪感！”对于相隔十几年相逢的高中同学、推销百科事典的中国人，“作为我也不明白所以地觉得亲切”。前年我在东京见村上，村上特意强调这个短篇是根据小时候在神户的“亲身体验写出来的”。并且说他是在神户长大的，神户华侨非常多，班上有很多华侨子女。“就是说，从小我身上就有中国因素进来。父亲还是大学生的时候短期去过中国，时常对我讲起中国。在这个意义上，我同中国是很有缘分的。”

2004 年 9 月，村上新出了这部名叫《天黑以后》的长篇小说，里面再次出现了中国人、中国女孩。女孩同是十九岁，同样漂亮甚至更漂亮，但不是大学生，而是由不法中国人偷运到日本被迫接客的“妓女”。小说开始不久悲惨场景就出现了：天黑以后在情爱旅馆接客时因突然来了月经而被一个叫白川的日本人打得鼻青脸肿，衣物也被剥光抢走，赤身裸体地蜷缩在墙角吞声哭泣，床单满是血迹。半夜在餐馆里独自看书的女主人公玛丽因为会讲中国话，而被旅馆女经理通过吹长号的大学生高桥找来当翻译处理这场“麻烦”，故事情节由此进一步铺展开来。

很难认为这个中国女孩的遭遇是这部小说的重心，所占篇幅也并不大，但她无疑是上下纵横、虚实交错的小说空间中一个不可或缺的点（point）。围绕这个点，不同的人表现出不同的态度。情爱旅馆女经理、职业拳击手出身的阿薰对白川大为愤慨：“为了不让报警，浑身上下剥个精光，卑鄙的家伙，一文不值！”为了不饶过这个“暴打无辜女孩的家伙”，她费不少周折把防范摄像机里的白川头像用电脑打印下来送给那个中国男人，以便由中国人将白川耳朵割掉一只。玛丽则说“从看第一眼我就想和她成为朋友，非常非常想。…… 我觉得那个女孩现在彻底留在了我身上，好像成了我的一部分”。而高桥沉思后认为玛丽的姐姐爱丽正在另一家类似情爱旅馆的地方“遭受无谓的暴力，发出无声的呻吟，流着看不见的鲜血”。事实上爱丽也在仿佛是白川办公室那样的房间里沉睡不醒。后来醒来时但觉身体变成了空洞，“迄今为止使她成其为她的器官、感觉、血肉和记忆被某人之手熟练地剥夺一空。结果，自己变得什么也不是，彻底沦为仅仅为外部事物通过提供方便的存在。”于是，爱丽的处境和中国女孩的遭遇果真有了一条令人深思的隐喻性纽带。就这三个人态度来说，显然是“善”或类似“善”的情感的流露。这里，作者无疑肯定了“善”和“善”的力量，“善”（爱心）最后使玛丽和爱丽双双获得了解脱和再生，也可能使白川少一只耳朵“戴不成眼镜”，使中国女孩的遭遇不至于在异国夜晚完全化为零。

不过相比之下，作者的注意力似乎更在于由中国女孩遭遇这个点所折射出来的“恶”。恶的化身当然是白川，但白川的恶不同于那个骑越野摩托穿黑皮夹克留褐色马尾辫强迫同胞接客的中国男子的恶。概括起来，白川的恶或白川式的恶有这样几个特征：①“身高、体形和发型都极为普通，在大街上走碰头也几乎留不下印象”。也就是说是个外表没有任何个性特征的普通家伙，但用阿薰的话说“普通家伙才最凶不过”。而这同爱丽房间里用半透明面具掩住面部个性特征——这也正是其“真正令人惧怵之处”——的“无面人”在实质上互为表里。②衣着考究，整洁利落，文质彬彬，根本看不出是嫖妓之人，“更不像野蛮殴打对方剥光衣服拿走那一类型”。③作为电脑技师，不仅敬业，技术上也是“头号高手”。无论多么复杂的故障也能手到病除，用他的话说，就算情况再糟糕也能“把球击进穴位”。

④近乎怯懦的神经质、精神压力大。下班前“以严峻的神情久久凝视”和检查自己映在镜子里的脸。回家后睡不着觉,“身体在诉说实实在在的疲劳,无奈脑袋里有什么东西不让他睡,有什么堵着不动,而他又无法把那个什么躲开”。⑤丝毫没有作恶意识和愧疚感。回家前他在办公室一件件取出从妓女身上剥下的衣服,脸上自始至终浮现出“这样的物件为什么会在这里呢”的神色,冷静得俨然“在发掘不远的过去的寒碜的遗迹”。

这些特征表明,白川确乎是个普普通通的公司职员,他身上的优缺点也是常人可能有的优缺点,全然看不出他会是在旅馆嫖妓、大打出手并抢走对方身上所有衣物的“卑鄙的家伙”。甚至他本人也没有意识到自己的卑鄙。说不定他单纯从交换价值这一角度看待自己的行为——我出了钱,作为交换,你提供性服务;而你因突然来了月经未能提供,作为交换,理应挨打,一如因为我是电脑技师所以电脑坏了该我加班维修,因为加班晚了所以该由公司出钱让我搭出租车回去,理所当然,天经地义。换言之,白川式的“恶”已不再是常规形态、传统形态的恶,不再是“绝对恶”,而属于超出善恶标准的、甚至超出了恶的恶,因而有可能是现代社会中更带有普通性、更可怕的恶。

其实“恶”很早就已出现在村上笔下——此前我们注意的大多是其作品主人公自我呵护之余的“善”、爱心或温情,乃是横穿村上小说世界的另一条干流。例如《寻羊冒险记》中的“先生”、《世界尽头与冷酷仙境》中的“夜鬼”、《奇鸟行状录》中的渡边升和剥皮鲍里斯,以及《海边的卡夫卡》中的“父亲”或“琼尼·沃克”等。但这些作品中的恶大体是“绝对恶”,并且比较模糊:人物形象模糊、行为方式模糊、时间地点模糊。

但《天黑以后》中的则是“相对恶”。并且人物形象清楚:年龄三十五六,扎领带穿皮鞋,架一副金边小眼镜,“长相给人以知性印象”;行为方式清楚:挥拳殴打、剥光衣物拿走;时间地点清楚:晚间 10 时 52 分,“阿尔法城” 情爱旅馆 404 房间。唯一模糊的就是恶与善的界线或者恶的本来面目。而这种模糊的恶或“无面人”的恶恐怕正是交换价值至上的、多元化的现代社会中的恶的主要形态。它既不同于恐怖分子的恶和萨达姆式极权主义的恶,又不同于太平洋彼岸霸权主义的恶,更不同于杀人放火等一般刑事犯罪分子的恶,它发生在日本社会又不局限于日本社会,因而是更应警惕的恶。

村上春树为什么把“恶”作为流经作品的一条干流呢?为什么对“恶”的发掘如此执着呢?我想首先是因为创作本身的需要。他在《海边的卡夫卡》出版后不久接受采访时说:“关于恶我始终都在思考。我认为,为了使我的小说具有纵深感和外延性,恶这个东西恐怕还是不可缺少的。我一直思索如何描写恶。”他认为写小说是为了寻求同他人之间的 Sympathy(同情)的呼应性或灵魂的呼应性。“为此就必须深入真正黑暗的场所、深入自己身上真正恶的部分,否则产生不了那种共振。即使能够进入黑暗之中,而若在不深不浅的地方适可而止,也还是很难引起人们的共振——我想我是在这个意义上认真构思恶的”*(《村上春树谈〈海边的卡夫卡〉》,讲谈社《文学界》,2003 年 4 月号)*。村上不止一次提到陀思妥耶夫斯基的《卡拉马佐夫兄弟》(《群魔》次之)是“自己心目中形式最理想的小说”,他就是想写这种包括恶在内的具有多重视点的“综合小说”。众所周知,这两部作品在窥测、发掘和剖析人性内涵方面可谓出类拔萃之作。

其次一个原因，在于村上对日本的历史和现状的思考和忧虑以及由此产生的责任感。他在 1995 年 11 月同著名心理学家河合隼雄有过一次对谈，一再强调日本战后“尽管进行了许许多多重建，但本质上丝毫没有改变”，没有对第二次世界大战进行清算，没有将那场暴力相对化，而采取了一种“暧昧”以至“狡猾”和“伪善”的态度，因而他对日本日后的走向怀有深刻的危机感，并且是从二十九岁开始写小说以来就怀有的。但在“冷战和经济起飞时期，毕竟有一个社会框架，社会中还存在类似自然治愈力那样的东西，而现在自然治愈力正在社会混沌状态中摇晃和衰弱，frustration（失望）日益加深，所以才会发生了奥姆真理教事件”（同前）。这使他愈发觉得日本短时间内就可能出现相当大的变化，就可能发生什么甚至正在发生。这促使他放弃了以前的 detachment（不介入），开始深入思考 commitment（介入）这一问题。而 commitment，势必把笔锋指向“恶”——历史上的恶、现实中的恶、绝对的恶、相对的恶以至超越善恶的恶。“寻找与社会上通行的善恶等基准和规范不同的线路，是村上作品重要的 motif（主题）”*（森达也《对二元论社会的反抗》，2004 年 11 月 12 日《朝日新闻》）*。应该说，这一主题在《天黑以后》中得到了相当充分的体现。

当然，关于这部小说的主题也有不同看法。2004 年 9 月 19 日《每日新闻》和 11 月 12 日《朝日新闻》分别发表三浦雅士和香山理佳的评论。前者认为：“归根结底，主题在于每一个人所怀有的秘密、不能诉诸语言的秘密、不能互相谈论的秘密。不，秘密本身不是主题。对于怀有不能互相谈论的秘密所带来的悲哀,别人根本无法消除。所能做的无非悄悄并排坐下而已。此乃村上春树独特的主题、独特的旋律、独特的哲学。”后者表示的则是另一种观点:“新作《天黑以后》讲的是少女在一个晚间获得再生的故事。似乎是说如今年轻人的再生和成长已不再发生同社会相关的场所,而只能发生于在饮食店那种狭小空间所接触之人的范围内。在这里,村上大概想通过即物式描写来正面迎击年轻人的莫名其妙(わからなさ)和日本社会的莫名其妙。”

其实村上本人早已透露了这方面的信息。他在2002年一次接受采访当中谈及写完《海边的卡夫卡》之后的打算时说:“往下我想在小说中写的还是关于恶的,想从各个角度去写恶的表现和形态……下回我想写既是象征性的又有细部现实感那样的恶。归根结底,恶这个东西并非独立存在的,而是同卑鄙、怯懦、想象力匮乏等质素联系在一起的”*(《村上春树编:少年卡夫卡》,新潮社2003年6月版)*。

饶有兴味的是,《天黑以后》中最后以爱心使姐姐也使自己获得再生的女主人公玛丽会讲中国话。从小上的是“中国人学校”,大学是在外国语大学学习中文,并且即将赴北京留学。村上二十几年前写的《去中国的小船》中,“我”坐在港口石阶上,“等待空漠的水平线上迟早会出现的去中国的小船。我遥想中国都市灿然生辉的屋顶,遥想那绿接天际的草原。”现在,去中国的小船终于从水平线出现了,主人公即将朝中国出发了……

在这个意义上,似乎可以说,中国、中国人既是村上春树的一个“缘分”,又是他的一个隐喻。

《1Q84》：
不要进入“精神囚笼”

日本作家村上春树日前出了一本新书。5月29日面世，不到10天就卖出96万册，超过《海边的卡夫卡》2002年相同日数销售的73.8万册。这本书名叫《1Q84》。不用说，书名首先让人想起《一九八四》，并且推测《1Q84》和《一九八四》之间的关系。日语中Q和9的发音相同，是为音似；写起来也都是上边一个圈，只是尾巴拐向不同，是为形似；那么神似呢？——立意或主题有没有相似之处呢？

众所周知，《一九八四》是英国作家乔治·奥威尔（1908—1956）在1948年写的一部政治寓言小说，预测1984年的世界：届时世界上仅剩欧亚国、大洋国和东亚国三个超级大国，相互攻战不已。主人公温斯顿·史密斯在中央政府真理部工作，负责编造谎言、传播谎言甚至修改历史和人们的记忆。后来因为偷偷谈恋爱和私下说真话而被捕入狱，遭受种种精神酷刑……

村上春树的《1Q84》在时间上与《一九八四》相反，不是预测未来，而是逆时针回溯1984年4月至9月间发生的事。故事围绕邪教团体展开。女主人公青豆漂亮而雷厉风行，男主人公天吾高大而谨小慎微。身为体育俱乐部教练的青豆受一位富有的“老妇人”之命,以极其巧妙的手段结果了若干虐待妻子的男士性命,最后受命结果邪教头目,由此和邪教发生关系。身为补习校数学教员的天吾受出版社好友之托加工改写一个十七岁女高中生深绘里写的小说《空气蛹》,小说因而获奖并成为畅销书。不料深绘里竟是邪教头目的女儿,由此和邪教发生关系。最后,天吾发现小说中的“空气蛹”实际出现在父亲的病床上,开裂后里面躺着的居然是自己十岁时开始动心的二十年从未相见的恋人青豆!而现实中的青豆则因听信邪教头目的话为保全天吾而将手枪管含入口中扣动扳机……

从时间背景和故事情节来看,《1Q84》和《一九八四》之间毫无关系可言。但事情当然不可能就此为止。

今年是《一九八四》问世六十周年。村上的《1Q84》于今年5月29日出版,奥威尔的《一九八四》在1949年6月8日刊行,就日期来说,仅相差10天;奥威尔的《一九八四》开篇第一句为“四月间,天气寒冷晴朗,钟敲了十三下”,村上的《1Q84》BOOK1标明“4月—6月”;《一九八四》以“老大哥”(Big Brother)隐喻独裁者,《1Q84》以“小人儿”(Little People)暗示某种邪恶力量。很难认为这些完全出于巧合。更重要的联系或共通之处在于,二者都向整个人类社会提出警告。奥威尔是有名的左翼作家,一贯持反帝立场。就写作背景来说,《一九八四》为西班牙内战、二战的浩劫及战后的废墟;《1Q84》则是冷战后尤其“9·11”事件后的“混沌”(khaos)世界。奥威尔的《一九八四》预言的是一个极其荒唐和恐怖的世界:“战争即和平、自由即奴役、无知即力量”。在“老大哥”无孔不入的独裁统治下，人们谈恋爱和写日记都受到严厉管制和监视。以致人性泯灭，六亲不认，自由被剥夺，思想被控制，最后堕落到自觉接受所谓思想改造的地步，沦为没有思想和灵魂的行尸走肉。而村上的《1Q84》所描写的名为"先驱"的邪教团体，其情形有过之而无不及，人们甚至在其异端邪说的蛊惑之下自愿把年仅十岁的亲生女儿交给教主奸淫。显然，两位作家所着眼的都是更广阔的人类前景，为此敲响警钟。

行文至此，我不由得想起一年前村上接受日本主要报纸之一《每日新闻》采访时就这部长篇的主题说过的话："我认为当今最为可怕的，就是由特定的主义、主张造成的类似'精神囚笼'(精神的な囲い込み)那样的东西。多数人需要那样的框架，没有了就无法忍受。奥姆真理教是个极端的例子，但此外也有各种各样的围栏或囚笼。一旦进去，弄不好就出不来了。"在这个意义上，《1Q84》可以说是村上在世界语境下对日本当今社会问题的一个认识和总结，也可以说是通过邪教等诸多日本社会问题对于世界现状以至人类走向的担忧和思考。一句话，敲响警钟。时隔六十年，《1Q84》和《一九八四》敲响的是同一警钟。

《1Q84》与《卡拉马佐夫兄弟》

自 2002 年推出《海边的卡夫卡》以来，村上春树始终有一个念头挥之不去，那就是想写一部"综合小说"，一部陀思妥耶夫斯基《卡拉马佐夫兄弟》那样的"综合小说"。当年 7 月接受采访时明确表示："我的目标就是《卡拉马佐夫兄弟》。……有种种样样的人物出场，带来种种样样的故事，纵横交错，难解难分，发烧发酵，从中产生新的价值。读者可以同时目击。这就是我考虑的综合小说。”2008 年 12 月接受采访时进一步解释说“综合小说”好比一个大熔炉，“里面有某种猥琐、某种滑稽、某种深刻，有无法一语定论的混沌状况，同时有构成背景的世界观，如此纷纭杂陈的相反要素统统挤在一起”。他接着说道：“我也年过六十了，即使不能达到陀思妥耶夫基那个程度，也还是想以自己的方式一步步构筑那种‘综合小说’。”而刚刚出版的大长篇《1Q84》，他认为虽然不能说完全吻合，但“在某种意义正在接近”他所定义的“综合小说”。也就是说，村上六年多来始终追求的文学理想或创作目标终于实现了，可谓夙愿得偿。

《卡拉马佐夫兄弟》无疑是十九世纪俄国文坛巨匠陀思妥耶夫斯基（1821—1881）最杰出的作品之一。作者经过长达三十年的观察和思索，把一个作为家庭悲剧的杀父故事演化成了极富内涵的宏伟的社会哲理小说。故事在老卡拉马佐夫和他的四个儿子即卡拉马佐夫兄弟之间展开。父与子、兄与弟的关系以两个女性为轴心疯狂地旋转不休。老卡拉马佐夫的私生子杀死了生父。而真正的凶手却是次子伊凡·卡拉马佐夫，是他从“精神意识意义上”唆使私生子弟弟杀死了父亲。最后这个家庭只剩第三子阿寥沙孤身远游，用基督教的博爱去拯救罪恶的世界和迷途的灵魂。作品对人生哲理的探求和人性内涵的发掘极为出色。其最大的艺术特点在于“共时心态结构”。陀思妥耶夫斯基执着于刻画人物深层意识流变的共同状态或人物变态意识的共时性跃动，凸显同一时间内不兼容而又相互交织的多种意识的“共生”状态，塑造“是圣贤又是坏蛋”的混合性格。小说超越既定善恶界线，将高尚、卑鄙与自省融为一体，展示人类灵魂的“切片”，反对暴力，提倡仁爱，堪称世界文学史上共时性观照人物心灵的诗学典范。

通读《1Q84》，确实可以感觉出正在向《卡拉马佐夫兄弟》这样的“综合小说”步步逼近，在“共时心态结构”或塑造“混合性格”这一艺术构思上体现得尤为明显。青豆及“老妇人”的谋杀行动，既有惩罚虐妻男人的善，又有擅自剥夺公民生命的恶；天吾对小说《空气蛹》的加工修改，既有出于朋友情谊和艺术冲动的常识之善，又有戏弄公众欺骗社会的违法之恶；甚至教主奸淫少女的恶行也因其狡辩而变得暧昧起来。教主明确说他看了《卡拉马佐夫兄弟》:“善恶不是静止和固定的，场所和立场总是不断交换的。某个善在下一瞬间就可能变成恶，反之亦然。这就是陀思妥耶夫斯基在《卡拉马佐夫兄弟》中描写的世界景况。”而他之所以主动要求青豆结果自己，是因为他要使邪恶的“小人儿”失去他这个“代理人”来保持善恶平衡。

《1Q84》在立意方面较过去的作品显然有所不同。无论《寻羊冒险记》（1982）还是《奇鸟行状录》（1994—1995）、《海边的卡夫卡》（2002），无不将恶的源头归于日本战前的军国主义体制，因而那种恶和暴力是绝对的、毋庸置疑的；而《1Q84》呈现的恶则是相对的、流动的，善恶的界限在一定程度上变得模糊不清。善恶共时性存在于同一人物，借用村上的话，“某种猥琐、某种滑稽、某种深刻”等种种相悖元素熔于一炉，由此构成“混合性格”、多重性格。这固然是冷战结束后处于“混沌”状态的多元化世界格局的某种反映，固然是一种深刻和对以往作品的突破，但从另一角度看，又未尝不可以认为是一种后现代式的“解构”和妥协。因为，在善恶难以分辨的情况下，人类难免失去道义的根据、行动的理由和前进的方向。就此而言，的确只能说对《卡拉马佐夫兄弟》的接近，而未能比肩以至跨越这部“综合小说”的高峰。

《1Q84》与《阿Q正传》

据媒体报道，东京大学文学部教授、鲁迅研究专家藤井省三先生在上海作家协会演讲时再次谈及村上春树同鲁迅的关系，认为《1Q84》不仅仅向奥威尔致敬，也是向鲁迅致敬之作，书名的“Q”有阿Q的影子。断定“1”在罗马数字里是“I”，所以书名可以理解为“我叫阿Q，智商（IQ）84”*（参阅2009年4月3日《文汇读书周报》）*。

藤井省三先生是日本最高学府的教授和有名气的学者，见解自有其道理。不过坦率说来，我实在没有看出《1Q84》同鲁迅笔下的阿Q有什么联系，哪怕蛛丝马迹。对“我叫阿Q”这一论断更加感到费解。同“智商”也似乎无关。若说智商，书中的人物——正面也罢反面罢不正不反也罢——哪个都智商极高，远远不止“智商84”。藤井先生是鲁迅研究专家，在此之前就在村上的短篇《完蛋了的王国》（中译收于《遇到百分之百的女孩》）中的Q氏和鲁迅的《阿Q正传》的阿Q之间发现了“血缘”关系。去年10月末第二次见村上时，我当面问村上是否看过《阿Q正传》，他回答看过，而且不止一次，“很有意思”。关于他笔下的Q氏是否受其影响，他说那是“偶然一致”。但他对鲁迅怀有敬意这点是不能否认的，记得当时他这样对我说道：“也许鲁迅是最容易理解的。因为鲁迅有许多层面。既有面向现代的，又有面向国内和国外的，和俄国文学相似。”而村上显然又对俄国文学，尤其陀思妥耶夫斯基怀有敬意——就这点而言，在精神层面村上和鲁迅未尝没有相通之处。

不仅同鲁迅，而且同陀思妥耶夫斯基、同乔治·奥威尔在精神层面也有相通之处。归结到一点，就是反对极权，反对扼杀人性、压制自由的体制。今年2月15日村上在耶路撒冷文学颁奖大会中以《高墙与鸡蛋》(*Of Walls and Eggs*)为题发表演讲，以“高墙”表述这样的体制(System)。后来接受《文艺春秋》杂志采访时进一步解释说，沦为“高墙”的体制除了日本战前的天皇制和军国主义，还包括原教旨主义等诸多因素。“人一旦被卷入原教旨主义，就会失去灵魂柔软的部分，放弃以自身力量感受和思考的努力，而盲目地听命于原理、原则。因为这样活得轻松。不会困惑，也不会受损。他们把灵魂交给了体制。”*(参阅2009年4月号《文艺春秋》)*村上认为奥姆真理教事件就是个典型例子。这和他一年前在《每日新闻》上关于“精神囚笼”的发言如出一辙。这正是《1Q84》这部新作的主题和灵魂，也是他同奥威尔、陀思妥耶夫斯基、鲁迅，尤其同奥威尔的《一九八四》息息相通的精神因子——不要把灵魂交给体制，不要进入“精神囚笼”！

《没有色彩的多崎作和他的巡礼之年》：“挖洞”
——工具与目的之间

又读了一遍村上春树 2013 年出版的长篇小说《没有色彩的多崎作和他的巡礼之年》(以下简称《多崎作》)—— 我会日文，自然读日文原版，第一次读是在一年前去台湾淡江大学参加“2013 年度第二届村上春树国际学术研讨会”回程中的桃园机场和航班上。毕竟时隔一年了，加之忙乱之间没能最后读完，这次从头读起。昏黄的灯光从头顶静静洒下来，早春略带凉意的晚风从窗口送来樱花和白玉兰淡淡的清香，我惬意地蜷缩在书房角落的小沙发上默默捧读不止。读的过程中，尽管耳畔没有李斯特名曲《巡礼之年》的旋律，但还是被这部作品中的“巡礼之年”吸引住了。我不由得再次思索：吸引自己的到底是什么呢？作为老读者兼老译者，我阅读这样的文字差不多有三十年了，翻译出来的，厚厚薄薄也已达四十一本之多。纵是婚恋对象，也应该早已失去最初的鲜度和接触的渴望。然而不是那样，其中仍有什么悄然而又不由分说地将我吸入其中。有时候 —— 借用莫言的话 ——“就像被心仪的姑娘抚摸了一下”。

那个什么究竟是什么呢？我不得不承认，依然是文体、笔调或语言风格、叙事口吻。诚然,故事相当有趣。可是在我这个年纪,一般不至于为有趣的故事深深吸入其中,何况世界上有趣的故事多了——中国的某部分现实有可能比故事还有趣,会编故事的高手也何止车载斗量。而文体高手、拿捏一时无两的文体的高手则可谓屈指可数。是的,村上恰恰是其中一个。而我作为对文字较为敏感或有文体洁癖的人,难免格外留意他的文体——这本书让我重新确认了村上文体的独特魅力,至少没让我失望。马塞尔·普鲁斯特说得不错:“每个读者只能读到已然存在于他内心的东西。”

也是因为承蒙《艺术评论》约我写这篇文章,且以书中关于音乐艺术的描述为例:

> ○ Le Maldu Pays(《巡礼之年》第一年“瑞士”之第八曲“乡愁”),法语。一般用来表示思乡或忧郁之意。进一步说来,即“田园风景在心中唤起的没有来由的悲伤”…… 充满平和的哀婉之情,却又并非多愁善感。
>
> ○ Le meldu pay。这首安谧而忧郁的乐曲,一点点赋予包拢他的心的无形悲伤以轮廓,宛如无数细微的花粉附着于空中肉眼看不见的透明生物体的表面,使其整个形状在眼前悄然浮现出来。

再看一段关于钢琴演奏艺术的描写:

> 接着,绿川犹豫不决地弹起 *Round Midnight*

（午夜时分）。起初，就好像将脚伸进山涧中试探流速和落脚处那样小心翼翼地精确弹出每一个和音。弹罢主题，继之以即兴演奏。随着时间的推移，他的手指仿佛熟悉水情的游鱼，开始变得敏捷而洒脱。左手鼓舞右手，右手刺激左手。灰田青年虽然对爵士乐所知无多，但碰巧得知这是塞隆尼斯·蒙克（Thelonious Monk）创作的曲子。他觉得绿川的演奏通透爽净，妙不可言。其中含有蕴藉的灵魂，钢琴音阶的误差因之让人忽略不计。在这深山老林中的初中音乐教室里作为唯一听众侧耳倾听当中，感觉上仿佛五脏六腑的污秽尽皆洗涤一空。其中率性的美同充满臭氧的新鲜的空气、同清澈机敏的涧流交相呼应，浑融一体。

然而，便是这样弹奏钢琴的绿川，弹完不久便宣布："我死期已近，至多还有一个月的生命！"也唯其如此，读之让人更加叹服作者的文体是多么节制、内敛和从容不迫，多么内省、冷静而不失温情。就像一个充满哲思的诗人或富有诗意的哲人静悄悄注视湖面，捕捉湖面每一道涟漪，进而追索涟漪的起因——是风的吹拂还是湖底的颤抖。换言之，内心所有的波澜都被安详平静的语言包拢起来。或如一个纹理细腻的陈年瓷瓶，火与土的剧烈格斗完全付诸学术性推理和文学遐思。不错，这就是村上的文字、文体，就是他的叙事口吻。说极端些，这样的文体本身都可以独立存在而不屑于依赖故事的情节和主题。文体、文字本身即可轻击读者的审美穴位、感情穴位，一如《巡礼之年》的乡愁曲，悄悄唤起心底的愉悦和向往之情。

实际上村上也是极为看重文体的作家并为日本作家轻视文体的状况表示气恼。早在1991年出道之初就宣称“文体就是一切”*（参阅日本《文学界》.1991年4月临时增刊号）*。2008年5月，他就其翻译的美国当代作家雷蒙德·钱德勒的长篇小说《漫长的告别》接受日本主要报纸之一《每日新闻》采访当中，再次不无激动地表达了他对文体的推崇和迷恋。他说自己为“钱德勒的文体深深吸引”，“那个人的文体具有某种特别的东西”。而他之所以翻译《漫长的告别》和重译J.D.塞林格的《麦田里的守望者》、司各特·菲茨杰拉德的《了不起的盖茨比》，目的就是为了探究其“文体的秘密”。同时指出，文体中最重要的元素是节奏或韵律（rhythm）。并在比较菲茨杰拉德和钱德勒的文体之后提及自己的文体追求：“想用更为简约（simple）的语言传达那种文体的色泽、节奏、流势等等。”最后断然表示：“我想用节奏好的文体创作抵达人的心灵的作品，这是我的志向。”*（参阅2008年5月7日《每日新闻》）*在那之前接受日本另一家主要报纸《朝日新闻》采访时他也提到文体，认为文体是其作品在世界各地畅销的原因之一：“（获得世界性人气的）理由我不清楚。不过，我想恐怕是因为故事的有趣和文体具有普世性（universal）渗透力的缘故。”他还说写作是相当累人的活计，为了在每一部作品中拓展新的可能性，必须每天坚持跑步——“一是身体，二是文体”*（参阅2008年3月29日《朝日新闻》）*。亦即从身体和文体两方面“去掉赘肉”。事实上，村上身体没有多余的脂肪，文体没有各种赘物：简约、节制、内敛、平静而又富于节奏感，具有直达读者心灵腹地的润物细无声般的

“渗透力”。

这种文体特征及其力度几乎在村上所有作品中一以贯之。诚然，在《1Q84》中村上有意将重心由文体向物语（故事）和主题的经营方向倾斜，而《多崎作》这部长篇新作，显然又返回他所擅长的文体原点。这对于文学本身无疑是一件幸事。“毫无疑问，好的作家，能够青史留名的作家，肯定都是文体家。”（莫言语）*（莫言、王尧《莫言、王尧对话录》苏州大学出版社 2003 年，p.192）*

下面几个比喻句也可从中窥见村上这种文体个性：

〇她接过多崎作的名片，满脸漾出微笑，以推开大型犬柔软鼻尖那样的手势轻轻按下电话内线按键。

〇才华这东西和容器是一回事，再玩命再拼搏，规格也改变不了——过量的水容纳不进去。

〇这时，一起吃饭的坂本开口了，就好像移开堵在洞口那块沉重的岩石一样战战兢兢地说道……

〇空中清晰悬浮着白色的半月，仿佛用旧了的浮石。不知谁把它抛上天空，而它出于某种理由就势滞留不动。

〇身高一百七十厘米上下，脸圆乎乎红扑扑的，给人的印象似乎出生于富有的农户人家，在那里跟性格温顺喋喋不休的鹅一起长大。

村上便是以这样的语气、以这样的文体说话。轻轻的，静静的，不动声色，机警俏皮，出人意表，又让人悠然心会，确乎有一种莫可言喻的文体“渗透力”。文体渗透力！我想，较之叙事结构，莫如说叙事语气，较之主题，莫如说文体更对我们、对中国作家有启示性。说实话，上面所以提到莫言，也是因为我最近看了不少莫言的作品。就文体而言，我更喜欢莫言早期的《透明的红萝卜》和《白狗秋千架》等短篇名作——人物的言行或文体运用大体是节制、考究、含蓄和洗练的，即所谓“内秀”。而后来的《丰乳肥臀》《酒国》和《生死疲劳》等长篇，文体则不无失控之嫌，泥沙俱下，总体感觉似乎因急于吃饭而没等米淘好就倒进锅了。当然，另一方面，也成就了气势磅礴、汪洋恣肆、天马行空、淋漓酣畅的另一番文体气象或莫言式语言风格，这当然是值得自豪和珍惜的。不过相对说来——抛开价值评价不论，中国当代作家的文体，总体上不妨说还多少缺乏直击感情穴位或直抵人心的“渗透力”。这使得村上作品“乘虚而入”，成为二三十年间在中国行销不衰的一个原因。

除此之外，阅读《多崎作》还让我想起了村上关于“挖洞”的言说。2003 年初，我第一次见村上时曾确认他在网上回答网友提问说的一句话：“我认为人生基本是孤独的。但同时又相信能够通过孤独这一频道同他人沟通。我写小说的用意就在这里。”进而问他如何看待或在小说中如何处理孤独与沟通的关系。村上随即以下面这段话做了回答：

是的。我是认为人生基本是孤独的。人们总

是进入自己一个人的世界,进得很深很深。而在进得最深的地方就会产生“连带感”。就是说,在人人都是孤独的这一层面上产生人人相连的“连带感”。只要明确认识到自己是孤独的,那么就能与别人分享这一认识。也就是说,只要我把它作为故事完整地写出来,就能在自己和读者之间产生“连带感”。其实这也就是创作欲。不错,人人都是孤独的。但不能因为孤独而切断同众人的联系,彻底把自己孤立起来,而应该深深挖洞。只要一个劲儿往下深挖,就会在某处同别人连在一起。一味沉浸于孤独之中用墙把自己围起来是不行的。这是我的基本想法。

(林少华《为了灵魂的自由——村上春树的文学世界》

(香港)天地图书有限公司,2014年,p.360)

概而言之,孤独是连接的纽带,为此必须深深“挖洞”。自1979年处女作《且听风吟》问世以来,三十五年间村上一直在挖这样的洞。将挖洞的过程、辛劳、感受和思索通过小说创作倾诉出来。换句话说,村上文学是“挖洞”文学,始终在孤独与连接或超然与介入之间保持张力。但不同阶段的不同作品中多少有所不同。《挪威的森林》之前的《且听风吟》《1973年的弹子球》《寻羊冒险记》,倾向于放任孤独甚至把玩孤独,亦即“挖洞”挖得不深。而从《挪威的森林》开始,则致力于连接或沟通的追求,亦即“挖洞”挖得深了。这是因为,木月死于孤独,直子的姐姐和直子死于孤独,再不能让主人公处于“把自己围起来”（自闭）的状态了。而在十五年后的《奇鸟行状录》《海边的卡夫卡》和《1Q84》第1部、第2部等作品中，村上甚或将连接以至介入的对象扩大到个人以外，笔锋直指日本黑暗的历史部位和“新兴宗教”这一现代社会病灶，表现出追索孤独的个体同强大的体制（system）之间的关联性的勇气。幸也罢不幸也罢，到了《1Q84》第3部，村上又将笔锋逐渐收回，及至新作《多崎作》，已经彻底回归“挖洞”作业——通过“深深挖洞”而希求“在某处同别人连在一起”。

于是出现这样一个疑问：果真“连在一起”了么？抑或，挖洞的目的果真达成了么？

这里，不妨回顾一下这部长篇的故事梗概。主人公多崎作读大二时被高中时代“五人帮”中的赤松、青海、白根、黑野驱逐出去，四人毅然决然地宣布同他断交，“简直就像自己一个人被从航船甲板上抛入夜幕下的大海”，以致几度想到轻生。三十六岁那年在女友沙罗的劝导下开始联系四人，以期弄清断交真相。结果还算顺利，除了已故的昔日美少女白根，同其余三人都联系上了，也见了面。但很显然，联系到此为止，见面即是告别——“洞”挖了，除了表白当年爱他的黑野，同赤松和青海之间全然未能挖出“连带感”，相互清楚永无见面的可能了。而见面本身也未能化解“胸口微弱的异物感”，体内仍有“一年到头都不会融化的坚硬的冻土芯那般僵冷的东西”。多崎作再次倾听《巡礼之年》的乐曲时，终于在灵魂深底听明白了：“人心与人心并非仅仅用和谐连接的，莫如说通过创伤与创伤紧密相连，通过痛与痛、脆弱与脆弱相接相连。”东京城虽然规模极大也足够热闹，但“走进他内心的人一个也没有”，高中“五人帮”时代那种“了无杂质的原生态心情”已然一去无返。一句话，他依然孤独。“我的人生实质上止步于二十岁！”

“挖洞”的目的诚然没有达成，但作为从事“挖洞”作业所用的工具的文体仍未失去其最初的光彩。用书中的话说，依然如“春天的庭园一样柳绿花红”。唯其如此 —— 恕我饶舌 —— 我才为其吸引，才兴之所至地写下了这篇读后感。或许，果如村上所说：“文体就是一切。”又果如莫言所说，好的作家“肯定都是文体家”。

不无遗憾的是，文体似乎被这个浮躁的时代冷漠很久了。而我的一个堪可多少引以为自豪的小小的贡献，可能就是用汉语重塑了村上文体。在这个意义上 —— 仅仅在这个意义上，请允许我冒昧引用同济大学人文学院中文系主任、小说家张生教授在其新浪微博（2013 年 7 月 6 日）夸奖笔者的话：“林老师以一人之力，重新塑造了现代汉语。”无须说，我也明知这是溢美之词。

2014 年 4 月 13 日

《刺杀骑士团长》：
政治抗争与自我救赎

《刺杀骑士团长》是村上春树最新的长篇小说。二〇一七年二月二十五日在东京印行。上海译文出版社花天价拿得版权，我得以久违地重出江湖。说起来，二〇一七年我译了两本书。两本是不是经典眼下不好说，但肯定都是名著，而且是畅销名著。一本是《失乐园》，渡边淳一的，寒假在青岛城里翻译的；另一本呢，不用说，就是这本《刺杀骑士团长》（騎士団長殺し），暑假在东北乡下翻译的。《失乐园》译得我活活失去了快乐，苦不堪言；《刺杀骑士团长》译得我神思恍惚，有苦有乐。今天只讲这本。

刚才说了，这本书是上海译文出版社天价买来的。绝对天价哟！价格具体多少，人家连我这个老朋友加老译者也没坦言相告，只说“超出你的想象”。不过以我间接获得的有限信息极保守地估算，书中任何一个字，甚至每个逗号顿号惊叹号都值 25 元。注意，不是日元 25 元韩元 25 元，而是人民币 25 元。全书译成中文接近 50 万字。50 万乘 25 是多少呢？至少 1200 万吧？也就是说，一个逗号就能换来一份相当不错的外卖或一杯热气腾腾的星巴克咖啡，就够我乡下的弟弟差不多活一个星期。同是男人，你看人家混得多好！再看我这个翻译匠，翻译出来一个字能不能值0.25元都是个问号。两相比较，一个丽日蓝天，一个凄风苦雨。一个欢欢喜喜，一个悲悲切切。开句玩笑，革命尚未成功，同志仍须努力！

那么一个字一个逗号都至少值25元的这本《刺杀骑士团长》到底讲的什么呢？或者说，讲什么能讲出这么多钱呢？我想这肯定是每一个讲话的人写东西的人都有兴趣听的。下面就请让我先简单介绍一下故事梗概。然后分两方面加以剖析。一方面是为什么要画骑士团长和刺杀骑士团长；另一方面是，和以往村上作品相比，这部长篇的不同之处或看点在哪里。两方面交叉指向村上的政治抗争姿态与自我救赎。

先看故事本身。小说以第一人称讲述一个中年画家的人生困境和奇特经历。主人公画家靠画肖像画维持生计。生活本来风平浪静。不料婚后第六年的某一天，妻子忽然冷静地向他宣布再不能和他一起生活了。画家因此得知妻子有了外遇。而他甚至没问那个男人是谁就乖乖离开两人生活了六年的公寓套间，独自开车去日本的北方四处流浪。流浪一个半月后，在山顶上一座孤零零的空房子里孤零零住了下来。更多的故事由此开始。首先是画家在阁楼里发现一幅名叫《刺杀骑士团长》的不可思议的画，画的是一个年轻男子手握一把长剑深深刺入一个年老男子的胸口。旁边站着一名年轻貌美的女子和一名侍从模样的男人。画的内容显然取材于莫扎特的歌剧《唐璜》：浪荡公子唐璜要对美貌女子非礼，女子的父亲骑士团长赶来相救而被唐璜当场刺杀。接着画家在深更半夜听见了不可思议的铃声。铃声是从房后树林一个洞里传出来的。于是画家请一位名叫免色的满头银发的中年绅士帮忙打开了洞。在同免色交往过程中,得知他为了看一个可能是自己女儿的十三岁女孩儿而买了一座位于山顶的白色豪宅,每天夜晚用望远镜观察住在对面山顶房子里的那个女孩儿。女孩儿后来突然失踪。画家为了找女孩儿而进入所谓充满隐喻的地下迷宫。找了三天三夜后突然发现头顶闪出一线亮光,又听见免色叫他。原来自己就在自家房后的那个仿佛深井的洞底。与此同时,女孩儿在骑士团长的帮助下返回家中。不久,画家同已经怀孕的妻子言归于好,尽管知道妻子怀的孩子不是自己的孩子。

如此这般,虚拟与现实、历史与当下、理念与隐喻、常规与反讽、推理与真相……故事波谲云诡,情节千回百折,人物神出鬼没,笔调变化多端。既有可感可触温馨幽默的常规生活场景,又有可惊可叹险象环生的超验地下世界;既有深度哲理思考,又有瞬间艺术感悟。的确是一部能够提供超常阅读体验和奇妙审美感受的鸿篇巨制。

就篇幅而言,明显长于《海边的卡夫卡》,约略短于《1Q84》,而同《奇鸟行状录》不相上下。创作间隔时间均为七年。常言说十年磨一剑,村上则七年磨一剑。第一剑刺向政治精英绵谷升,第二剑刺向麦当劳山德士上校,第三剑刺向奥姆真理教,第四剑刺向骑士团长——《刺杀骑士团长》。说武断些,第一剑刺杀体制之恶,第二剑刺杀暴力之恶,第三剑刺杀邪教之恶。那么第四剑刺杀的骑士团长意味着刺杀什么,这可能是书中涉及主题的主要设问。

众所周知,日本历史上有武士没有骑士,自然不存在骑士团长。那么书名为什么叫“刺杀骑士团长”呢？据《朝日新闻》2017年4月2日报道，村上在接受该报采访时首先谈了这点。他说：“刺杀骑士团长这个书名一开始就有了。”骑士团长是莫扎特歌剧《唐璜》中的出场人物，“每次品听都心想骑士团长是怎么回事呢？我为其发音给我的奇妙感触吸引住了。随即涌起好奇心：如果有一本名为‘刺杀骑士团长’的小说，那将成为怎样的小说呢？”这么着，骑士团长在村上笔下不仅成了书名，而且成了小说中的关键词、关键性出场人物。

是的，假如没有骑士团长出场，因妻子有外遇而离家出走的三十六岁的“我”很可能在山顶那座别墅继续打发“孤独而静谧的日日夜夜”。然而骑士团长出现了，如刚才所说，“我”在老画家留下的空房子的阁楼里发现一幅题为《刺杀骑士团长》的日本画。于是故事急转直下，一切围绕这幅画，围绕骑士团长展开。尤其令主人公“我”费解的是，为什么画家雨田具彦把这幅堪称杰作的画藏在阁楼而不公诸于世？为什么画中人物穿的不是骑士服装而是一千五百年前日本飞鸟时期的服装？一句话，画家想通过这幅画诉求什么？可以说，解读了这一点，也就有可能解读了刺杀骑士团长意味着刺杀什么。

要回答这样的疑问，首先要从画这幅画的名叫雨田具彦的老画家说起。雨田具彦出身于极为富裕的日本乡间大地主之家，从小就有绘画天赋，长大后考入东京美术学校。一九三六年到一九三九年在维也纳留学。一九三八年三月奥地利被希特勒纳粹德国吞并。雨田具彦的恋人、一位奥地利姑娘参加了由大学生组织的地下抵抗运动，打算暗杀纳粹高官。雨田具彦本人也参加了。后来雨田具彦和他的恋人被纳粹盖世太保逮捕，他的恋人和其他抵抗组织成员全都被残忍地杀害了。只有雨田具彦一人在被关押拷打两个月后，由于日本和纳粹的特殊关系而侥幸死里逃生，被遣送回国。作为交换条件，要他终生不得说出这一事件的真相。

与此同时，雨田的弟弟在音乐学校学钢琴期间被征召入伍，很快被派到中国战场，由上海一路攻入南京。并且参加了南京大屠杀，在上级军官命令下接连砍杀“俘虏”脑袋。雨田的弟弟退伍后由于战争造成的精神创伤而在自家阁楼里割腕自杀。雨田得知后悲痛不已，却又为了家族的声誉而不能说出弟弟自杀的真相。

一次痛失恋人，一次痛失胞弟，而两次都不能说出真相。书中写道，雨田“因此怀有的愤怒和悲伤想必是极为深重的。那是无论如何也无法对抗世界巨大潮流的无力感、绝望感”。于是他拿起画笔，创作了《刺杀骑士团长》这幅画。“将无法诉诸语言的事物作为寓言赋以画的形式。那是他所能做的一切。”如此看来，画中的骑士团长首先直接象征的，是纳粹高官以至希特勒。而间接象征的，不妨看作是作为日本军国主义和天皇制代表的天皇——骑士团长身穿日本古代服装也暗示了这点。正因如此，目睹主人公“我”把骑士团长刺杀之后，老画家雨田具彦脸上才浮现出“安然恬适的表情”。

小说在日本出版一个月后，村上接受媒体采访，记者问他为什么“刺杀骑士团长”这幅画的背景投有纳粹大屠杀和南京大屠杀的历史阴影，村上明确回答：“历史乃是之于一个国家的集体记忆。所以，把它作为过去的东西忘记或偷梁换柱是非常错误的。必须同历史修正主义动向抗争下去。小说家所能做的固然有限，但以故事这一形式抗争下去是可能的。”从这段话不难看出村上创作这部小说的主要动机。也就是说，“刺杀骑士团长”所刺杀的，是由纳粹德国和战前日本军国主义所集中体现的体制之恶，以免它以偷梁换柱、以历史修正主义的形式死灰复燃。

但是，村上手中的这把长剑或笔锋的进攻并没有到此为止，没有在刺杀完历史上东西方两大体制之恶就擦干血迹放下。这是因为，村上意识到除了外在的体制之恶，还有内在的人性之恶或人的本源恶。在这部小说中，村上试图通过“理念”来追溯潜在于人性深处的本源恶。“理念”是整部小说的关键词。第一部（上册）的名称就是“显形理念篇”。理念来自希腊语 idea，是柏拉图哲学的原本概念。柏拉图认为理念是永恒不变的存在。“它是世界万物的基础和本源；理念不存在于时空之中，它既不产生也不消失，有生有灭的只是‘分有’或‘模仿’理念的可感事物。”“理念没有伦理道德那样的东西。理念永远是中立性观念，使之变好变坏完全取决于人。”理念本身无所谓善恶，善恶属于理念的一种，在个体身上势必有所体现。在小说中，骑士团长是理念的显形或外化。

不过这并不局限于骑士团长，例如：给人以宽容和善印象的主人公“我”也有潜在的邪恶念头。他曾在宫城县海边小镇勒过一个女子的脖子——尽管是被动的，事后恨不得把那时的记忆“永远打入冷宫，然而女子睡袍带的感触仍真切留在‘我’的双手——包括她脖颈的手感——怎么也忘不掉。”此外他曾梦见自己跟踪妻子和她的性伙伴走进情人旅馆，并且用睡袍带子勒紧妻子的脖颈，一边勒一边狂喊乱叫。此外还在梦中不顾一切地强暴了熟睡中的妻子。书中写道:“我是习惯体力劳动的臂力强劲的男人。我一边使出浑身力气勒紧妻的脖子,一边大声喊叫什么。”这意味着,即使善解人意的主人公“我”身上也潜伏着另一个自己——邪恶的自己。而那个“白色斯巴鲁男子”就是主人公“我”的分身,是另一个自己,也是刺杀的对象。其刺杀过程,就是主人公为救助十三岁美少女秋川真理惠而进入充满“双重隐喻”的黑暗的地下迷宫、地下隧道的历险过程。主人公在经过三天三夜的千难万苦之后爬上地面,不妨理解为主人公终于战胜、终于刺杀了另一个自己、邪恶的自己。在这个意义上,这部小说可以说是个自我救赎的成长故事。以上讲的是第一方面:刺杀骑士团长意味着刺杀什么。概而言之,一是刺杀由纳粹大屠杀和南京大屠杀所体现的外在的体制之恶,二是刺杀由另一个自己、由白色斯巴鲁男子体现的内在的个体之恶。前者意味政治抗争,后者意味自我救赎。

以下谈另一方面,比之村上以往的作品,《刺杀骑士团长》的不同之处在哪里?或者说看点、新意何在?这有很大一部分是第一方面的继续。

不同之处也好看点或新意也好,我想首先在于村上的“历史认识”。关于这点,即使没看小说的朋友,也可能知道书中写了南京大屠杀。书中借出场人物之口说道:“是的,就是所谓南京大屠杀事件。日军在激战后占据了南京市区,在那里进行了大量杀戮。有同战争相关的杀戮,有战斗结束后的杀戮。日军因为没有管理俘虏的余裕,所以把投降的大兵和市民的大部分杀害了。至于准确说来有多少人被杀害了,在细节上即使历史学家之间也有争论。但是,反正有无数市民因受到战斗牵连而被杀则是难以否认的事实。有人说中国死亡人数是四十万，有人说是十万。可是四十万和十万人之间的区别到底在哪里呢？”画家雨田具彦的胞弟参加了攻打南京的战役，“弟弟的部队从上海到南京在各地历经激战，杀戮行为、掠夺行为一路反复不止”。攻入南京城后被上级命令用军刀砍杀“俘虏”。“若是附近有机关枪部队，可以令其站成一排砰砰砰集体扫射。但普通部队舍不得子弹（弹药补给往往不及时），所以一般使用刃器。尸体统统抛入扬子江。扬子江有很多鲇鱼，一具接一具把尸体吃掉。”其实村上早在二十多年前的《奇鸟行状录》就已经提到那场骇人听闻的巨大灾难，但只是寥寥几十个字。而这次，译成中文都至少有一千五百字之多。不仅篇幅无法相比，而且加大了力度，明确借书中出场人物之口质问杀害“四十万人与十万人的区别到底在哪里呢？”。必须说，这恰恰是击中日本右翼分子要害的一问。众所周知，日本右翼分子的惯用伎俩，就是以具体数字有争议为由来淡化大屠杀的性质甚至否认南京大屠杀作为史实的真实性。而村上一针见血地提出四十万人和十万人的区别到底在哪里？言外之意，难道可以说四十万人是大屠杀而十万人就不是吗？

这本《刺杀骑士团长》出版两个月后，村上出了一本访谈集《猫头鹰在黄昏起飞》，谈到小说创作的政治性的时候，村上再次提到南京大屠杀，进一步强调较之直接的政治诉求，还是采用故事或小说这一形式对付右翼分子更为有效。他说：

> 以南京大屠杀为例，否定的一方备有预设问题集那样的东西。若这么说，对方就这么应付；这

> 么驳斥,对方又这么反击——模式早已定下,无懈可击,一如功夫片。可是,如果换成故事这一版式,就能超出那种预设问题集,对方很难有效反击。因为对于故事或者对于理念和隐喻,对方还不知道如何反击好,只能远远围住嚎叫。在这个意义上,故事在这样的时代拥有百折不挠的力量……

自然而然,刚刚说了,这要涉及"恶"的问题。村上在上面提到的那本访谈录中结合二十多年前写的《奇鸟行状录》指出:"拽出个体层面的'恶'的,是军队那个体制(system)。国家这个体制制造了军队这个从属体制,拽出个体层面的'恶'。那么,若问体制是什么,说到底,那不是我们构筑的东西吗?在那一体制的连锁中,谁是施害者谁是受害者就变得模糊起来。我经常感到这种类似双重性三重性的东西。"

可以断言,即使在写完《刺杀骑士团长》之后,村上春树仍未能从恶的这种双重性、三重性的连环阵中破城突围,仍为之纠结和苦恼。进一步说来,这既是具有"沉思、反思的理性"的当代知识分子共通的苦恼,也未尝不是鲁迅当年的苦恼。村上曾在《为了年轻读者的短篇小说导读者》中从另一角度提及鲁迅苦恼的双重性:"在结构上,鲁迅的《阿Q正传》通过精确描写和作者本人截然不同的阿Q这一人物形象,使得鲁迅本身的痛苦和悲哀浮现出来。这种双重性赋予故事以深刻的底蕴。"同时认为鲁迅笔下的阿Q具有"活生生的现实性"。其实,这种双重性未尝不是体制之"恶"与国民性(个体层面的"恶")之关联性的反映。在某种意义上,鲁迅的确终生为之苦恼。也就是说，鲁迅可能始终在“铁屋子”和阿Q之间或往来徘徊或奔走呼号。

对了，作为《猫头鹰在黄昏起飞》这本访谈录的活生生的现实性，村上谈“恶”的时候谈到了特朗普：“说到底，希拉里·克林顿那个人，因为只说通用于房子一楼部分的事，结果败了；特朗普只抓住人们的地下室说个没完，结果胜了。”村上进而解释说，“尽管不能说是政治煽动者，但感觉上至少像是古代的司祭——特朗普是熟知煽动人们无意识的诀窍的。于是，仿佛高音喇叭的个人电子线路就成了有力武器。在这个意义上，尽管他的逻辑和语汇是相当反知性的，但也因之从战略上十分巧妙地掬取了人们在地下拥有的部分。”这也进一步说明，村上不仅仅是经营个人心灵后花园的“都市隐士”，而且也是敢于以故事或小说为武器进行政治抗争的斗士。他的小说，不仅有所谓“小资”情调，而且有政治诉求。在这个意义上，他不仅是美国当代的菲茨杰拉德，而且是沙俄时期的陀思妥耶夫斯基。

有点儿说远了，说回《刺杀骑士团长》。那么这部长篇还有没有其他较以往作品的不同呢？有。第二个不同之处，就是在尊严和悲悯的关系的认识上有所突破。不少读者朋友可能早就觉察到了，村上作品的一个重要主题，就是把个人尊严看得高于一切。记得《高墙与鸡蛋》那场有名的演说吧：“我写小说的理由，就是让个人灵魂的尊严浮现出来。”可是在这部小说的结尾部分，村上让主人公做出了明显有违尊严的另类选择：对妻子的外遇过失概不追究，而主动提议回到妻子身边，同妻子和尚未出生的、从时间上判断理应不是自己的孩子一起生活。孩子出生后甚至上幼儿园后，主人公仍不知道小女儿是谁的孩子。小说最后这样写道:“我深深疼爱着这个小小的女儿,珍惜和她在一起的时光。至于她生物学上的父亲是谁或不是谁,对于我怎么都无所谓。那是不值一提的琐事,并不意味着将有什么因此发生变更。”不过对于一般男人甚至任何男人来说,接受生物学上的父亲不知是哪个男人的孩子,都不大可能是无所谓的不值一提的琐事。因为这至少关乎男人的尊严。那么村上为什么在这里做出从世俗眼光看来明显有损个人尊严、男人尊严的选择呢?抓耳挠腮朝思暮想的结果,一片混沌的脑海中忽然透进了一丝亮光:村上现在发现了比尊严更重要、更宝贵的东西,那就是爱、爱与悲悯。或者说,村上开始认为,只有把爱与悲悯作为情感以至灵魂的底色,才能使个人——无论男人还是女人——获得真正的尊严。我想这大约是村上文学主题的又一次跨越,一次升华。

而这一跨越以至升华,显然是主人公冒着生命危险通过地下迷宫,尤其钻过那条又黑又窄的地下隧洞的结果。前面也说了,主人公因此战胜、刺杀了由双重隐喻和“白色斯巴鲁男子”象征的“本源恶”,刺杀了由骑士团长所表象化的亦善亦恶的理念,从而终结了恶,进而超越了善恶,使人性获得了升华。是的,尊严本身没有超越善恶。这是因为,要获取、要保持尊严,在某些情况下必须行恶甚至诉诸暴力,比如跟踪妻子及其情人,进而紧勒妻子的脖颈和强暴她。而爱与悲悯则对此一笑置之。进一步说来,这也为村上一向担忧的日本和东亚邻国关系的困局指明了出口:爱与悲悯。“相互仇视没有任何好处”(いがみあっていても何もいいことはありません)。夫妻之间相互仇视没有任何好处,民族与民族、国家与国家之间也没有任何好处。换言之，村上以夫妻言归于好，化恨为爱这样的闭合式结尾为东亚关系以至世界性悲剧的不重新上演提供了一种启示性、一个走向再生的理念、隐喻与祈愿。这里需要补充一句，村上始终认为日本最大的问题是封闭性体制带来的国家暴力性，强调“暴力是打开日本的钥匙”！

还有一点，是不是新意不大好说，但肯定是媒体最早报道和关注的一点。那就是性描写。村上小说读得较多的读者可能知道，村上一九八七年写《挪威的森林》之前，无论《且听风吟》《1973年的弹子球》《寻羊冒险记》这所谓“青春三部曲”，还是艺术评价很高的《世界尽头与冷酷仙境》，都几乎没有写性，没有性描写。而到了出道八年后写《挪威的森林》的时候，他发誓要“就性和死一吐为快”。不过再怎么一吐为快，村上也还是守住了一条底线，底线就是写性也只写婚前性。实际上此前也大多写的是婚前性，只是到了这本《刺杀骑士团长》才开始写婚外性。妻子红杏出墙，男主人公“我”也很快另动干戈。不过前者具体如何上床倒是几乎只字未提。后者和两位有夫之妇的婚外性则写得相当具体，说有色情之嫌怕也并不为过。喏，你别说，还真有人抓住这点不放。

看去年十二月五日《中华读书报》，国际版报道“村上春树入围第二十五届《文学评论》劣性奖”。“劣性奖”由英国一九九三年创办的《文学评论》评审，旨在奖励“现代小说中文笔拙劣、草率或多余的性描写段落”，以此提醒读者和作者对此保持警惕。村上入围对象作品是《刺杀骑士团长》，具体引用的是第二部第四十三章的一段：“【此处略去六百七十九字】……就算想中途停下，我也不知所措，以致我担心再这么倾泻下去，自己说不定直接沦为空壳。【此处略去一千四百字】…… 那是四月十九日天亮时分做的奇异的梦。”无独有偶，去年夏天香港书展期间，港府淫秽物品审裁处将《刺杀骑士团长》定为二类不雅物品，与老牌色情杂志《龙虎豹》同级，意为虽可发布，但不得向未成年人销售。

今年入围“劣性奖”的有八位作家，均为男性。其中一位名叫朱利安·高夫（Julian Gough）的爱尔兰小说家兴奋地告诉《卫报》：“我很高兴进入劣性小说奖的决选，尤其是与伟大的村上春树结伴，而我希望能赢 …… 能够加入约翰·厄普代克、汤姆·沃尔夫和本·奥克利等往届获奖者的行列必定是一项巨大的荣誉。”补充一句，村上入围了，但最后落选。不知他是为之庆幸而载歌载舞，还是为之懊恼或气急败坏。落选原因，当然是其性描写并不那么拙劣。至于是否真不那么拙劣，我不敢妄加评论，也没有评论的资格。

较之入围“劣性奖”的性描写，我倒觉得这部长篇中的女性描写要优秀得多，试举几例：

> △秋川真理惠的姑母说话方式非常安详，长相好看。并非漂亮得顾盼生辉，但端庄秀美，清新脱俗。自然而然的笑容如黎明时分的白月在嘴角谦恭地浮现出来。
>
> △目睹她（十三岁美少女真理惠）面带笑容，这时大约是第一次。就好像厚厚的云层裂开了，一线阳光从那里流溢下来，把大地特选的区间照得一片灿烂 —— 便是这样的微笑。

△年轻的姑母和少女侄女。固然有年龄之差和成熟程度之别，但哪一位都是美丽女性。我从窗帘空隙观察她们的风姿举止。两人并肩而行，感觉世界多少增加了亮色，好比圣诞节和新年总是联翩而至。

△（她的耳朵）让我想起秋雨初霁的清晨树林从一层层落叶间忽一下子冒出的活泼泼的蘑菇。

如何？刚才说了，性描写的优劣不敢妄议，也不宜公开讨论，但就同一本书中的女性描写而言，可谓只优不劣。喏，将成熟女性笑容比为月而有别于传统的闭月羞花，将十三岁女孩笑容比为阳光而不同于常说的阳光女孩。至于圣诞节和新年联翩而至以及蘑菇之比，更是不落俗套，让人思绪稍事迂回之后会心一笑。

美国文学理论家、批评家哈罗德·布鲁姆（Harold Bloom）《史诗》前言："关于想象性文学的伟大这一问题，我只认可三大标准：审美光芒、认知力量、智慧。"我当然也认可。审美光芒，关乎美，关乎艺术；认知力量，关于主题、内容和思想穿透力；智慧，关于聪明、好玩、创意与修辞。对于译者和大部分读者，后者可能更是使之忘倦的魅力。

至于这部大长篇是不是集大成之作，作为学术性结论，我现在倾向于持慎重态度。不错，其中有不少元素早已有之。例如虚实两界或"穿越"这一小说结构自《世界尽头与冷酷仙境》以来屡见不鲜，被妻子抛弃的孤独的主人公"我"大体一以贯之，具有特异功能的十三岁美少女令人想起《舞！舞！舞！》中的雪，走下画幅的骑士团长同《海边的卡夫卡》中的麦当劳山德士上校两相仿佛，"井"和井下穿行的情节设计在《奇鸟行状录》已然出现……说严重些，未尝没有自我复制的嫌疑。

不过村上对此有自己的说法。他在上面提及的《猫头鹰在黄昏起飞》中解答对方类似疑问时以博尔赫斯为例说道：

> 博尔赫斯这个人，一次写了诗在朋友面前朗读，有人指出："喂喂，你写的和五年前一模一样嘛！"可是博尔赫斯本人完全忘了曾经写过那回事。对此，博尔赫斯这样说道："诗人想写的东西，一生当中只有五六种。我们仅仅是以不同的形式重复罢了！"
>
> 那么说来，或许果真是那样。说到底，我们有可能至死都在重复五六个模式。只是，在每隔几年重复一次的过程中，其形式和品质都有日新月异的变化。广度和深度也有所不同。

实际也真可能有所"变化"、有所"不同"——即使跟过去最成功的大长篇《奇鸟行状录》相比，可读性也不相形见绌，故事同样引人入胜，同样耐人寻味，同样让人看完了久久缓不过劲儿来。

最后请允许我趁机说一下我自己、我的翻译，尤其这本《刺杀骑士团长》的翻译。就村上长篇来说，《挪威的森林》是我翻译的第一部，译于一九八九年，人在广州；《天黑以后》则是我翻译出版的最后一部，是年二〇〇四，人在青岛。也就是说我已有十几年没有跟踪翻译村上长篇新作了。十几年？十五年之久。十五年间，幸亏我有大学教师这个“铁饭碗”，并不以翻译维持生计，一日三餐姑且不成问题。而且课余得以专注于学术研究和散文创作，出了一两本所谓学术专著和五六本散文集，客观上促成了一个未必像样的学者兼滥竽充数的作家。同时我还翻译了川端康成、太宰治、谷崎润一郎、东山魁夷和渡边淳一、片山恭一等人的作品，译笔总算没有日久生锈。但不管怎么说，“林家铺子”的主打产品是村上译作。所以连续无缘于村上新作的翻译，这让我深感遗憾和寂寞。尽管我知道遗憾和寂寞也是人生一个不可或缺的组成部分，但遗憾毕竟是遗憾，寂寞终归是寂寞——世界上又有谁会为遗憾和寂寞而欢天喜地手舞足蹈呢？

天遂人愿。五月中旬，上海译文出版社吴洪副总编专程飞来青岛，当面告知译文社以势在必得的决心一路斩关夺隘，以天价拿得《刺杀骑士团长》简体中文翻译版权，当然更关键的是决定请我翻译。甚至广告词都拟好了：“睽违十载，‘译文’东山再起；宝刀未老，林译重出江湖。”刹那间，我觉得全世界所有迪士尼乐园的大门都朝我大敞四开，所有高速公路收费站的姑娘都朝我扬起妩媚的笑脸，所有高档住宅区的售楼小姐都执意送我一套海景房，所有双一流大学的校长都争相聘我当客座教授……

终于忙完既定日程后的六月二十五日，我在青岛、在自己任职的中国海洋大学浮山校区开始翻译。大雾散去，旭日临窗。我从网购的几十本稿纸中小心抽出一本摊开，把喝足纯蓝墨水的英雄牌自来水笔拧开，将《刺杀骑士团长》日文原著的第一页翻开——用我当年"上山下乡"时期当农民的感觉来说，开犁，春耕第一犁，笔锋如光闪闪的犁尖插进由一行行绿色方格排列的田垄，随手抓起外语词句播进垄中。于是一行行中文恰如破土而出的一垄垄禾苗。是的，笔耕！当同行们可能喝着速溶咖啡在电脑键盘上运指如飞的时候，我仍对笔耕情有独钟。我甚至觉得，汉字只有用笔写在纸上，才会带有更明显的体温、更丰富的表情、更微妙的律动与气韵……

七月二日结束期末考试阅卷之后，我索性飞回当年真正开犁的乡下，躲进村头一座茅屋"闭关翻译"。五点到五点半之间起床，六点或六点半开工，中午小睡一个小时，晚间十一点前后收犁歇息。每天慢则译十页，稿纸上得五千言；快则译二十页，得万言上下。如此晓行夜宿，风雨兼程，九月十八日七时清晨终于全部竣工。手写稿纸一千六百多页，近五十万言，前后历时八十五天。译罢最后一行，掷笔"出关"。但见晴空丽日，白云悠悠，花草树木，流光溢彩。心中大快。真的，心情好得简直不像自己的心情了。或者说仅次于忽然捞得诺贝尔文学奖也未可知。

或问译得这么快，会不会不认真？这点但请放心。虽然我一向鼓吹审美忠实，但语义语法层面亦如履薄冰。在此前提下分外看重文体，尤其文体的节奏和韵味。舍此，无非翻译一个故事罢了——花天价版权费单单买一个故事，值得吗？肯定不值得。而若买来的是一种独特的语言风格或文体，一种微妙的审美体验，就可能给中国文学语言的艺术表达带来新的可能性、启示性，那么花多少钱都有其价值。而这种价值的体现，应该说在很大程度上取决于翻译:一般翻译转述故事,非一般翻译重构文体和美、文体之美。说到底,这也是文学翻译的乐趣和妙趣所在,否则翻译这件事岂不活活成了专门和自己过不去的苦役?

另外想强调的一点是,哪怕译得再好,所谓百分之百的村上春树、百分之百的骑士团长也是不可能存在的。原因有两个。其一,任何翻译都是基于译者个人理解的语言转换,而理解总是因人而异,并无精确秩序可循 —— 理解性无秩序。其二,文学语言乃是不具有日常自明性的歧义横生甚或意在言外的语言,审美是其核心。而对审美情境的把握和再现更是因人而异 —— 审美性无秩序。据村上春树在《终究悲哀的外国语》中的说法:"翻译这东西原本就是将一种语言'姑且'置换成另一种语言,即使再认真再巧妙,也不可能原封不动。翻译当中必须舍弃什么方能留取保住什么。所谓'取舍选择'是翻译工作的根本概念。"既要取舍,势必改变原文秩序,百分之百等值翻译也就成了问号。不妨说,文学翻译的最大特点恐怕就在于它的模糊性、无秩序性、不确定性。

且以"にっこり"(smile)的汉译为例。辞典确定性释义为"微笑",但在翻译实践中则有无数选项:微微一笑/轻轻一笑/浅浅一笑/淡淡一笑/莞尔一笑/嫣然一笑/粲然一笑/妩媚地一笑/动人地一笑/好看地一笑,或者笑眯眯/笑吟吟/笑盈盈/笑嘻嘻,甚至嬉皮笑脸亦可偶一为之。而另一方面,特定语境中的最佳选项则唯此一个。译者的任务,即是找出那个唯一,那个十几分之一几十分之一甚至百分之一,通过几数个百分之一向"百分之百"逼近。问题是,再逼近也很难精准抵达。换言之，翻译永远在路上。

再者，村上文学在中国、在汉语世界中的第二次生命是汉语赋予的。所以严格说来，它已不再是外国文学意义上或日语语境中的村上文学，而是作为翻译文学成为中国文学、汉语文学的一个特殊组成部分。或者不妨这样说，村上原作是第一文本，中文译作是第二文本，受众过程是第三文本。如此一而再，再而三转化当中，源语信息必然有所变异或流失，同时有新的信息融入进来——原作文本在得失之间获得再生或新生。

最后我要向乡间茅屋南北窗的树们花们致以谢意。南窗有一株杏树，北窗正对着两棵海棠。七月初刚回来的时候，杏才小拇指大小，羞答答躲在绿叶里，要像查辞典那样查找才能找到；海棠就更小了，圆圆的小脑袋拖着细细的小尾巴在枝叶间探头探脑，活像脑海里赶来代替日语的一串串汉语字眼。及至翻译过半，南窗不时传来熟杏落地的“啪哒”声，平添缱绻而安谧的秋思。北窗成熟的海棠果往往让人联想小说中漂亮的秋川姑母，催生纯粹属于审美意义上的激情。如此之间，蓦然回神，南北树下的野菊花已经不动声色地绽开星星般的小脸——秋天了。秋天是收获的季节。果然，书译完了。人生快事，莫过于此。

短篇

むらかみ
はるき

小说

《去中国的小船》：
小船上搭载的是什么

《去中国的小船》。

“去中国的小船”搭载的是什么？村上开门见山地援引旧时歌谣：“只坐你我两人，船儿永借不还……”这是作者本人给予的答案，但毕竟是引子，未必可以当真。还是让我同样开门见山地引用一位日本女作家给予的答案：

> 《去中国的小船》是村上最初的短篇集。常说处女作包含了一切，的确，这部短篇集描写了迄今为止村上文学世界的所有要素——《寻羊冒险记》之“物语”膨胀力，《世界尽头与冷酷仙境》之对于自我解离的恐惧，《电视人》之硬质，《奇鸟行状录》之徒劳感，《斯普特尼克恋人》之空虚的永恒性……无所不有。有的堂堂正正、有的蹑手蹑脚地隐身于语言背后搭上这条小船。
>
> 小川洋子《想翻开〈去中国的小船〉》
>
> *EUREKA* 2000 年 3 月临时增刊

作为我,自然更倾向于采纳第二种答案。虽说“无所不有”未免言过其实,但不容否认,村上这部最早的短篇集确实同其长篇处女作《且听风吟》一样,可以从中推导村上文学之船所搭载的诸多内容及其日后航向。

短篇集收有七个短篇,作为单篇的《去中国的小船》写于1980年,即完成《且听风吟》的第二年,是村上第一个短篇。同后来的《象的失踪》和《再袭面包店》等短篇相比,可能不是最出色的,但无疑是最具个人色彩或“私人性质”的一篇。1983年连同其他六个短篇结集出版时特意以此篇作为书名,从这点也可看出作者对这一短篇的珍视之情。

2003年一月我在东京同村上见面的时候,关于中国和中国人我和他有过这样一番对话:

林 从您的小说或从您的小说主人公身上可以感觉出您对中国、中国人的好感,这在某种程度上也是作品深受中国读者喜爱的一个原因。您的这一心情是如何形成的呢?和中国人实际接触过么?

村上 在美国的时候,我时常和韩国的,中国大陆的、台湾地区的留学生交谈,不过总的来说中国人还不多。同他们谈起来,觉得读者——美国的、欧洲的、韩国的、中国的读者——反应有很大差别,这种差别非常有趣。我的小说常有中国人出现。《奇鸟行状录》有不少战争时候的 hard(酷烈)场面,我还真有点儿担心中国人读了恼火。

> 我是在神户长大的。神户华侨非常多。班上有很多华侨子女。就是说,从小我身上就有中国因素进来。父亲还是大学生的时候短时间去过中国,时常对我讲起中国。在这个意义上,是很有缘分的。我的一个短篇《去中国的小船》,就是根据小时——在神户的时候——的亲身体验写出来的。

翻开这个短篇,里边确有相应的描述:"高中位于港街,于是我周围有了不少中国人……我所在的班上也有几个中国人。成绩有好的,也有不好的;性格有开朗的,也有沉闷的;住处有堪称气派的,也有光照不好的一个六张榻榻米大小的房间且厨房亦在里面的,各种各样。"特别值得注意的是,村上明确表示这个短篇是根据小时的"亲身体验写出来的"。也就是说,作为创作或许出于心血来潮,但并不纯属虚构。那么,究竟是怎样的体验或者作品中传达的体验是怎样的呢?下面就通过"我"遇上的三个中国人来梳理一下。

"我"遇上的第一个中国人是中国人小学里的中国老师。"根本看不出他是中国人",但可以看出左腿有一点点跛,且跛的方式极其自然。他在对前来应考的日本小学生们开口讲话之前,"手像支撑身体似的拄在讲桌两端,直挺挺扬起脸,望了一会天花板……紧张的小学生大气不敢出地盯视桌上的试卷,腿脚不便的监考官目不转睛地望着天花板的一角。"作为教师,跛脚虽令人意外,但做派是较为常见的。开口讲话后给人的感觉至少可以归纳出两点。一是认真,认真交代考试注意事项,认真叮嘱不要往桌面乱写乱画和往椅子上粘口香糖;二是诚恳，诚恳地诉说中日两国应该友好相处和怎样才能友好相处，诚恳地提醒日本小学生要挺起胸并怀有自豪感。后一点想必出自他作为男人在异国他乡谋生的人生体验。诚恳的话语总能打动人，所以二十年后早已忘记考试结果的“我”仍能想起这个中国老师和“抬头挺胸满怀自豪感”。不料，明明曾和“我”在同一考场考试的一个日本女孩——“我正恋着她”——却不记得了。

“监考老师是中国人？”

她摇头道：“记不得了。想都不会想到那上面去的。”

“没有乱写乱画来着？”

“乱写乱画？”

“往桌子上。”

她嘴唇贴着杯口，想了一会儿。

“这……写过画过没有呢？记不清了。”说着，她微微一笑，“毕竟是以前的事了。”

……

我们沉默了一会儿。

“没有乱写乱画？想不起来了？”我又问了一次。

“跟你说，真的想不起来了。”她笑着回答，“给你那么一说，倒也好像那么做来着。终究是很久以前的事了……”

同样在那间临时作考场的教室同样听了中国老师诚恳的叮嘱和鼓励，“我”时隔二十年而仍能想起，但“我”正恋着的女孩则“记不清了”“真的想不起来了”——这种与主人公的“想起”同时存在的淡忘与诚恳的错位，可以从中隐约读取村上对中国人怀有的——或对村上认为日本人应该对中国人怀有的——愧疚之情。东京大学中文系教授、鲁迅研究专家藤井省三认为可以归结为“我”对于中国人的“原罪意识”，并认为这部分即“第2节同鲁迅的《藤野先生》有相似的结构”。鲁迅对“最使我感激给我鼓励”的藤野先生“竟没有寄过一封信和一张照片”，为此感到愧疚，不妨说“背叛”了藤野先生；“我”的女友那种淡忘不妨视为对中国老师诚恳叮嘱的“背叛”。就此而言，藤井教授的看法有一定道理。*（参见藤井省三《村上春树心底的中国》，朝日新闻社2007年7月版）*

这种愧疚心情没有就此终止，于是在第3节出现了“我”认识的第二个中国人。这时“我”已大学二年级了，对方同样是大学生，女大学生。两人是在一家小出版社的仓库里打工时认识的。中国女孩同样十九岁，个子不高，长相说漂亮也并非不可。“她干活非常热心”，并且她的热心不是一般的热心，而“大约属于迫近人之存在的根本那一种类”。由于太热心了，以致工作中“任何人都在所难免”的一点点差错就使她陷入了长达三十分钟的精神危机——“一条小小的裂缝在她的头脑中逐渐变大，不一会竟成了无可奈何的巨大深渊，她一步也前进不得。她一句话也不说，完全一动不动地呆立在那里，那样子使我联想起夜幕下缓缓沉入大海的轮船。”三个星期后打工结束时，“我”邀这个中国女孩跳舞喝啤酒。夜晚在电气列车站送她上车后好一阵子我才意识到:“我”把她送上了方向相反的列车! “我”在另一车站见到她时,已快半夜了。“我”一再向她解释,以求得到她的谅解。

> 她又一次把额前被泪水打湿的头发拨往一边,有气无力地淡淡笑道:“可以了,这里终究不是我应在的场所,这里没有我的位置。”
>
> 我不知道她所说的场所是指日本这个国家,还是指在黑漆漆的宇宙中绕行不止的这个岩体。我默然抓起她的手放在自己膝头,再把自己的手轻轻放上去。

本来,“我”由于同原先的女友关系“也不似以前那样融洽了”,很有可能同这位中国女孩发展恋爱关系,并且我也让她告诉了电话号码。不料女孩再次上车几个小时以后,“我”意识到那天夜里自己犯下的彻底致命的第二个错误:“我竟把写有她电话号码的火柴盒连同空烟盒一起扔掉了。我四处找得好苦……那以后我再没见到她。”对此,“我”当然十分愧疚——主人公在见到第一个中国人时通过“尾声”间接传达的淡淡的愧疚感在这里变得刻骨铭心。亦如藤井教授在其专著《村上春树心底的中国》所说:“对于中国人的原罪意识这一主题,在回忆大学时代的第三节也得到了重复。”

最后看一下“我”遇见的第三个中国人:

> 对方面孔没有印象,年龄与我相仿,身上一件

藏青色轻便西服,配一条颜色谐调、规规整整的领带,一副精明强干的派头。不过,哪一样都给人以多少磨损了的感觉。倒不是说衣服旧了或显得疲劳,单单磨损而已。

如果说第一个中国人给“我”的印象是诚恳,第二个中国人给“我”的印象是热心,那么不用说,第三个中国人给“我”的印象便是“磨损”。此人是“我”高中时代的同学,工作是走街串巷推销百科事典——仅仅向中国人推销,但年已二十八的“我”一开始怎么也想不起来。后来好歹想起来了,“依我的记忆,他并非干百科事典推销员的那个类型。教养不差,成绩也应在我之上,在女孩子里想来也有人缘”。然而他现在混得不好,没有固定工作,人生的弧线显然正在下滑,精明强干的派头掩饰不了“磨损”的窘况。尽管如此,对于他“我”还是“不明所以地觉得亲切”,分手时“我想对他说句什么,因我想恐怕很难见到他了。我想对他说的是有关中国人的,却又未能弄清到底想说什么。结果我什么也没说,说的只是普通的分手套话”。较之在前两个中国人身上产生的程度不同的愧疚以至“原罪意识”,对第三个中国人感到的更是一种不释然。愧疚和不释然,我想这应该是他对这三个中国人所怀有情感的基调。而这无疑——如村上自己所说——源于从小身上就有的“中国因素”和“亲身体验”。这也是村上作品中常有中国人出现的一个起因。

不过,日本批评家不这样看。如青木保认为:“这篇小说跟中国人本身可以说毫无关系。他们不过在主人公从六十年代到八十年代所走的道路中充当了里程碑的作用…… 当《去中国的小船》曲终人散后，一个时代开始了。有那么一刻，我们也不禁想起我们自己人生旅途中的相似路途。”*（参见杰·鲁宾《倾听村上春树：村上春树的艺术世界》，冯涛译，上海译文出版社 2006 年 6 月版）*筑波大学教授黑古一夫也持大体相近的见解，认为这里的“中国”不过是个隐喻（metaphor），借以表明村上的“状况认识”，即便不是中国而是美国、俄罗斯也毫不碍事。*（参见黑古一夫《村上春树——由“丧失”的物语到“转换”的物语》，勉诚出版社 2007 年 1 月版）*公平地说，这样的评论主要出现在上个世纪八十年代，有中国人出场的村上作品还没有那么多，很难综合判断。因此，有此看法也是可以理解的。

那么，除此之外，“去中国的小船”还搭载了什么呢？

其一，之于村上的中日关系。这是借中国老师之口说出的：“中国和日本，两个国家说起来像是一对邻居。邻居只有相处得和睦，每个人才能活得心情舒畅…… 两国之间既有相似之处，又有不相似之处，既有能够相互沟通的地方，又有不能相互沟通的地方…… 只有努力，我们一定能友好相处。为此，我们必须先互相尊敬。”

其二，之于村上的中国：“我读了很多有关中国的书，从《史记》到《西行漫记》。我想更多一些了解中国。尽管如此，中国仍然仅仅是我一个人的中国，是唯我一人能读懂的中国，是只向我一个人发出呼唤的中国……（我）坐港口石阶上，等待空漠的水平线上迟早出现的去中国的小船。我遥想中国街市灿然生辉的屋顶，遥想那绿接天际的草原。”

其三，之于村上的城市（城市观）：“脏兮兮的楼宇，芸芸众生的群体，永不中顿的噪音，挤得寸步难行的车列，铺天盖地的广告牌，野心与失望与焦躁与亢奋——其中有无数选择无数可能，但同时又是零。我们拥有这一切，而又一切都不拥有。这就是城市。蓦地，我想起那个中国女孩的话'这里终究不是我应在的场所'。"

这部短篇集中还有一篇有中国女孩出现，准确说来有半个女孩的出现——《悉尼的绿色大街》中的查莉。这个短篇最初发表在文学刊物《海》的临时增刊"孩子们的宇宙"上面，从内容来看也大体是童话。"反正钱多得一看就心烦"的主人公"我"百无聊赖之间在"夏天冷得要命冬天热得要死"的悉尼的绿色大街开了私家侦探事务所，因为没有客户，仍然百无聊赖。于是常去比萨饼店同女侍应生查莉聊天。查莉比"我"小几岁，有一半中国血统，是个可爱的女孩。在查莉的帮助下，"我"从羊博士那里为羊男讨回了被揪掉的一只耳朵。"我"本来就非常喜欢查莉，加之查莉在羊博士家中指着"我"说"他是我的恋人"，所以后来"我"开始邀查莉吃饭看电影。看电影时，"黑暗中我想吻她，她用高跟鞋使劲踢我的踝骨，痛不可耐，嘴都未能完全张开"。最后我下了决心，为了同查莉结婚，即使当印刷工也在所不惜。

同两年前的单篇《去中国的小船》中的中国女孩相比，这个有一半中国血统的女孩有两点明显不同。一是查莉性格开朗敢作敢为，不是骂羊博士是"傻瓜蛋"并且抡起花瓶砸其脑袋，就是一再用高跟鞋踢我的踝骨。二是第一个中国女孩出自作者"亲身体验"，而查莉纯属虚构。由此也可看出村上对中国和中国人怀有微妙复杂、一言难尽的感情。如果说第一个中国女孩身上隐含村上对于中国人近乎“原罪意识”的愧疚,查莉所表达的则是真正近乎“灿然生辉”“绿接天际”的遐想,进一步显示出村上对中国和中国人独特的、持久的关注和兴致。在此之前有“青春三部曲”《且听风吟》(1979)、《1973年的弹子球》(1980)和《寻羊冒险记》(1982)中名叫杰的开酒吧的中国人。此后的短篇《托尼·瀑谷》(1990)、超长篇《奇鸟行状录》(1992—1995)、纪实文学《边境 近境》(1998)和长篇《天黑以后》(2004)都有中国人出现。

黑古一夫说:“村上春树对中国的关心,不是关心中国四千年的历史和‘革命中国’,而仅仅局限于身边的中国人。”但我觉得除此之外,中国和中国人还是他反思日本战前那段充满血腥暴力的历史和追问当下日本国家姿态过程中无可回避的因素或“因缘”。而这正是他对中国和中国人怀有愧疚以至“原罪意识”的根本原因。《去中国的小船》虽然没有就此展开,但无疑提示了这种可能性——我以为,这是“去中国的小船”所搭载的最为重要的内容。

这部短篇集此外还有五个短篇。其中最为离奇的是《穷婶母的故事》。“我”背上忽然有小小的穷婶母贴了上来。“既不太重,耳后又没有呼出的臭气。她只是如漂白过的影子紧贴在我的后背。若非相当注意,别人连她贴着我都看不出。”为此我受到了很多人关注,还接受采访上了电视,忙得不亦乐乎。如此过了两三个月后,穷婶母悄然从“我”背部离去,和贴上来时一样不为任何人觉察。于是“我孑然独立,活像沙漠正中竖立的一根并无意义的标志”。这篇小故事得到了哈佛大学教授杰·鲁宾非同一般的青睐,他在其专著中为此单设一节,以八页篇幅加以论述,认为“村上春树是一个对于用词语凭空从中创造出某样东西这一无可预测的过程充满迷恋的作家”:

> 通过让“我”被“穷婶母”这个词纠缠不放,村上春树实际上塞给我们一个我们从未有过的记忆。他通过发明一个套语使我们自己经历了一种似曾相识的感觉——那个套语在经过数次重复后呈现出一种神秘离奇的熟悉感,直到我们开始认为它就是我们一直都知道但从未真正想到过的一种特殊的表达。村上通过巧妙地暗示那些我们应该知道却已设法压抑的事物,令他这个新套语成为我们不愿正视的一切事物的代表。……或许再没有别的作家——包括川端康成,甚至普鲁斯特在内——在涉及记忆以及再现过去的困难这个问题上做得如村上捕捉这种似曾相识感的直观性这般成功了。

不过作为我,宁愿反复品味其中这样一句话:“自不待言,时间将平等地掀翻每一个人,一如御者将老马打倒在路旁。”

《纽约煤矿的悲剧》来自一首同名歌曲,内容同纽约煤矿毫无关系。“我”的一个喜欢动物园的朋友做了一套出席葬礼用的西装,做好后三年来一次也没穿过。“谁也不死。”他说,“说来不可思议,这西装做好后竟一个人也不死。”而“我”二十八岁那年葬礼多得一塌糊涂,“现在的朋友和往日的朋友接二连三地死去,景象宛如盛夏烈日下的玉米田”。于是“我”借朋友那套西装出席葬礼。还回的时候“我”向朋友道歉,朋友说:“无所谓。本来就是派那个用场的衣服。担心的倒是衣服里边的你。”年底我参加晚会时见得一位两只手戴三只戒指和“嘴角漾出夏日黄昏般笑意”的女士。交谈之间,女士告诉“我”:她用不到五秒钟时间“杀了一个人——‘杀了非常像你的人’”。一位日本研究者认为这部作品表达了我们所在世界是非现实的而死者世界是现实的这一可能性,“村上春树的小说是关于预先死去之人的故事”*(征木高司《记忆者与被记忆者——和魂洋装的世界》,收录于《HAPPY JACK 鼠的心》,北宋社 2000 年 12 月版)*。

《袋鼠通讯》大约是这部短篇集中最差的一篇。“我”在一家大商店负责顾客投诉,接到一位女顾客关于唱片的投诉信,“我”从私人角度以录音带形式回了一封信。信中忽而谈“埃及沙人”忽而谈“大的完美性”忽而谈自己唯一的愿望是想同时置身于两个场所——“想和恋人睡觉的同时又同您睡”,最后又一次想入非非,“倘若您能一分为二我能一分为二而四人同床共衾,那该何等妙不可言!”。便是这么一个短篇,主题无所谓主题,情节无所谓情节,说是无聊之作也不为过。唯一的可读之处或许是其文体的新颖。试举三例:

〇我们从早到晚都被人家的投诉追打得叫苦不迭,简直像有饥不可耐的猛兽从后面扑咬我们。

〇这岂非极不公平?我连裤头都退了下来,

您却只解开衬衫的三个纽扣。(比喻)

○老实说,我非常不满意,觉得自己好像是一个误使海驴死掉的水族馆饲养员。

《下午最后的草坪》写一个大学生在打工的最后一天修剪最后的草坪的故事。“我”在一家草坪修剪公司打工,别人剪的马虎,“我”剪的细心,别人喜欢在近处剪,“我”喜欢去远处。挣的钱原本打算同女朋友旅行,没想到对方突然说她有了新的男朋友,提出分手。结果“我”挣的钱派不上用场了。在辞工之前最后一天“我”去郊外一户人家修剪“下午最后的草坪”。剪完后女主人让“我”上楼看可能是其女儿的房间,看立柜里的衣裙,看抽屉中的杂物,并让“我”猜想曾在房间生活的女孩……故事情节很简单,但写得韵味绵长。开头引用过的女作家小川洋子在同一篇文章中认为这部小说集中这个短篇写得最好,“再没有事实如此明确证明小说这一体裁的魅力……全篇笼罩着死亡气息。死者一个也没出场,然而谁都逃不出死亡气息。”黑古一夫说作品显示了村上的工作观、劳动观。“不妨认为,工作是工作、娱乐是娱乐这种将工作和娱乐分别看待的欧美式生活方式是村上春树读者多是年轻人的一个主要原因”。唐户民雄则认为“是追求‘人之存在理由’的故事,是村上典型的一篇”*(《村上春树作品研究事典》,鼎书房 2001 年 6 月版)*。

作为我,最感惬意的毋宁说是其中关于夏日风情的洗练描写,字里行间弥散着一股淡淡的乡愁:

○途中我把车窗全部打开。离城市越远,风

越凉快，绿越鲜亮。热烘烘的草味儿和干爽爽的土味儿扑鼻而来，蓝天和白云间的分界是一条分明的直线。

○要去的那户人家位于山半腰。山丘舒缓，而势态优雅。弯弯曲曲的道路两旁榉树连绵不断。

○窗外是徐缓的斜坡，从斜坡底端升起另一座山丘。翠绿的起伏永远延伸开去，宅院犹如附在上面一般接连不断。

○阳光在我四周流溢，风送来绿的气息，几只蜜蜂发出困乏的振翅声在院墙上头飞来飞去。

读着读着，我竟也想去剪草坪了，剪草坪是那样美妙——村上就是有这个本事。

《她的埋在土中的小狗》作为故事来说，我想应该是这部短篇集中最有趣的，既有推理小说因素，又有“分析疗法”色彩。至于具体如何有趣，这里就不介绍梗概了——任何梗概都不可能有趣，评论更是有趣的杀手，还是请诸位读者朋友自己去慢慢品味好了，妙趣自在其中。

《遇到百分之百的女孩》：
能从这里见到“阿 Q”吗

这里收录的十八篇短篇小说，村上在后记中称之为“短小说”，想必是因为就篇幅而言介于《象的失踪》那类正常的短篇小说和《夜半蜘蛛猴》那样的超短篇小说之间的缘故。这些短篇创作于 1981 年 3 月至 1983 年 3 月之间，是为一家名叫《特莱富尔》（トレフル）的伊势丹百货公司会员刊物（每月免费发给会员，不在书店出售）写的连载系列。半年后结集出版，为村上第二部短篇集。日文版书名为《袋鼠佳日》，中译本改为《遇到百分之百的女孩》，1990 年收入《村上春树全作品 1979—1987》第五卷。在卷末“创作谈”中，村上说他当时并未将这些作品视为小说，这一看法至今也没改变，“它们不是准确意义上的小说”。但虚构这点是毫无疑问的，因为“只要有个暗示（hint）就可以一挥而就”。也就是说，这些小说作为小说具有“实验”性质。尽管如此，也还是自有其意义：它“朝很多方向伸出触角，判断哪个能做哪个不能做”。村上在《后记》也提到了，其中有的类似为长篇小说做的速写，后来融入长篇之中。哈佛大学教授杰·鲁宾（Jay Rubin）在其专著中进一步就此加以概括：

> 村上春树早期短篇小说中包含几次简短却令人惊异的精神之旅，后来构成他第二部小说集《袋鼠佳日》（即此书——引用者注）（1983）的中心内容。《一九六三/一九八二年的伊帕内玛少女》（1982年4月）中的"我"神游于由著名的同名爵士歌曲创造的精神空间。尤其富于想象的一篇是《鹎鹎》（1981年9月），预示了《世界尽头与冷酷仙境》中对隐秘世界的不懈探索。这篇小说堪称村上短篇创作中最怪异的作品之一，半是卡夫卡，半是劳莱和哈代，不啻对读者头脑的一种暴力袭击。如果有的读者总的来说被村上的短篇搞得晕头转向，这一次晕头转向的则是村上自己。无论何时提到这篇小说，他总会抓抓头皮轻声笑道："这是个奇怪的故事。"仿佛他至今还没弄明白是打哪儿来的。
>
> 《倾听村上春树：村上春树的艺术世界》
>
> [美]杰·鲁宾著，冯涛译
>
> 上海译文出版社2006年版
>
> 原书名为*Haruki Murakami and the Music of Words*

其实，融入长篇的并不仅此一例。例如《图书馆奇谈》这支"触角"后来伸进了《世界尽头与冷酷仙境》，《她的镇，她的绵羊》可以在《寻羊冒险记》和《舞！舞！舞！》中觅出其隐约的面影。这是村上常用的套路，在他任何一部短篇集都可以找到类似情形。相比之下,引起我注意的莫如说是鲁宾转述的村上那句话:“这是个奇怪的故事。”奇怪得村上自己也“没弄明白是打哪儿来的”。不,我想村上是明白的,明白它的来处,那便是“潜意识”。他在《八月的草庵——我的〈方丈记〉体验》*(载于《太阳》1981年10月号)*中写道:“写文章这一作业,在某种意义上也是对自己的潜意识的重新洗涤。”并说重读所写文章的定稿时,往往有奇异的发现——“自己毫无觉察的存在简直就像隐显墨迹一样若隐若现地显现出来:早已忘记的事情,以为忘记却未忘记的事情,甚至未曾意识到的事情,如此不一而足。”

由此,不难看出这部短篇集的主要意味在于它的“索引”功能或“触角”功能。可以借此索引、触摸作者的潜意识信息、心灵信息和作品之间游丝般的关联性。无论对作者还是对读者这都好比一种颇有难度的拼图游戏。正因如此,所收《鹛鹛》等若干短篇都属于兴之所至或突发奇想的产物,而缺少相对严谨的艺术构思,艺术性方面自然打了折扣。村上自己也承认“不是准确意义上的小说”,这并不完全是自谦之语。倘若村上后来没有名声大振,这样的作品想必也就萎缩在那本小小的会员刊物里面了。

属于《鹛鹛》系列的有《出租车上的吸血鬼》《海驴节》《镜子》《尖角酥盛衰记》《绍斯贝险情》,以及《图书馆奇谈》。

在**《出租车上的吸血鬼》**中,“我”遇上了所谓“坏事”,即搭出租车时在堵塞的路面上寸步难行。计程器每次起跳的咔嚓声“如火药枪射出的霰弹一样直捅我的脑门”,只好通过想象脱女孩衣服的顺序来挽救这糟糕的心绪。正想到兴头上,司机忽然问“我”是否认为有吸血鬼。“我”本想以“不清楚啊”“觉得”“怕是”之类惯用暧昧说法搪塞过去，但司机不依不饶追问到底，并且作为“实证”断言他本人就是吸血鬼。“我”报之以暧昧，对方回之以坚决，“我”求助信念，对方展示实证。可以看出，村上在这里试图颠覆日语式、日本式对话或交流模式，把日本式“暧昧”逼入尴尬境地。

村上另有一篇叫《海驴》的随笔式超短篇，差不多和这本书中的《海驴节》同时发表。但前者的海驴基本是动物学意义上的海驴，而这里的海驴则不然，更像是“羊男”。但无论和羊男相比还是和村上笔下经常出现的羊、猫、象以至独角兽相比，有一点显然不同：海驴身上没有羊男和羊等动物身上那种令村上动心或吸引他的东西。在煞有介事彬彬有礼的海驴面前，“我”始终显得被动和茫然，如坠五里云雾。而海驴好意留下的海驴粘纸徽章，海驴刚走就被“我”随手贴在了违章停车的一辆小汽车挡风玻璃板上。这也从另一角度反衬出海驴何等不被理解不被接受、何等孤独。不过，这并不意味“我”讨厌海驴这种动物：

> 不仅不讨厌，甚至觉得海驴好像有某种叫人恨不起来的地方。当然喽，若妹妹——我有个妹妹——某一天突然提出要和海驴结婚，我想必会吃惊不小，但也不至于气急败坏地反对。也罢，既然相爱也未尝不可么——我想最终也就这个样子。如此而已。

只是，海驴形象颇让“我”费解。“既没戴太阳镜，又没穿‘布鲁克斯兄弟’三件套西装。海驴这种动物,总的说来颇像早些年的中国人。”作为中国人,我当然不中意这样的比喻。“早些年的中国人”是什么样的中国人呢?是“文革”期间穿三四个口袋的灰蓝黄直领装的中国人呢,还是清末长袍马褂外加瓜皮小帽的中国人呢?好在没有从中看出歹意,加上终于同意“妹妹”嫁过来,就不再追究了吧。

《镜》在日本被选入两种高中语文教科书,即使教师之间对这部短篇的主题或其寓意的看法也莫衷一是。按理,镜中的形象应该是“我”本人的反映。然而,“我突然注意到一件怪事:镜中的形象不是我!不不,外表完全是我,这点毫无疑问。但又绝对不是我。我本能地明白这点。不,不对,准确说来那当然是我。然而是我以外的我,是我以不应有的形式出现的我。”更离奇的是,小说最后竟交代压根儿没有镜子,那个位置从来就没有过什么镜子。是我也好不是我也好是我以外的我也好,这都是以镜子的存在为前提的,而镜子若不存在,那算是怎么回事呢?——不但自我认证出现了问题,而且自我认证的根据又被解除。那么,我到底是谁?我到底算什么?这倒是村上几乎所有作品一个关注点。

《尖角酥盛衰记》是这部小说集中最见寓意和最怪诞的一篇。日本有学者认为可以将尖角酥视为“小说”,以尖角乌鸦影射对“小说”说三道四的批评家。我看这未免过头了,恐怕还是认为尖角乌鸦隐喻资本主义制度下或市场经济大潮中某部分人扭曲的贪婪的欲望更为合适。鲁宾则认为是“对专以吸引年轻顾客为务的全球化企业的超前的讽刺,以及对于崇尚为大众服务而不是个人决定的所谓虔诚精神的批评。村上春树对于黑暗区域的探索已经初露端倪，之后他将对涉及超自然因素的黑暗领域进行更加全面、深广的探索”。简言之，尖角酥就像是伸进黑暗世界的一条细细尖尖的触角。

《图书馆奇谈》篇幅比其他短篇长五六倍。村上本人在后记中也说了，这是应其夫人的要求写的，夫人想看连续剧那样的故事。于是我们终于在这里看到了一个较为像样的短篇。“我”去图书馆还书时，被图书馆一个老人骗进地牢，要“我”一个月内将所看之书背诵下来，并以此作为放“我”出去的条件。但羊男偷偷告诉“我”，老人其实是想吸食“我”装满知识的脑浆。后来在负责送饭的美少女的帮助下，“我”和羊男在一个新月之夜试图逃出地牢。不料还是被老人察觉了。但见老人身旁一条大黑狗叼着一只白头翁。白头翁眼看着越来越大，最后把老人挤在墙角动弹不得，于是“我”和羊男得以逃出图书馆的地牢。其中有的意念和情节融入了二十年后的《海边的卡夫卡》。如第十四章和第十六章出现的领中田去见琼尼·沃克的同样是一条大黑狗。尤其送饭的美少女同《海边的卡夫卡》第四十五章、第四十七章中做饭的美少女简直一般模样。不过比较而言，我觉得更值得注意的是村上在这里通过“地牢”传达的对于封闭性空间的警觉。这种警觉后来渐渐发展成了对于日本那段黑色历史甚至战后社会结构的追问和质疑。这点集中表现在《奇鸟行状录》(1992—1995)和《地下》(1997)之中。即使在游记性随笔《边境 近境》之中也得以绵绵延续下来。

如果大致分类，以上数篇加上《绍斯贝险情》，属于非日常性系列即《鹏鹏》系列。这部短篇集还有一个系列，那就是日常性系列或较有现实意味的部分。其中最有名的便是《四月一个晴朗的早晨,遇到百分之百的女孩》(一般简称"遇到百分之百的女孩")。也是因为《读者》杂志转载过的关系,作为村上作品的读者几乎尽人皆知。这里边有两点较为耐人寻味。一是命运的不确定性——假如百分之百的男孩和百分之百的女孩不主动分开或没有那场恶性流感,就不至于发展成为"令人感伤的故事";二是心灵感应的可能性——两人后来在路上相遇之际,"失却的记忆的微光刹那间照亮了两颗心:她对于我是百分之百的女孩。他对我是百分之百的男孩"。

总的说来,我认为这部分中写得最好的是《喜欢巴特·巴恰拉克吗?》。在收入全集时改名为《窗》。在那扇窗的里面,在从窗下传来的电气列车驶过的"咔咔"声中,一个二十二岁的男孩和一个三十二岁的已婚但没有孩子且同丈夫关系不怎么融洽的少妇交往的短暂过程被描写得别有韵味,含蓄,微妙,甘美。有浪漫的可能,但戛然而止。难怪主人公十年后乘坐电气列车经过那里时还挂念那个窗口。是的,那是个特殊的窗口,有青春的心悸和感伤,甚至有一丝乡愁。

哈佛大学的鲁宾教授则似乎最为欣赏《一九六三/一九八三年的伊帕内玛少女》。"我"听斯坦·盖茨的《伊帕内玛少女》唱片听了二十年,从1963年听到1983年。每次听时都想起高中的走廊,继而想起莴苣、西红柿、黄瓜、灯笼椒、芦笋、切成圆圈状的圆葱,以及粉红色的调味汁。至于为什么想起这些却不得而知,因为并没有因果关系。于是"我"感到不解:"一九六三年的伊帕内玛少女到底往我意识的深井里投下了怎样一颗石子呢?"而鲁宾感兴趣的是这个短篇往村上文学创作的深井里投下了怎样的石子激起了怎样的浪花呢?他在前面提到的那部专著中颇为动情地写下了这样一段话：

> 这篇如歌的短篇简短而又意味深长。我们在其中邂逅了失去和老去、记忆和音乐、时光流逝与永恒不变、现实与无意识之墙，以及一种对我们能跟他人和自我完全融为一体的类似世外桃源之地之时的感伤向往——“毫无障碍与阻隔”。这，正是村上春树令我们怦然心动、心有戚戚的那些最美好的特质。

其实，类似的话日本学者早已说过了：“小说中这样写道：‘曾有过物质与记忆被形而上学深渊分割开来的时代。’而这部作品正是将物质与记忆分割开来的形而上学式深渊本身。即使不值得称之为小说，也是足以使读者读取春树文学真正价值的作品。”*（《村上春树研究事典》，鼎书房 2001 年版）*依我愚见，虽然两种说法都有道理，但明显有些夸张了。仿佛这个短篇成了村上文学长河的源头。而村上本人倒是认为处女作《且听风吟》的开头部分表明了他对文学的所有看法，是其文学创作的根源所在。

令人万万没有想到的是，村上当年发表在商店会员刊物上的这些小短篇之中，竟潜藏一个重大“秘密”——东京大学中文系教授藤井省三先生从其中的《完蛋了的王国》发现了村上春树和鲁迅之间的关系。具体说来，《完蛋了的王国》中的男主人公 Q 同《阿 Q 正传》里面的阿 Q 有“血缘”关系。当然，藤井教授也认为二者的形象和身份不存在任何相似之处。村上笔下的Q即“我”的朋友大学时代比“我”漂亮五百七十倍,衣着整洁,文质彬彬,学习认真,一个学分也没丢过。喜欢运动,喜欢看小说,喜欢弹钢琴且弹得甚是了得。不用说,深得女孩喜欢,而Q却毫不花心,只和漂亮而有品位的恋人每星期约会一次。总之“Q是个无可挑剔的人物”。十年后不期而遇时,Q已是一家电视台的导演,依然那么潇洒,大凡女性走过都不由得瞥他一眼。显而易见,村上的Q是个典型的中产阶级精英,一位成功人士。《阿Q正传》里的阿Q则完全相反,连“姓名籍贯都有些渺茫”,相貌猥琐,头上有癞疮疤,未庄所有男人都敢欺负他,所有女人都不正眼瞧他,“困觉”更是无从谈起。“困觉”风波之后连短工都打不成了,彻底穷困潦倒,最后还被稀里糊涂作为革命党枪毙了。一句话,此Q非彼Q。彼Q“无可挑剔”,此Q无一是处。

那么,藤井教授是怎么在两Q之间或者说两篇小说之间发现关联的呢?其一,“两部作品同有超越幽默和凄婉(pathos)的堪称畏惧的情念”。藤井为此举出二者开头叙述“我”的心境部分为例:

> 我要给阿Q做正传,已经不止一两年了。但一面要做,一面又往回想,这足见我不是一个“立言”的人,因为从来不朽之笔,须传不朽之人,于是人以文传,文以人传——究竟谁靠谁传,渐渐的不甚了然起来,而终于归接到传阿Q,仿佛思想里有鬼似的。
>
> 《阿Q正传》

关于Q这个人，每次我想向别人讲述时，总是陷入绝望的无奈之中。虽说我原本就不善于讲述一件事，但即便算上这一点，向别人讲述Q这个人也还是一项特殊作业，难而又难。每次进行尝试，我都会跌进深深、深深、深深的绝望深渊。

《完蛋了的王国》

藤井评论说：《完蛋了的王国》虽然初看之下是以“轻妙”语气讲述的故事，但其重复四次之多的“我”的“深深……”的绝望感，应该说还是同仿佛幽灵附体的‘我’的自觉相通的。（藤井认为村上高中时代所看的是竹内好译本，该译本将《阿Q正传》“仿佛思想里有鬼似的”译为“仿佛脑袋里有幽灵”）

其二，藤井认为关联还在于两个Q同样处于精神麻痹状态。阿Q的精神胜利法就不用说了，即使村上笔下作为学生时代那般“无可挑剔”的中产阶级子弟的Q，十年后也为了确保使其能够维持中产阶级生活的那份导演工作，而对和他要好的女孩采取“不坦诚”的态度，即使当着众人的面遭受对方的羞辱（女孩把满满一大杯可口可乐“不偏不倚砸在Q的脸正中”），脸上也还是浮起“令人惬意的微笑”。

“我”大概感觉到，同辛亥革命当时的中国的“阿Q”相比，物质上优越得多的现代日本的中产阶级也同样处于精神麻痹之中。中产阶级弟子在学生时代看上去似乎是“出色王国”的继承人，然而一旦作为精英投入工作、真正成为王国继承人的时候，给“我”的印象却“黯然失色……令人悲伤”。

藤井省三《村上心底的中国》，朝日新闻社 2007 年 7 月版

应该说，作为鲁迅研究专家的藤井教授这个发现或者比较研究是颇有创见的。何况在有世界性影响的当代日本作家身上发现鲁迅文学基因，对于中国人来说尤其值得欣慰。不过说老实话，作为我总觉得——至少在就两个 Q 而言——未免有牵强附会之处。其一，《阿 Q 正传》开头所说的“仿佛思想里有鬼似的”并因此“感到万分的困难”，应是别有所指的。为此鲁迅详细列举四点理由，其中“只希望有‘历史癖与考据癖’的胡适之先生的门人们”之句显然暗藏杀机，并非所谓“畏惧的情念”。而《完蛋了的王国》那段引文也很难从中看出多少“畏惧”。其二，依藤井教授的说法，村上的 Q 所以“精神麻痹”，是因为失去了“主体性”，这固然不错。但鲁迅的阿 Q 所以“精神麻痹”，则是因为精神胜利法。而精神胜利法似乎并非来自主体性的丧失，恰恰相反，乃是扭曲的主体性即扭曲的自我意识造成的。不过，我一来不是鲁迅研究专家，二来也还没有深入研究，以上看法未必得当。何况再说下去有可能脱离译序范围，就此打住。有兴趣的读者不妨找来《阿 Q 正传》与此比较一下，或许另有心会。

《萤》：非现实中的现实

《萤》原名为《萤，烧仓房及其他》，创作于 1982 年至 1984 年之间，1984 年结集出版，是村上春树第三部短篇小说集。收有五个短篇，是村上篇数最少的短篇集。篇数虽少，手法却不少。《萤》是写实的，为现实主义风格。《跳舞的小人》和《三个德国幻想》是写虚的，颇有现代主义以至后现代主义色彩。《烧仓房》和《盲柳与睡女》介于二者之间，或虚或实，虚实莫辨。这部短篇集进一步展示了村上文学风景的扑朔迷离和一触即发的创作潜能。也可以说是他创作道路上的一个"十字路口"——《萤》直接走向《挪威的森林》，《三个德国幻想》转入《世界尽头与冷酷仙境》，《跳舞的小人》未尝不是《电视人》的前站，其中制作大象的车间又同后来的《象厂喜剧》和《象的失踪》连成"象的谱系"。

据村上介绍，写《萤》这个短篇时，并未预想日后会有下文。把《萤》扩充为《挪威的森林》，是讲谈社一位编辑提议的。那位编辑说她喜欢《萤》，想接着看长些的。于是村上动笔加长，结果一动笔就收不住了。但情节真正动起来是在绿子出现之后。因为这样就增加了一条线，绿子和“我”属于现实世界或阳界这条线，直子则属于另一世界或阴界那条线。“故事就在那一世界同这一世界相对比的过程中向前流动。并且绿子那个女孩成了情节发展的动力。如果只写直子，很可能二三百页稿纸就写完了，毕竟直子没那么大能量”*（参阅《村上春树访谈：我这十年》，载于《文学界》1991 年 4 月临时增刊号“村上春树 BOOK”）*。

一看便知，《萤》后来大体成为《挪威的森林》第二、三章，区别只在于后者增加了永泽部分。不用说，绿子也还没有出现。《萤》中没有绿子，没有绿子带来的“简直就像刚刚迎着春光蹦跳到世界上来的一只小动物”般的青春气息，通篇波澜不惊，弥散着淡淡的感伤氛围。因为《挪威的森林》早已广为人知，再特意介绍《萤》的情节显然是多余的了。因此这里只想谈一下在谈《挪威的森林》时未及充分展开的两点：关于萤火虫，关于生与死。

> 我凭依栏杆，细看那萤火虫。我和萤火虫双方都长久地一动未动，只有夜风如溪流一般从我们之间流过。榉树在黑暗中摩擦着无数叶片，簌簌作响。
>
> 我久久地、久久地等待着。
>
> 过了很长很长时间，萤火虫才起身飞去。它忽有所悟似的，蓦然张开双翅，旋即穿过栏杆，淡淡的荧光在黑暗中滑行开来。它绕着水塔飞快地曳着光环，似乎要挽回失去的时光。为了等待风力的缓和，它又稍停了一会儿，然后向东飞去。
>
> 萤火虫消失之后，那光的轨迹仍久久地印在

我的脑际。那微弱浅淡的光点，仿佛迷失方向的魂灵，在漆黑厚重的夜幕中往来彷徨。

我几次朝夜幕中伸出手去，指尖毫无所触，那小小的光点总是同指尖保持着一点不可触及的距离。

这既是《萤》的结尾，又是《挪威的森林》第三章的结尾，几乎一字不差。一般说来，村上笔下很少出现富有日本风情的景物。没有春天盛开怒放云蒸霞蔚的樱花，没有夏日染蓝水边恬静优雅的唐菖蒲，没有秋季漫山遍野五色斑斓的红叶，甚至没有终年白雪皑皑的富士山。这里刻意描绘的萤火虫虽然没有那么典型，但无疑是日本文学固有的借以抒情的对象物。如成书于一千多年前、被视为日本随笔"双璧"之一的《枕草子》开篇就专门提及这小小的飞虫。作者清少纳言认为四季最有情趣的时分是春之拂晓、夏之夜晚、秋之黄昏和冬之清晨。而夏日夜晚的点睛之笔是萤火虫："月华皎皎自不待言，夜色深深时亦因有萤火虫交相飞移而别具情趣。"不仅如此，萤火虫还是"俳句"中必不可少的夏季"季语"之一。由此看来，尽管村上受西方文学尤其美国当代文学影响极深，但也并未割断——有意也好无意也好——同传统日本文学之间的血脉。村上至少在中学"国语"课堂上学过《枕草子》这段名文。当然，村上在这里是用萤火虫隐喻直子及"我"和直子的恋爱悲剧。那仿佛迷失方向的在夜幕中往来彷徨的"微弱浅淡的光点"无疑暗示直子的精神困境，而萤火虫总是同指尖保持不可触及的距离则透露了"我"同直子的时下关系及其进程的信息。这点在发展成为长篇后也未改变。

要谈的第二点是关于生与死的生死观。

> 死并非生的对立面，而作为生的一部分永存。
>
> ……
>
> 在此之前，我是将死作为完全游离于生之外的独立存在来把握的，就是说，“死迟早将我们俘获在手。但反言之，在死俘获我们之前，我们并未被死俘获”。在我看来，这种想法是天经地义、无懈可击的。生在此侧，死在彼侧。
>
> 然而，以朋友死去的那个晚间为界，我再也不能如此单纯地把握死（或生）了。死不是生的对立面。死本来就已经包含在“我”这一存在之中。

这段同《挪威的森林》第二章结尾部分相关段落差异不大，堪称村上关于生与死的经典性表述，集中传达了他的生死观。其作品中之所以经常有人死去——而且死得似乎那么轻而易举——同这种生死观有很大关系。那么，村上的生死观同日本传统的生死观之间的关系又是怎样的呢？无须说，日本传统的生死观主要来源于武士道。关于这点，作为武士道经典文本的成书于1716年的《叶隐闻书》*（山本常朝口述，田代阵基笔录。中译本由广西师大出版社2006年7月出版，李冬君译）*卷一说得十分明确：“所谓武士道，就是看透死亡。于是在两难之际，要当机立断，首先选择死。……死就是目的，这才是武士道中最重要的。每朝每夕，一再思死念死决死，使常住死身，使武士道与我身为一体。”甚至说“武士道就是对死的狂热”。三岛由纪夫之死及其鼓吹的死亡美学、暴烈美学即是武士道生死观在现代一个扭曲的翻版。所以说扭曲，是因为三岛为之殉死的“名誉”在上世纪七十年代的日本已不再为人称道。也就是说，武士固然把名誉看得高于一切，为了名誉宁愿割腹自杀，但名誉必须是真正的名誉。日本思想家、教育家新渡户稻造（1862—1933）在所著《武士道》一书中就曾这样写道：“真正的名誉是执行天之所命，如此而招致死亡，也绝非不名誉。反之，为了回避天之所授而死去则完全是卑怯的！在托马斯·布朗爵士的奇书《医学宗教》中，有一段与我国武士道所反复教导的完全一致的话。且引述一下：‘蔑视死是勇敢的行为，然而在生比死更可怕的情况下，敢于活下去才是真正的勇敢’。”*（张俊彦译，商务印书馆 2000 年 9 月版，p.72）*前面说了，日本传统的生死观深受武士道的影响，而作为武士道赖以形成的渊源，除了传统神道教，还有外来的佛教和儒教。佛教尤其禅宗哲理赋予其“生死一如”的达观，儒教为其注入厚重强烈的道德感，而以王阳明学说为宗的日本新儒学则赋予“知行合一”的自信和果敢。所谓“花唯樱花人唯武士”，就是这种生死姿态的象征：生命在其最灿烂的时候戛然而止，开的时候轰轰烈烈波涌浪翻，落的时候利利索索联翩委地，不现老丑衰败之态。换成《挪威的森林》的说法，“唯死者永远十七”。《且听风吟》则说，“她们由于一死了之而永葆青春年华”。

由此观之，“死并非生的对立面”这样的说法并非完全没有武士道“常住死身”的影子。而作品人物的轻易自杀，若仅仅从形式上看 —— 不考虑“名誉”等道德内涵 —— 也多多少少带有这种传统生死观的印记。也是因为时有读者来信问我村上小说为什么有那么多人轻易自行中止生命的流程,所以这里就此多谈了几句。同时想强调一句,即使武士道对待生命的态度也是慎重的,如上面引文所说:"在生比死更可怕的情况下,敢于活下去才是真正的勇敢。"

下面看**《烧仓房》**。《烧仓房》是一篇既有现实性又有非现实性或者莫如说现实性被一点点剥离的奇妙故事。"我"认识了她,她从北非旅游回来时领回一个男友。其男友突然说自己时常烧仓房,而且下次准备烧的仓房就在"我"住处附近。于是"我"把周围十六处仓房仔细勘察一遍。等了两个月仓房仍一处也没被烧掉。不料见面时他却说"当然烧了,烧得一干二净,一如讲定的那样"。小说结束时这个疑问也没结束:仓房烧了还是没烧?简直就像《舞!舞!舞!》中五反田就喜喜遇害自己问自己:杀了还是没杀?

威廉·福克纳早就有个短篇小说叫《烧仓房》,但村上说他当时并非福克纳小说的热心读者,没有读过,就连福克纳有题为《烧仓房》的小说一事本身都不知晓。他说自己这篇小说中的仓房"是在心田一角忽然静静燃烧的仓房"。然而小说中烧仓房场景又那么富有现实性:"浇上汽油,扔上擦燃的火柴,看它忽地起火——这就完事了。烧完十五分钟都花不上。"这同女主人公"她"表演的"剥橘皮"哑剧差不多是一回事。本来没有橘子,但在看她表演——拿起想象中的橘子慢慢剥皮,又一瓣一瓣放入口把渣吐出,继而把渣用橘皮包好放进盘中——的过程中,现实和非现实、存在与想象就渐渐没了分别,甚至两相颠倒:现实没有现实性,非现实却有现实性。应该说,这既是村上小说世界的一个主要特色，又是作者对当代社会，尤其当代都市生活的一种独特观察和生命体验。

《跳舞的小人》是故事情节最荒诞的一篇。在象厂制作象耳的“我”看中了一个在另一车间制作象腿的漂亮女孩，但女孩横竖不搭理“我”。“我”很苦恼，就把这件事告诉了梦中出现的跳舞的小人。小人出主意说由他钻进“我”体内邀女孩一起跳舞，保准女孩手到擒来。但条件是“我”不能出声，若出声小人就不从“我”体内出来了，将“我”的身体据为已有；否则身体仍是“我”的。事情的发展果如小人所料，跳完舞“我”很快把女孩按倒在山坡草地上。当我要吻女孩时，突然发现有蛆虫从女孩鼻孔连连爬出，吓得我赶紧闭起眼睛。但“我”硬是忍着没有出声。睁开眼时，原来我正和女孩相互接吻，“柔和的月光照着她桃红色的脸颊。我明白自己战胜了小人：我终于一声未发地做完了一切”。

现实恍若梦境，梦境恍若现实——主人公就是这样自由通行于现实与非现实、“我”与“非我”之间，以致主人公不由得发出这样的疑问：“那么真正的我又究竟在哪里呢？”是啊，真正的我究竟在哪里呢？作为创作手法，这篇小说已经有了“后现代”意味，用充满模糊性、断裂性和不确定性的荒诞情节凸现现代社会的本质性真实和现代人的生存窘境。也就是说，作品意在提醒人们注意荒诞背后的不荒诞。哈佛大学教授杰·鲁宾（Jay Rubin）颇为满意这个短篇：“集子中最令人震惊的是那篇《跳舞的小人》（1984年1月）。如果说村上早期短篇的魅力在于介于现实和常识边界的那种张力，那么这篇小说却远远跨越了这条界线。”并且断言：“《跳舞的小人》完美地展示出村上将传统的故事主题以令人震惊的方式讲述出来的才能，在某种意义上说来，也是《世界尽头与冷酷仙境》中大规模描述两个对立世界前的一次练兵。”*（参阅《倾听村上春树：村上春树的艺术世界》[美]杰·鲁宾，冯涛译，上海译文出版社2006年版，pp.115—117，原书名为Haruki Murakami and the Music of Words）*

《盲柳与睡女》是“我”陪表弟去医院看耳朵的故事。其间插入一段回忆：八年前“我”十七岁的时候和朋友一起去医院探望他的女友（骑摩托和巧克力礼物那段描述极像《挪威的森林》第六章直子对木月和“我”去医院看她的回忆），对方画出想象中的所谓盲柳，沾满盲柳花粉的小苍蝇钻进一个女子的耳朵让她昏睡，继而钻进女子体内噬咬她的肉，最后整个把女子“吧唧吧唧”吃光。时空交错，虚实混淆。村上再次显示了他的本事：把想象世界写得比现实世界还富有质感和生机，他让现实、“现在进行时”同想象、记忆中的“过去时”进行较量并且总让后者战而胜之。换言之，在村上笔下，非现实对现实的入侵每每获得成功。

作者在神户大地震发生后的1995年9月去了神户及其附近的芦屋，在那里举行作品朗读会，所得收入捐给了两地的图书馆。当时朗读的就是《盲柳与睡女》。这是因为作品舞台就在神户的山麓一带，村上又是在那里长大的。但篇幅长了些，很难一次朗读完毕，于是大幅压缩。压缩后的改名为《盲柳，及睡女》，后来收入另一部短篇集《列克星敦的幽灵》之中。村上说这是他“最喜欢的原创短篇小说”*（参阅《村上春树全作品1990—2000③·解题》，讲谈社2003年3月版p.267）*。我最喜欢的，较之整篇小说，莫如说更是开头关于风的描写，极有质感：

挺直腰闭起眼睛，闻到风的气味，硕果般胀鼓鼓的五月的风。风里有粗粗拉拉的果皮，有羊肉的黏汁，有果核的颗粒。果肉在空中炸裂，果粒变成柔软的霰弹，嵌入我赤裸的臂腕，留下轻微的痛感。

很久不曾对风有如此感觉了。久居东京，早已忘了五月的风所具有的奇妙的鲜活感。就连某种痛感人都会忘个精光，甚至嵌入肌肤浸透骨髓的什么的冰冷感都会忘得一干二净。

《三个德国幻想》的创作灵感当然来自德国。当时柏林墙还在，因此这里的德国并非冷战后统一的德国。第二篇的舞台显然是在东柏林，第三篇则在西柏林，第一篇的博物馆则弄不清楚位于哪边。三篇都很短。即使从文体上看也更像随笔或小品文。内容虽是想入非非虚无缥缈的“幻想”，却又横亘着二战柏林战役和柏林墙那样钢铁般坚硬的史实和现实。不妨说，村上在游弋于非现实的虚拟世界的过程中并没有忘记对历史的关注和对现实的质疑。或者毋宁说虚拟或幻想本身即是这样一种关注和质疑，即是对于历史和现实社会的真实性的另类把握和阐释。至于情节——如果说有情节的话——实在没有什么好介绍的了。相比之下，修辞方面倒是可以找出几个颇有兴味的例子：

○（博物馆藏品）简直就像在饥寒交迫中紧紧缩起脖子的孤儿蜷缩在玻璃展柜中闭目不动。

〇早晨静静的天光和无声无息的性行为预感像往常那样支配着博物馆的空气，一如融化了的杏仁巧克力。

〇性如潮水一般拍打博物馆的门。挂钟的时针刻画出上午十一时的锐角。冬日的阳光低头舔着地板，一直舔到房间正中。

〇我们桌的女侍应生漂亮得百里挑一，泛白的金发，蓝色的眼睛，腰肢紧紧收起，笑脸妩媚动人。她以俨然赞美巨大阳物的姿势抱着带把的扎啤酒杯朝我们桌走来。

四个例句中，后面三个都涉及性。作者为什么会在冬季的博物馆和戈林要塞那样冷清清的地方产生性幻想呢？二者岂不毫不搭界？委实匪夷所思。纵使作为幻想也未免过于不着边际了。尤其最后那句“巨大阳物”比喻，换个角度看，未尝不可以说是神来之笔。无论气氛还是手法都不由得令人想起《寻羊冒险记》第三章开头出现的水族馆里的鲸鱼阴茎：“它看起来有时像一株干枯的小椰树，有时像一穗巨大的玉米棒。如果那里不竖着‘鲸鱼生殖器·雄’的标牌，恐怕任何人都不会注意那便是鲸的阴茎。…… 那上面漾出一种哀戚，一种被割阴茎特有的难以言喻的哀戚。”这里诚然没有把鲸鱼阴茎比喻为超大号扎啤酒杯，但毕竟有异曲同工之妙。这也是村上式比喻的一个特点：把两个几乎毫不相干的东西扯在一起，让人在出乎意料之中少顷漾出会心的微笑。

《旋转木马鏖战记》：
徒劳中的转机

村上春树以现实主义手法创作的小说，长篇中只有《挪威的森林》，短篇集中只有《旋转木马鏖战记》。这部短篇集是在《挪威的森林》(1987)之前的1985年出版的，作为手法可以说是《挪威的森林》的前奏。村上春树后来自己也承认如果没有这次实践，恐怕永远不可能写出《挪威的森林》那部现实主义长篇。不用说，现实主义并不意味内容实有其事。以这部短篇集而言，尽管作者在随笔式序言中煞有介事地交代说"这里收录的文章原则上是与事实相符的"，作为主要内容"既没有夸张以求有趣之处，又不曾添枝加叶"，但这终究是写小说的一种策略，实际上纯属虚构，没有哪个主人公实有其人。归根结底，现实主义作品所在意的只是"现实性"而非现实。而且现实性也要——如村上在序言中所说——扔进大锅里煮得面目全非，"面包店的现实性存在于面包之中，而不存在于面粉里"。

在村上春树从《去中国的小船》(1983)到《东京奇谭集》(2006)一共九部短篇集(不包括超短篇和童话)中，我最中意的就是这部。原因也说不大好。如果勉强说的话，一是觉得书名有趣，居然把独自兜圈子的旋转木马同短兵相接的鏖战（dead heat）扯在了一起，从而沁出带有幽默意味的悲哀或带有悲哀意味的幽默；二是对它表达的主题多少产生了共鸣，让我倏然想到起人生途中某个场景及其氛围。

那么，其主题是什么呢？我想是关于徒劳的——人生是徒劳的吗？是或不是，抑或是又不是。查阅参考文献，发觉很难找到"知音"。例如我极敬佩的哈佛大学教授杰·鲁宾（Jay Rubin）认为主题是"人的生活的个性之易变"：

> 这部集子在复制一种"干巴巴的"现实主义方面可说做得非常成功，这未免使其跟村上其他几部小说集相比显得不够引人入胜，但它自有一种特别的、不事张扬的吸引力，值得细读慢品。现在，村上乐于将其中几篇相对"完整"的作品作为独立成篇的短篇小说看待。
>
> 村上在《旋转木马鏖战记》（篇名借自詹姆斯·柯本1966年主演的同名影片）中以一种"骇人的"的轻松着意表现他酷爱的主题：人的生活和个性之易变。

《倾听村上春树：村上春树的艺术世界》

［美］杰·鲁宾著，冯涛译

上海译文出版社2006年版 p.119

原书名为 *Haruki Murakami and the Music of Words*

此外，早稻田大学教授高桥世织认为主题在于"距离"，说通读这部短篇集之后留在读者手掌中有质感的感触是“距离”。进而指出：“村上春树小说文本（text）中构成‘距离’的东西不在少数。或者不妨说，经常出现将‘距离’感诉诸印象、‘距离’概念如影随形的东西。”*（《〈旋转木马鏖战记〉—— 距离主题及其变奏》，载于《国文学》1995年3月号）*静冈大学教授酒井英行则认为这部短篇集中的多数短篇演示的是“分身游戏”，即作为主人公的自己同另一个自己嬉戏的故事。如《背带短裤》中试穿背带短裤的德国男人及背带短裤之于“母亲”，《出租车上的男人》中画中男人之于“她”，《献给已故的公主》中美少女之于“我”，《呕吐一九七九》中打来电话的男人之于“他”，以及《猎刀》中坐轮椅的青年及猎刀之于“我”或“我”之于青年及猎刀。主人公通过将自己与对方“同一化”而完成“同真实的自己、同分身相遇之一体化的葬礼”，从而将“理想的”真实的自我回收到自己身上*（参阅酒井英行《村上春树 —— 分身游戏》，翰林书房2001年4月版）*。

以上三种见解均有其个性和深意，但我仍认为这部短篇集的主题更在于提出一个疑问：人生是徒劳的吗？

村上春树很熟悉希腊神话。希腊神话中有个后来成为西方文学典故的“西西弗斯的石头”（Stone of Sisyphus）的故事。暴君西西弗斯因为生前作恶多端，死后堕入地狱做苦役：将一块巨石从平地推上高高的山顶。而每次快要推到顶时，石头必定由于自身的重量而陡然滚下山去。于是他重新推石上山，如此周而复始，累得腰酸腿痛汗流不止，纯属徒劳。明知徒劳，却又不能停止这种荒谬的劳作。这个神话在村上春树笔下演变成了旋转木马。虽然，骑旋转木马比推石上山轻松有趣得多，但在徒劳这点上并无不同："无非以同一速度在同一地方兜圈子而已。哪里也到达不了，既下不来又换不成。谁也超不过谁，谁也不被谁超过。然而我们又在这旋转木马上针对假设的敌手进行着你死我活的鏖战。"村上甚至用他本人从事的创作活动进一步强调徒劳，说写文章这一自我表现形式任何地方都到不了，"如果觉得似乎到了什么地方，那无非错觉而已。人是禁不住要写才写的。写本身没有效用，也没有附属于它的希望。"注意，村上在这里讲了一次"哪里也到达不了"（どこにも到達しない）和两次"哪里也去不了"（どこにも行けない）。哪里也到达不了却偏要到达哪里，哪里也去不了却又非去哪里不可，于是反复推石上山，于是在木马上反复旋转并且鏖战不止！村上在其他场合也就此做过表述。例如他在2001年以《远游的房间》为题致中国读者的信中这样概括了他的小说想要诉说的东西，"任何人一生当中都在寻找一个东西，但能够找到的人并不多。即使幸运地找到了，实际找到的东西也已受到致命的损毁。尽管如此，我们仍然继续寻找不止。因为若不这样做，生之意义本身便不复存在"—— 找不到也要找，坏了也非找不可，这和前面说的是同一回事，都可以理解为关于徒劳的表达。

不过，村上这样表达并不等于其所有作品统统都在不厌其烦地诉说徒劳。小说文本要复杂得多，在某种意义上，文本未尝不是独立于作家之外的自行其是的"公器"。我所以觉得这部短篇集关乎徒劳，主要依据也在于文本，在于对文本的把握。总的说来，这八篇小说所传达的并非对于作者在序言和信中所说的"徒劳"的无条件肯定。较之肯定，更多的时候是在肯定和否定之间左右摇摆。下面就让我们带着这个疑问进入作品。

《背带短裤》中，“母亲”独自在德国旅行期间突然决定离婚，希望通过离婚告别过去的自己，开始新的人生。这在很大程度上意味着，过去的婚姻生活在构筑真实的自我方面属于徒劳的经营——以家庭为重，溺爱女儿，哪怕丈夫男女关系上不检点也表现出近乎“缺乏想象力”的忍耐力，也就是说“母亲”徒然把自我封闭在贤妻良母这一家庭以至社会所要求的劳作之中。到了德国之后，她的自我、她的主体性才开始觉醒：“一个人旅行是何等美妙啊……所有的风景都那么新鲜，所有的人都那么亲切，并且这一个个体验都在唤醒她体内蛰伏而从未启用的种种感情。”但仅仅这些并不足以促使她做出离婚这一根本性决定，正如小说结尾所概括的，“事情的关键在于短裤”。为什么说关键在于短裤呢？因为“母亲”在那个德国男子穿上背带短裤后被店员拉来按去以调整短裤尺寸的过程中看到了过去的自己。关于这点，前面提及的酒井英行有一段很贴切的表述：

> 可以说，丈夫和女儿为了穿用适合其“体型”的背带短裤而对母亲施行了“细微调整”。丈夫对妻子施以“细微调整”以使之适合男性中心社会中的自己的“体型”。
>
> 所以，应该说母亲在德国的背带短裤商店中看到的是她本身（的形象）。店里的人为了适合同丈夫“体型一模一样”的德国人而将背带短裤“到处拉来按去”——那背带短裤不外乎母亲的生体。她在旅行地凝视着为适合丈夫“体型”而被“到处

拉来按去”的自身形象……

正因如此，“母亲”才在凝视时间里感到过去一种模模糊糊的情感渐渐变得清晰，知道自己“从心眼里冒水泡一般涌起一股对父亲忍无可忍的厌恶”。于是“母亲”下定决心同“父亲”离婚——三十分钟即跨越了徒劳人生与非徒劳人生的障碍。换言之，在村上作品中，命运的转变往往是由于意想不到的契机促成的，即所谓命运的不确定性。但村上在这里并不认为人的意志是徒劳的。他在小说开篇不久就这样写道：“诚然，人生的某一部分或许受制于命运，或许命运会如斑斑驳驳的阴影染暗我们的人生地表。纵使如此，如果其中仍有意志存在——仍有足以跑二十公里和游三十公里的顽强意志存在的话，我想大多数风波都可以用临时爬梯来解决。”

《出租车上的男人》是一个富有韵味的短篇，我曾选为文选课的教材。小说表达了同前一篇相近的双重性主题。如果把徒劳比作旋转木马——即使旋转木马也并非永远“既下不来又换不成”，有时候也还是可以下来换乘并非木马的马到达某个地方的，只要怀有相应的意志。画上的“出租车上的男人”被禁锢在出租车“这一有限的形式中”，出租车的名字叫“平庸”，男人永远无法挣脱，任何挣脱的努力都无疑都是徒劳的。那么“我”呢？“我”是为了当画家来美国的，结果没当成。十年时间里麻烦事一个接一个，最后和丈夫分手了，孩子也放弃了，所有的理想、希望、爱都成梦幻——徒劳的十年。所以“出租车的男子”就是另一个“我”，“他理解我的心情，我理解他的心情”，徒劳和“平庸”把两人禁锢在一起。后来“我”把画烧了。

烧画和前篇的离婚同是转折点，使得“我”从徒劳中解放出来，回国经营画廊，从此一帆风顺。令人惊异的是，“出租车上的男人”也被解放出来：一次“我”去希腊旅行，居然和他出乘一辆出租车。他是希腊国立剧院的演员，要去哪里参加“非常盛大的晚会”！小说进入尾声时“我”这样想道：“自己的人生已经失去很多部分，但那不过是一部分的终结，而往后还是可以从中获得什么的。”但我同时也强调一个宝贵教训，那就是“人不能消除什么，只能等待其自行消失”。换言之，人生既有徒劳的部分，又有不是徒劳的部分。其中机会很重要，机会到来之前，再努力也无济于事。而机会很可能是偶然的、意外的。这里再次暗示了命运的不确定性，这是村上对人生的一种理解。

顺便说一句——倒是与主旨无关，也是因为在大学工作的关系，我对小说开头部分的一段话别有心会：“在那所大学转了差不多一个星期，所嗅到的气味只有权威、腐败和虚伪。包括校长和系主任在内采访了十来名教员，只有一名说话还算地道，而这名副教授两天前刚交了退职报告。”

《游泳池畔》的情节非常简单。主人公是个成功者，不到三十岁就在公司拥有了举足轻重的权限，收入比同代任何人都多。妻子比他小五岁，婚姻生活概无问题。还找了个更年轻的情人，这方面也平安无事。他决定把三十五岁生日这天作为人生的转折点，决心像游泳一样全速游完七十年。生日第二天他以刚降生时的姿势站在大镜子前由上而下依序检查自己的身体，结果意识到“我正在变老”。评论家川本三郎认为主人公是在空荡荡的房间里骑在旋转木马上同时间这个假想敌展开永无休止的鏖战：

《游泳池畔》这个短篇就是被这种时间所俘虏的男人的故事。“三十五岁那年春天,他确认自己已拐过了人生转折点”(并且是在生日!),这是小说开头第一句——主人公就是这样近乎病态地看待年届三十五岁这一事实,为此感到痛苦和悲伤。三十五岁了!三十五年间自己做了什么呢?往后自己将如何呢?村上像要强调主人公的悲伤似的用黑体字大大写下这样两句:“至此已过完一半”“我正在变老”。

川本三郎《村上春树论集成》

若草书房 2006 年 5 月版,p.160

自不待言,任何以时间为对手的“鏖战”都注定以徒劳告终。在人的所有对手当中,唯独时间永远不可撼动。主人公当然也清楚地意识到了这点:“再怎么挣扎,人也是无法抗拒衰老的。和虫牙是一回事。努力可以推迟其恶化,问题是再怎么推迟,衰老也还是得带走它应带走的部分。人的生命便是这样编排的。年龄越大,能够得到的较之所付努力就越少,不久变为零。”不过相比之下,更让主人公感到痛苦的是自己身上潜伏的某种模糊不清的无可名状的东西。这给他带来了远为严重和深切的徒劳感。杰·鲁宾认为这个短篇可以作为《国境以南太阳以西》的前奏来读。不错,在徒劳和无奈这点上二者确有前后呼应之处。

《献给已故的公主》同莫里斯·拉威尔的乐曲《献给已故公主的孔雀舞》不存在直接关系。在这里,我们再次领教了村上笔下的命运不确定性——由小小的偶然或意外导致的人生的无奈和徒劳。尽管她是“体形匀称得无与伦比”和全身充满生机的美少女,但“我”看第一眼就讨厌她。尽管讨厌,却在一次郊游时和她“物理性”相抱而眠。尽管“我”极为困惑,而“我”的阳物却紧贴她的大腿开始变硬。十年后“我”偶然遇到她的丈夫,得知她还记得自己,同时得知她生活并不如意,因所生女婴意外夭折而过得暗无天日。如此看来,她过去的漂亮、聪明和足以使“周围空气仿佛发生奇迹”般的笑容以及女王般的高傲都算什么呢?岂不等于零了么?或许真如她丈夫所感觉的那样:“我们人生相当大的一部分恐怕是为某人的死带来的能量,或不妨称为欠损感那样的东西所框定的。”此其一。其二,“人生这东西本质上是平凡的,工作也罢婚姻也罢生活也罢家庭也罢,如果说里边有什么乐趣,那也是唯其平凡才有的乐趣”。如果不承认这点——比如小说中的“她”,我们在很大程度上势必体味徒劳的痛苦。小说结束时她丈夫叫“我”给她打电话,“我还没给她打电话。她的喘息她的体温和柔软的乳房感触还留在我身上,这使我极为困惑,一如十四年前的那个夜晚”。作为“我”怎么可能给她电话呢?因为她仍骑在“旋转木马”上进行鏖战。

《呕吐一九七九》中的主人公有两项少见的本事,一是能长期一天不缺地坚持写日记,二是能不断勾引朋友的太太或恋人并连连得手,轻而易举地同她们大动干戈,而他自己则坚决不谈恋爱更不结婚,嫌麻烦和怕负责任。其间唯独一桩事让他懊恼:从 1979 年 6 月 4 日至 7 月 15 日整整连续呕吐了四十天。不仅如此,还天天有陌生电话打来,道出他的姓名后即刻挂断。

原因始终莫名其妙。四十天后自动戛然而止。那么,这个主人公能从“旋转木马”上下来不成?回答应该是否定的,原因是虽然他也感到惭愧,但无论如何也无法停止——他就是要一个接一个同朋友的太太或恋人睡下去,所有痛改前非的尝试都是徒劳之举。那已成为他自身的运行系统(system)。作者在序言中就已说过:“我们固然拥有可以将我们自身嵌入其中的我们的人生这一运行系统,但这一系统同时也规定了我们自身。”所谓旋转木马即是此意。杰·鲁宾颇为欣赏这个短篇:“这篇小说于是在完全俗世的氛围中将超现实的感觉推至极致,只隐约暗示到一点心理方面的由头,这在村上的小说世界里可谓屡见不鲜。”

《避雨》中有虚实两场避雨。一是作为现实的避雨,“我”在酒吧喝酒避雨时见到了主人公,二是主人公从辞职到找到新工作约有一个月作为休假的“避雨”。不料后来的发展使得这场“避雨”成为徒劳的“避雨”。休假的第十天她就食欲下降,终日心焦意躁,觉得在这个拥有一千五百万芸芸众生的大都会里唯独自己孤独得要命。一次她以七万日元的高价同一个中年兽医睡了一次,睡罢,“她意识到几天来一直盘踞在她身上的无可名状的焦躁早已不翼而飞”。她这样跟男人睡了五次——“雨”没有避成。最后“村上”说假如自己提出想花钱和她睡:“你要多少?”她再次好看地一笑:“两万。”不过找到新工作后她再也没有这样同男人睡过,男朋友也有了。也就是说那场“避雨”对她此后的人生毫无影响。杰·鲁宾认为“村上经常在意识和肉体似乎泾渭分明的背景下描写性,从重要性上讲意识远甚于肉体”。

回想起来，如此类型的女性在村上作品中并不罕见。如《寻羊冒险记》中的耳模特女郎，《舞！舞！舞！》中的咪咪和喜喜，《奇鸟行状录》中的加纳马尔他。另外，“我”和女主人公在酒吧相见的场景显然被移植到后来的《挪威的森林》“我”和绿子初次相见的描写中。也就是说，“避雨”对女主人公是徒劳的，但《避雨》这个短篇对村上的日后长篇创作绝非徒劳之作。

《棒球场》至少传达了两个徒劳意念。一个是宿命性质的。主人公写的一篇小说在“我”看来其缺点“属于相当宿命的那类缺点”，无法修改。而主人公本人也意识到自己写的全部是现实中的事却“没有现实感”，只好就此作罢。二是意外性质的。主人公为彻底把握将自己迷得失魂落魄的漂亮女孩的全部生活情况，特意借来望远镜每天晚上从棒球场对面窥看女孩房间。结果却适得其反，对女孩不像过去那样痴迷了。后来实际碰见时，尽管女孩“极有活力”并主动打招呼，而自己眼前浮现的竟然全是她的乳房、阴毛、侧腹的痣，以及“用宽大的收腹带勒紧肚子和屁股的场景”，于是“我”浑身大汗淋漓，五年后“我都清楚记得最后和她说话时汗水那黏黏糊糊的感触和讨厌的气味。唯独那场汗我再不想出第二次了”——他从“旋转木马”上下来了，后来成了一名举止得体的银行职员。并且每次从飞机窗口俯视地面时都不由感叹：“小小的灯光是多么美好多么温暖啊！”

《猎刀》中的曾是空姐的美国女子的肥胖“使我想起某种宿命性质的东西。世上存在的所有倾向无不是宿命性疾患”。而她的婚姻和生活本身也不无宿命性质。作为空姐同飞行员结婚，结婚后不当空姐了，而丈夫仍喜欢空姐，又跟别的空姐搞上了。“这种事也是常有的。从空姐到空姐，一个接一个”。她出生在洛杉矶，上大学在佛罗里达，毕业后去纽约，婚后去旧金山，离婚又返回洛杉矶——“最终回到原地”。而坐轮椅的青年本身即是徒劳的象征。不，甚至连徒劳都谈不上，他已被彻底剥夺了“劳”的主体性和主动性，一切“都是人家定的——那里住一个月，这里住两个月！这么着，我就像下雨似的或去那边或来这里”。但他毕竟不甘心，求熟人买了一把猎刀，“一把属于自己的刀”，并且瞒着任何人。小说结尾时他叫“我”用刀切点什么，“我”把大凡看到的东西一个又一个切开，利利索索，“锋利无比”。不难看出，刀是轮椅青年对抗徒劳的意志力或潜在欲望的隐喻——即便他也想从“旋转木马”上下来。

人生终归是徒劳的，至少有的部分是徒劳的，一如骑在旋转木马上的鏖战，认识到这点有助于我们保持豁达的态度；同时也有不是徒劳的部分，即人生又不是全是徒劳的，我们仍然可以从旋转木马上下来而脚踏实地展开鏖战——不知这是不是村上给予的回答。

《再袭面包店》：
失踪的不仅仅是象

这部短篇集所收六个短篇是村上 1985 年集中写的，翌年由文艺春秋社结集出版，是继《去中国的小船》(1983)、《袋鼠佳日》(1983)、《萤，烧仓房及其他短篇》(1984)、《旋转木马鏖战记》(1985)之后的第五部短篇集。在此之前他刚刚出了《世界尽头与冷酷仙境》那部长篇。写长篇是极其累人的活计，村上也不例外。从心智的储备到体能的库存都被劫掠一空，整个人被彻底掏成空壳，使得他根本不可能迅速重整旗鼓投入下一部长篇的创作。但村上毕竟是个有使命意识的勤奋作家，不可能整天坐在沙发上对着天花板打哈欠或带着夫人满世界撒欢儿游山玩水。那么他做什么呢？做两件事，一是翻译，主要翻译美国当代作家的作品，他还是个很不错的翻译家；二是写短篇，或者把长篇创作过程中没有用完的"边角料"投入短篇这个模具中使之成形，或者把稍纵即逝的纷纭意念及时捕捉下来以备他日之用。对于前者，村上称之为前一部长篇的"产后性因素"，对于后者，则称之为下一部长篇的"胎动性部分"。例如此集中的《双胞胎女郎和沉没的大陆》显然属于前者，《1973 年的弹子球》中的双胞胎女郎208、209在这里重新出场;《拧发条鸟和星期二的女郎们》无疑相当于后者,几乎原封不动被“粘贴”在七年后的《奇鸟行状录》的第一章。其他如《街,以及不确切的壁》后来发展成了《世界尽头与冷酷仙境》,《萤》后来繁衍出了《挪威的森林》。不妨说,村上的短篇,无论在题材上还是时间上都是两部长篇之间的过渡。过渡需三年左右时间,所以他大体每隔三年推出一部长篇。

村上在为1990年刊行的《村上春树全作品1979—1989》第8卷写的题为《新的胎动》的“创作谈”中,谈到他的短篇小说的师承。他说他在短篇创作方面有三位老师:司各特·菲茨杰拉德(Scott Fitzgerald)、杜鲁门·卡波特(Truman Capote)和雷蒙德·卡佛(Raymond Carver)。这三人的短篇他看得非常仔细,也热心译了不少,对其手法了然于心。然而写出的东西却又和他们没有具体相通之处。“归根结底,我从他们身上学得的,大约是他们写短篇小说时的姿态和精神。我从菲茨杰拉德身上学得的(想要学得的),是其震颤读者心弦的情感;从卡波特身上学得的(想要学得的),是其令人讶然的行文的缜密和品位;从卡佛身上学得的(想要学得的),是其近乎禁欲(Stoic)的真诚和独特的幽默。短篇小说这一形式,假如写得非常巧妙,是可以把这些充分传达给读者的。”

缜密、真诚、幽默、动人心魄和不失品位——我想这应该可以视为村上短篇小说的创作目标或其力图达到的境界。而这部《再袭面包店》是他几部短篇集中最出色的一部。其中以书名出现的《再袭面包店》和《象的失踪》被公认是其短篇中的经典之作。甚至有的读者据此认为村上短篇比长篇写得更好,更能显示他的创作才华。

先看《再袭面包店》。既是“再袭”,那么理应有“初袭”在先。是的,村上1981年写了《袭击面包店》,故事梗概“再袭”中已经有了。需要补充一点的是他和同伴手拿菜刀袭击的是一位五十多岁的共产党员(日共)开的面包店。此外还有“马克思”“演说”“思想”等字样出现。而“再袭”之际这些字眼统统消失了。没有消失的只是“紧箍咒”(のろい)。“再袭”即是由“紧箍咒”引起的:

“假如像你说的,果真是紧箍咒的话,”我说,“我们到底该怎么办好呢?”

“再抢一次面包店,而且立即行动。”她斩钉截铁,“此外别无解除紧箍咒的方法。”

那么,“紧箍咒”是从哪里来的呢?从瓦格纳——“我”和同伴老老实实坐着同店主人一起听瓦格纳,作为交换,我们得到了想得到的面包。而其潜台词是:“我们”本来想用一次抢劫行动来反抗劳动与货币交换这一资本主义根本法则,岂料在结果上仍落入了“交换”的圈套,不同的只是代之以听瓦格纳罢了。也就是说“我们”仍未逃出“交换”这一资本主义法则。于是“我”觉得自己被“闪”了一下,受到了嘲笑和愚弄。更严重的是很多事情都以那一事件为分水岭而发生了变化。“我”大学毕业后,一边在法律事务所工作,一边准备参加司法考试,并且结了婚,“再也不想去抢面包了”。这意味“我”由一个资本主义法则和秩序的反抗者因此变成了体制内的“乖孩子”。尤其具有讽刺意味的是，我现在是在以维护资本主义法则和秩序为目的的法律事务所工作并正在准备参加司法考试，即进一步主动地把自己嵌入资本主义这个法则和秩序之中。但“我”到底有些不甘心，开始对当时的选择的正确性产生怀疑：“如今想来，当初悔不该听他那个什么提案，而索性按预定方针用刀子吓昏那个家伙把面包一举抢走完事。那样一来，就该没有什么问题了。”

于是，“我”在作风泼辣雷厉风行的妻子的鼓动之下，开始了“再袭”。“再袭”一开始就扑了个空，因为深更半夜根本找不到仍在营业的面包店，只好代以麦当劳汉堡包店。这个更富有象征意味——麦当劳是典型的资本主义符号。好在这回没有出现瓦格纳，故而谈不上“交换”。两人以武力迫使店里的三个人专门做了十五个“巨无霸汉堡包”，之后把三个人绑在柱子上，“我”和妻扬长而去。总之，这次作为袭击算是成立了，此“袭击”反抗了“交换”法则，我因之得以从体制内的“乖孩子”重返作为资本主义体制反抗者的自己。村上便是这样描写了自我主体性（identity）崩溃的过程以及加以修复的努力，以他特有的笔法勾勒出了力图在高度发达的资本主义社会中保持自我主体性活下去的边缘人物形象，尽管这种努力是荒谬而徒劳的。

《家庭事件》是村上为一家名叫*LEE*的女性杂志写的，自然把读者设定为女性。也许因为这个关系，在他所有短篇之中，这篇是最好读的，轻松，幽默，开朗，甚至带有欢快的调子。虽然着墨不多，但“我”、妹妹和妹妹的未婚夫渡边升三人的个性跃然纸上。“我”不无嬉皮士意味，玩世不恭，机警顽皮，我行我素，同时不失理解和爱心。一同生活的妹妹则注重世俗价值和规范，苦口婆心地劝“我”改邪归正，自觉不自觉地扮演“老妈”的角色，以致“我”想，“女人这东西简直同大马哈鱼无异，别看嘴上说什么，终归必定回到一个地方去”。渡边升（《双胞胎女郎和沉没的大陆》中我的合伙人和《象的失踪》的男饲养员也叫渡边升）明显是循规蹈矩的专业型人物，虽然所穿毛衣和衬衫的颜色搭配不够谐调，但对修理属于其专业范围的组合音响却表现得十分出色。而且，作为村上的小说，其中罕见地出现了家庭这个他一直不愿意写的团体。双方父母齐全。“我”见了妹妹未婚夫的父母并就此向自己母亲汇报。这在村上小说中恐怕是头一遭。文思丰沛，涉笔成趣，栩栩如生。

《双胞胎女郎和沉没的大陆》最初发表在《别册小说现代》上面。“我”相隔半年在这里见到了《1973年的弹子球》中的双胞胎女郎208、209。是从画报上见到的，两人在名叫“玻璃笼”的舞厅的玻璃桌旁坐着。后来我梦见了她们。两人置身于双层墙的中间，建筑工不停地往墙上砌砖，而两人却浑然不觉。“墙迅速变高——双胞胎的腰部、胸部、颈部，不久将其整个掩没，直达天花板，这是转眼间的事，我完全奈何不得。”言外之意，我们便是不知不觉之间被什么框死、失去自己的。一旦失去，便不可能重新获得，任何人都徒呼奈何。我想这应该是村上在这部短篇中传达的信息和主题。这也是一贯传达的主题之一。

《罗马帝国的崩溃　一八八一年印第安人起义　希特勒入侵

波兰以及狂风世界》,在这里村上纯粹是想跟读者开玩笑,篇名虽如此之长,但正文却只有几页。他想说的只有最后出现的一句话:“大凡有意义的行为无不具有其独特的模式。”或者反过来说也未尝不可:具有独特模式的行为未必有什么意义。怎么说都无所谓。

《拧发条鸟和星期二的女郎们》—— 前面说了 —— 在七年后成了《奇鸟行状录》中的第一章,洋洋洒洒繁衍为译成中文都有 50 万字的鸿篇巨制,的确可谓“新的胎动”。作为短篇小说来看,几乎同其所有短篇一样,开头突如其来,结尾不知其踪。非日常性对日常性的入侵,虚拟对现实的渗透,彼岸世界对此岸世界的进逼,由此导致主人公生活轨道产生偏差。起始偏差微乎其微,“但随着时间的推移,偏差越来越严重,不久竟将我带到看不见原来状况的边缘”—— 村上的短篇大体写的就是这样的东西,写人生和命运的不确定性。而将这种不确定性勉强拉回现实之中的,在这里即是拧发条鸟的叫声。同时其叫声又意味另一个更大的不确定性的产生。拧发条鸟,只闻其声不见其形,确是一个极富寓意的象征,一个奇特的隐喻。

最后着重说一下《象的失踪》。

《象的失踪》是村上春树所有短篇小说中最受关注的一篇。作者本人也极为看重。1995 年谈版权时为中译本提供的短篇集便收有此篇并以其为书名。此前的英译本亦是如此。

说起来,村上笔下动物的确够多的。最常见的是猫(实际生活中他也最喜欢猫 —— “我、妻,加一只猫,一起心平气和地度日。”)此外有羊、袋鼠、狗、熊、海驴,以及独角兽、拧发条鸟等虚拟动物。象最初出现在处女作《且听风吟》中,后来陆续出现在《跳舞的小人》《象厂喜剧》,以及《寻羊冒险记》《世界尽头与冷酷仙境》等作品里。而最具寓意的应该是这篇《象的失踪》。

《象的失踪》—— 标题本身便突兀不凡。因为,若是猫失踪倒也罢了,毕竟猫是到处乱窜的小动物。而象是公认的庞然大物,且行动迟缓,步履蹒跚,何况又是从"镇上的象舍中失踪"的。无独有偶,"失踪的不仅仅是大象,一直照料大象的男饲养员也一同无影无踪"!

无论从哪一点来看,象都是最不应该也最不容易失踪的动物。然而它消失了。也就是说,最不该消失的东西消失了,而且消失得利利索索,任何寻找它的努力都是徒劳。那么,为什么消失的偏偏是最不该消失的大象呢? 或者说,作者为什么偏偏把消失的对象设定为大象呢?

让我们看一下小说中象的特征:

太大。大得不能把它杀掉,"杀一头大象太容易暴露目标"。

太老。老得叫人担心,"真怕它马上瘫倒在地上断气"。

太费钱。"所需管理费、食物费太多。"

太无人气。动物园关闭的时候,别的动物都有地方接收,唯独它剩了下来。

现代社会追求"简洁性"(シンプルさ),而象大而不当,与"简洁性"无缘;现代社会追求"功能性"(機能性),而象"举步维艰",与"功能性"无关;现代社会追求"谐调性"(統一性),而象形单影只,遭人冷落,与谐调性背道而驰。一句话,象成不了商品。"而在这急功近利(便宜的な)的世界上,成不了商品的因素几乎不具有任何意义。"于是象失踪了,消失了。也就是说,这个追求“功能性”（即经济效益）和“谐调性”的“急功近利”的社会，具有一种“迫使象消失的力量”——“一种压制可能扰乱功能性和谐调性的过剩的异质之物的力量”（和田敦彦语）。

尤为耐人寻味的是，当“我”就这点，就象的失踪与搜寻向一位“没有发现任何不可以对她抱有好感的理由”的女士加以传达和解释的时候，对方竟全然不能理解——“我”寻求理解的努力彻底受挫，象的失踪真相及其失踪的原因在这个急功近利的社会上成了无法传达无法理解的东西！“我”成了社会和他人无法接受的另类！而当“我”也变得世俗即“变得急功近利”之后，我迅速取得了成功，“为更多的人所接受”。不久，“报纸几乎不再有大象的报道。人们对于自己镇上曾拥有一头大象这点似乎都已忘得一干二净”——这是一个多么正常而又反常的，甚至可怕的社会啊！

常识告诉我们，大象是草食动物，极少主动加害于人或其他动物。性情温和，神态安详，安分守己而又富于协同行动的团队精神。可以说是平和、宽容、含蓄、隐忍的象征。恐怕唯其如此才引起了作者的兴趣。村上在这篇小说中通过主人公之口明确说道：“大象这种动物身上有一种拨动我心弦的东西，很早以前就有这个感觉，原因我倒不清楚。”其实，早在处女作《且听风吟》中，村上便把象同“解脱了的自己”联系在一起——“到那时，大象将会重返平原，而我将用更为美妙的语言描述这个世界。”在这个意义上，大象代表着一个美妙、温馨、地老天荒的世界，是人类精神家园的象征。而在1985年写的这部短篇中则断定“大象和饲养员彻底失踪，再不可能返回这里”。这意味什么呢？无非意味象所象征的温馨平和的精神家园很可能永远消失。而消失与寻觅,无疑是村上文学一个基本主题。2001年9月作者在以《远游的房间》为题致中国读者的信中明确写道:“我的小说想要诉说的,可以在某种程度上简单概括一下。那便是:任何人一生当中都在寻找一个宝贵的东西,但能够找到的人并不多。即使幸运地找到了,实际找到的东西也已受到致命的损毁。尽管如此,我们仍然继续寻找不止。因为若不这样做,生之意义本身便不复存在。”可以说,《象的失踪》同样表现了村上“想要诉说”的主题。从中不难窥见作者对“高度发达的资本主义社会”的敏锐洞察力和他对人、人类的生存窘境的根本认识。而这一切都巧妙地影射在象及象与人的关系中。村上在此提醒人们:失踪的不仅仅是象!

《电视人》：
“我”或主体性的迷失

孤独，无奈，疏离，寻找与失落的周而复始，这是村上文学的主题之一。处女作《且听风吟》(1979)曾这样形容过失落和失落感：“这十五年里我的确扔掉了很多很多东西，就像发动机出了故障的飞机为减轻重量而甩掉货物、甩掉座椅，最后连可怜的男乘务员也甩掉一样。十五年来我舍弃了一切，身上几乎一无所有。”“身上几乎一无所有”，就是说，失落的几乎全是身外之物，而自己本身毕竟还在。但若自己本身也失落、也被“甩掉”，那会是怎样一种情形和感受呢？这就是村上第六部短篇集《电视人》(1990)所要告诉我们的。下面就让我们逐篇看一下。

短篇集收有六个短篇，用作书名的《电视人》为第一篇。小说是村上在梵蒂冈附近的一座公寓里坐在沙发上看美国音乐电视(MTV)，看到两个男人抱着大箱子满街走来走去的场面时有什么触动脑袋里的“某个开关”，当即起身走去书桌写的。对着电子文字处理机啪嗒啪嗒敲击键盘，几乎自动地一敲而就。主人公“我”和《象的失踪》(收于《再袭面包店》)中的主人公大概是同一人，同在一家家电公司的广告宣传部工作，平时喜欢看加西亚·马尔克斯的小说和听音乐，和在一家小出版社编杂志的妻子安安静静地生活。安静的生活随着“电视人”（TV People）的出现而不再安静了。一个周日傍晚，三个比正常人小十分之二至十分之三的电视人抱着电视机闯进“我”的房间。电视人完全不把“我”放在眼里，擅自在地柜上调试电视，不料哪个频道都白惨惨没有图像，但电视人毫不介意，扔下原本放在地柜上的满地杂志扬长而去。下班回来的妻子却对电视机的出现和房间的杂乱熟视无睹。第二天上班时电视人又抱着电视大模大样走进公司会议室，而公司同事同样熟视无睹。于是“我”怀疑单单自己被排除在有关电视人的情报之外。晚间“我”做了个梦，梦见自己开会发言时周围人变成了石头。醒来一看，发现电视荧屏里出现了电视人。电视人指着像是“我”到处兜售的榨汁机样式的机械装置告诉“我”“我们在制造飞机”，并宣布“我”太太不回来了。“我”尽管难以置信，但在注视电视人堪称无懈可击的工作情形时间里，恍惚觉得那东西可能真是飞机，自己的太太可能真不回来了。故事至此结束。

故事从头到尾都在追问“我”是否存在，展示主体性（identity）失落的荒谬过程。一般认为，人自身的存在在某种意义上是以他者为参照系的。好比一个人照镜子，如果四周所有镜子都照不出自己，那么自己就有可能陷入“我”是否存在的困惑以至慌恐之中。就此短篇而言，镜子即是电视人，即是妻子，即是公司同事——电视人进来时“我”明明歪在房间最显眼位置的沙发上眼望天花板，然而在电视人看来“仿佛我根本不在此处”。离开时也对“我”不理不睬，“仿佛压根儿就没我这个人”。在公司里碰头，电视人也同样无视“我”的存在，“眼睛显然没有我这个人”。妻子回来时，“我”本来想就电视人把房间弄得乱七八糟这一异常事态加以解释，“不料她什么也没说”；公司同事在“我”提起本应有目共睹的电视人时默不作声，“看都没看我一眼”——电视人漠视“我”的存在，妻子和公司同事漠视“我”拥有的信息。换言之，存在被拒绝，交流被拒绝，愿望被拒绝，所有镜子都照不出自己。这使得“我”对自身是否存在产生疑念，甚至觉得自己成了透明体。唯其“透明”，镜子才照不出自己。“我”之所以为“我”的根据土崩瓦解，主体性失落殆尽。

失落的直接原因是电视人的入侵。关于这点，日本青山学院女子短期大学教授栗坪良树的看法颇有意味。其一，他认为这是个“‘活字人’被‘电视人’侵略的故事。因为主人公‘我’家里原本没有电视，是个典型的读书人，以面对‘活字’为乐。其二，‘电视人’预告了‘网络人’（Internet People）时代的即将到来。在这篇寓言性故事写完十年后的现在，我们已经面对了作为‘电视人’之子的‘网络人’。网络人决不采用‘闯入者’这一形式，而是甚为合法地敲门进来，绅士般寒暄着入住我们居住的空间。”*（栗坪良树、拓植光彦编《村上春树 STUDIES》Ⅲ，若草书房，1999 年 8 月版，p.284）*而这未尝不可以说是高度信息化社会的噩梦——虚拟世界使现实世界沦为其殖民地，进而威胁个人主体性，使之陷入失落的危机。

作家三浦雅士则认为这一短篇的主题是对于现实的乖离感，“这里展示的是始于村上春树创作初期的一贯主题：任何人都会觉得现实恍若梦幻，都会难以相信自身的存在”*（《乖离于现实的五个世界》，载于 1990 年 2 月 9 日《周刊朝日》）*。

《眠》是村上继《电视人》之后在一个失眠之夜写的关于失

眠的故事。但不是一般性失眠——一两个晚上睡不着任何人都会有,而是十七天没合眼,整整失眠十七个昼夜。而且失眠者并非学习压力大或工作压力大之人,而是一位三十岁的全职家庭主妇,丈夫是高收入牙科医师,一个儿子上小学二年级,家庭生活风平浪静。失眠起因于一场梦,梦见一个穿黑衣服的老人举起水壶往她脚下倒水。失眠期间,她喝白兰地,嚼着巧克力看《安娜·卡列尼娜》,深更半夜开车上街兜风,觉得自己的人生因失眠而扩大了三分之一。她没有把失眠的事告诉家人,家人也丝毫没有察觉,"谁也没注意到我的变化,我彻底睡不着觉也好,我日以继夜看书也好,我脑袋离现实几百年几万公里也好,都没有人注意到。"失眠的夜晚她反省了过去的生活,"惊诧自己留下的足迹没等确认便被风倏然抹去的事实"。照镜子时——这回真是镜子——感觉自己的脸渐渐离开自己本身,"作为单纯同时存在的东西离开"。有一次想把丈夫的脸画在纸上,却怎么也记不得丈夫是怎样一副"尊容"。自己不记得他人,他人也意识不到自己,甚至自己记不得自己。小说进而以三个"哪里"作为关键词诉说这种无可救药的失落感:"看书的我究竟跑去哪里了呢? / 我的人生……岂非哪里也觅不到归宿? / 我一个人闷在这小箱子里,哪里也去不得。"——自己与他人的隔绝,他人与自己的隔绝,自己与自己的隔绝,意识与肉体的隔绝……村上以冷静而诡异的笔触对游走在夜幕下的现代都市的孤独的灵魂进行了步步紧逼的审视和跟踪,精确地扫描出了普通个体生命的尴尬处境和失重状态。

还有一点值得注意,那就是恐怖和暴力参与了这一进程,如梦中的黑衣服老人,如半夜摇晃女主人公小汽车的两个黑影。这不妨视为作者对置身于现代都市、置身于网络游戏中的个人心理危机的一种暗示和警觉。哈佛大学日本文学教授杰·鲁宾认为《眠》是村上创作道路上的一个转折点：

> 此前村上的作品中也一直不乏大量的黑暗想象——比如东京地底下出没的夜鬼等着吞噬误入它们领地的人身，但这些一直都安全地停留在幻想的领域。如今村上则正在进入某种真正令人不安的领域，因为它离家越来越近。这种新的因素在村上首次尝试从一位女性的视角讲述的故事中现身并非偶然，其中的主题是重新意识到自身、重获自主和独立，以经典的村上风格略微逾越了常识的界限。
>
> 《眠》是个真正的转折点，一个新层次的标志，几乎完全丧失了旧有的冷静和疏离感，是转向恐怖和暴力的清楚标志，这种因素看来已逐渐成为村上作品中不可避免的重要内容，他越来越自觉地认识到这是身为一位日本作家必须恪尽的职责。另一种使他感兴趣的极端精神状态的侧面就是肉体与思维的剥离……达到如此极端程度的自我疏离，后来还在《奇鸟行状录》中予以更加显著的描绘。

《倾听村上春树：村上春树的艺术世界》

［美］杰·鲁宾著，冯涛译

上海译文出版社 2006 年版

原书名为 *Haruki Murakami and the Music of Words*

村上本人也很看重《眠》和《电视人》,他在《村上春树全作品 1990—2000》第三卷“解题”中写道:“即使在过去所写的短篇小说之中,《电视人》和《眠》也是我最中意的两篇。如果把之于我的最佳短篇集为一册,我绝对把这两篇收入其中。尽管作为故事的质感哪一篇都令人不寒而栗,但我觉得其中又含有事情开始朝某个方向推进的温暖预感。”

说到恐怖与暴力,**《加纳克里他》**可谓有过之而无不及,几乎每个字都带有血腥味。《加纳克里他》中的女主人公加纳克里他“认为自己确实漂亮,体形也极好,胸部硕大,腰肢苗条,自己照镜子都觉得性感”,以至上街时所有男人无不张大嘴巴看她,禁不住大动干戈,“迄今为止我被所有种类的男人强奸过了”。于是克里他不再出门,躲在地下室里帮姐姐马里他照料水罐,但仍逃不脱被强奸的命运。一个前来“搞什么调查”的警察一进门就把克里他按倒在地,正要施暴时,被姐姐马尔他用撬棍打昏,又用菜刀割开喉管。不久,房间出现了幽灵,警察幽灵一张一合着开裂的喉管走来走去,但对克里他已无能为力。克里他后来走到外面设计火力发电厂——她是这方面的设计师——并大获成功,过上了优雅而幸福的生活。但最后还是被一个高大男子破门强奸,奸后用刀割开她的喉管。而这一切不幸,并非主要由于她的性感,而是因为她体内有一种不适合她的水,男人为那种水迷得魂不守舍。

看过《奇鸟行状录》的读者想必记得,那里边也出现了加纳马尔他、加纳克里他姐妹。只是,克里他是作为肉体娼妇和意识娼妇出现的。与此同时,水、血等意象也被纳入这部随后创作的长篇中。应该说,这个短篇本身并没有多么高明,它的价值在于它在《奇鸟行状录》中起了相当重要的作用。

《行尸》(Zombie)同样怪异和恐怖。预定下月举行婚礼的一对情侣行走之间,男子突然指责女子走路罗圈腿、耳孔有三颗黑痣、身上有狐臭,甚至骂她是“猪”。忽然,男子双手抱头喊痛。女子去摸男子的脸,结果男子脸皮整个剥落下来,作为血肉模糊的行尸从后面追她。睁眼醒来,才知是一场噩梦。女子问男子:“我耳朵里可有黑痣?”“你莫不是说右耳里边那三颗俗里俗气的痣?”——梦仍在继续。也就是说,梦中的恐怖漫延到现实中来,现实同样恐怖。日本法政大学教授、文艺评论家川村凑认为:

> 《加纳克里他》中被割开喉管的警察幽灵、《眠》中往睡觉女子脚下倒水的手持水壶的黑衣服老人——对这些“异人”,即使视之为作为“高度发达资本主义社会”的当代日本的民间传说(Folklore)的主人公,恐怕也丝毫不足为奇。村上活灵活现描绘出这种栖居于都市一角的“异人”,将我们的疲劳、失眠、无奈、恐怖、绝望、孤独感折射在他们身上。无须说,这一现实性(Reality)源于我们对于都市“黑暗”的“惊惧”。同时村上的小说也告诉我们这种“惊惧”中含有几分难以言喻的释然。

川村凑《如何阅读村上春树》

(村上春樹をどう読むか)

作品社 2006 年 12 月版,pp.112—113

是的，那些"异人"未必不是怪诞与残酷、割裂与错乱所在皆是的现代都市的隐喻，未必不是都市人隐秘而真实的生存感受的象征。现代都市催生人的惊惧，惊惧导致恐怖，恐怖造成失落感。只是，在这个短篇中，不但灵魂失落了，肉体也一并分崩离析——不难看出，村上在诉说失落时，不仅有温情脉脉的抚慰，也有令人战栗的惊怵。

《飞机》中没有飞机，更没从飞机上扔东西，但仍同失落感有关。二十岁的主人公经常同一个年长七岁的已婚女子做爱。女子好哭，哭后必主动同他做爱。而他每次就此思考时都深感困惑。一天她又哭了，做爱后问他过去是否有自言自语的毛病。他"反问"自言自语的内容。女子回答说是关于飞机的自言自语，他却一点儿也不记得。

一般说来，做爱是男女之间最亲密的交流形式，足以消解各自的失落感。然而主人公"弄不清同她睡觉究竟意味什么。一种无可言喻的失落感——仿佛复杂系统的一部分被人拉长从而变得极其简单的失落感——朝他袭来。他想，长此以往自己恐怕哪里也抵达不了。这么一想，他怕得不行，觉得自己这一存在即将融化消失"。失落感既然能够侵蚀做爱，那么还有什么不能侵蚀呢？男人通常希望在女性这一"他乡"寻回自己失落的部分——此前村上小说中主人公也力图借此填补自己身上的空洞，但在这里适得其反，而被告知自己"哪里也抵达不了"。至此，失落感已彻底融化了"我"这一存在的主体性，而且并不悲怆，也不缠绵和凄美。

相比之下，**《我们时代的民间传说》**是最为轻松好玩的一篇，的确有几分"民间传说"意味。小说的时代背景为上个世纪六十年代，作者称之为“高度发达资本主义社会的前期发展史”。故事围绕性和处女性展开。作为情侣的他和她是高中同学，都是无可挑剔的优等生，而且她是全校屈指可数的美人。交往当中，他为了寻求“肉体上的一体感”而向她提出性爱要求，但她摇头拒绝，理由是婚前想一直是处女。上大学后他再次提出同样要求，她仍旧摇头：“不能把我的初次给你。”但许诺等到和别人结婚后再和他睡，“不骗你，一言为定。”十年后他二十八岁时 —— 他仍独身，她半夜打来电话，说丈夫不在家，希望他去其住处让她履行当时的诺言。

> 可是他也清楚现阶段同她睡有多大危险。它所带来的伤害将远远不止一宗。他不想在此重新摇醒自己业已悄然丢在往日幽暗中的东西，觉得那不是自己应有的行为。那里边显然掺杂着某种非现实性因素，而那同自己是格格不入的。
>
> 问题是他无法拒绝。怎么好拒绝呢？那是永远的童话，是他一生中大约仅此一次的美好的仙境奇遇。和他共同度过人生最为脆弱时期的漂亮女友在说“想和你睡的，马上过来吧！”，并且近在咫尺。更何况那是遥远的往昔在密林深处悄声许下的传奇式承诺。

永远的童话要失落，仙境奇遇要失落，美好的记忆要失落 —— 在村上笔下，人活着的过程就是不断寻找不断失落的过程。作者本人也说他在这个短篇中想描写的是“类似失落的时间和价值那样的东西”。死作为生的一部分永存，失落作为寻找的一部分相伴。人的内涵在失落的过程中流失，或者莫如说人的内涵本来就是失落物之一。最后主体性被掏空，灵魂被掏空，甚至肉体也被掏空，成为在城市上空飘移的幽灵或夜幕下徘徊的空壳。香港学者岑朗天就此有一段富于个性的表述：

> 村上春树作品的主角大多是这种囚徒（指时空和命运的囚徒——笔者注）。他们不可能是加缪笔下的西西弗斯，更不可能是尼采笔下的查拉图斯特拉。他们不是那些英雄圣人至人，他们连冒险家也不是。他们空空如也，在他们的路途中走着走着，不断失落，直至不再遗下什么。……他们有时也拥抱影子。但他们其实连影子也不是，他们只是影子的影子。
>
> 岑朗天《村上春树与后虚无年代》
>
> 新星出版社 2006 年 4 月版

那么，为什么村上集中写出这几个具有“相互共振性格”（村上语）的短篇来诉说如此深切而汹涌的失落感呢？我想这在一定程度上同他当时的处境和心情有关。村上 1987 年 9 月和 1988 年 10 月分别推出了《挪威的森林》《舞！舞！舞！》两部长篇小说，之后相当长一段时间精神一蹶不振。《挪威的森林》的意外畅销固然让他高兴和自豪，但他也因此失去了一些宝贵的东西，他一直十分珍惜的“惬意的匿名性”便是其中之一。

《挪威的森林》成为超级畅销书、成为一种社会性现象时,我依然住在罗马。因为不在日本,几乎接触不到日本的报刊,所以不太清楚那方面的“现象”具体是怎么回事。但书每次重印时出版社责任编辑都寄来“重印通知”,每次接得“重印通知”的我高兴当然高兴,但同时也感到有些不安和心惊,我陷入一种摇晃之中——说不定我再也不可能像过去那样身穿惬意的匿名性外衣了。……不用说,我的预感命中了。惊涛骇浪朝我袭来。袭来时带来了许多东西,撤去又卷走了许多东西。无论我多么想在这剧烈的来去过程中维持自己以往的生存方式,周围的环境也轻易不肯认可。其结果,我失去了——直接也好间接也好——若干宝贵的东西。

《村上春树全作品 1990—2000·“解题”》

讲谈社 2002 年 11 月版

在旅游随笔集《远方的鼓声》(1990)中村上也强调了当时糟糕的心情:

说起来甚是匪夷所思,小说卖出十万册时,我感到自己似乎为许多人喜爱、喜欢和支持;而当《挪威的森林》卖到一百几十万册时,我因此觉得自己变得异常孤独,并且为许多人憎恨和讨厌。什么原因呢?表面上看好像一切都顺顺利利,但实际上对于我是精神上最艰难的阶段。发生了几桩讨厌的事、无聊的事，使得自己的心像掉进了冰窖。现在回头看才明白过来——说到底，自己怕是不适于处于那样的立场的。不是那样的性格，恐怕也不是那块料。

村上就是在那种心情下写这部短篇集的。那是他走上文学创作道路以来精神上最艰难的阶段，心力交瘁，焦头烂额，"心像掉进了冰窖"，创作几乎处于停顿状态——实际上村上也说1988年是"空白年"，加之旅居的罗马冷彻骨髓，租一辆本田雅阁练习开车时又撞在停车场柱子上，把右侧尾灯撞得粉碎。不过相比之下，对他打击更大的是"失去了若干宝贵的东西"。如此情形持续了大约一年之后，他笔下产生了这六个短篇——也就不能理解为何作为"相互共振性格"而以失落感贯穿其间。自不待言，人只有在失去了至为宝贵的东西之后才能真正体味失落感为何物，作为作家才能切实将失落感诉诸文字，诉诸小说。

当然，远为重要的原因在于村上对现代社会、现代都市生活的观察、感悟和思考。村上总是把触须探入现代都市的边边角角，敏锐地捕捉各种隐秘的存在状态和独特的生命体验。或者像夜鸟一样盘旋在高度发达的城市上空，以高清晰度镜头展示五光十色的夜幕下灵肉剥离的痛楚，为被放逐的灵魂、为失落的主体性进行一种或冷静或残酷的祭奠性表达。毫无疑问，主体性的失落是最根本的致命的失落。通观在此之前的村上短篇作品，较之主体性的失落，似乎更侧重于对个体主体性的确认、犒劳和抚摸。这意味着，村上由此开始了主体性剥离作业，进而追索致使主体性剥离或失落的社会体制层面、历史认识层面的原因。村上自己也对这部短篇集格外看重。他说："从位置上看，《电视人》对于我是具有重要意义的短篇集。比之内容上的（内容方面我基本不处于做出判断的立场），更是位置上的，个人角度的。在创作收在这里的作品的过程中我得以恢复，得以找回自己原来的步调，得以为登上下一台阶做好准备。"（*参阅《村上春树全作品 1990—2000 ①·解题》, p.299*）其下一台阶，即是堪称鸿篇巨制的《奇鸟行状录》（或译"拧发条鸟编年史"），那是村上创作"年代纪"中一座寒茫四射的里程碑。

最后需要指出的是，《加纳克里他》和《行尸》作为短篇小说是不够完美的，突兀，随意性强，较之短篇，更近乎小品。而六个短篇共同的遗憾是其中只有灵魂失去皈依的怅惘，只有主体性失落的焦虑和惊悸，却没有告诉我们如何安顿漂泊的灵魂，如何找回迷失的主体性，如何返回温馨的秩序和堪可栖息的家园。也许村上会说没有告诉即是告诉，但有时候我们并不总是希望门在应该关合的时候仍然敞开着。

《列克星敦的幽灵》：
孤独并不总是可以把玩

这部短篇集尤其关乎孤独。

孤独，一如爱情与死亡，是人这一存在的本质和常态，也是文学作品一个永恒的主题。“月明星稀，乌鹊南飞，绕树三匝，何枝可依”是一种孤独；“前不见古人，后不见来者，念天地之悠悠，独怆然而泪下”是一种孤独；“大道如青天，我独不得出”是一种孤独；“悄悄的我走了，正如我悄悄的来，我挥一挥衣袖，不带走一片云彩”也是一种孤独。“我现在哪里？…… 我在哪里也不是的场所的正中央连连呼唤绿子”同样是一种孤独，是村上春树笔下的孤独。

2003 年初我在东京第一次见村上春树时，当面问及孤独，问及孤独和沟通的关系。他以一段颇为独特的表述做了回答，让我完整地写在这里：

> 是的，我是认为人生基本是孤独的。人们总是进入自己一个人的世界，进得很深很深。而在进得最深的地方就会产生“连带感”。就是说，在人

人都是孤独的这一层面上产生人人相连的“连带感”。只要明确认识到自己是孤独的，那么就能与别人分享这一认识。也就是说，只要我把它作为故事完整地写出来，就能在自己和读者之间产生“连带感”。其实这也就是创作欲。不错，人人都是孤独的。但不能因为孤独切断同众人的联系，彻底把自己孤立起来，而应该深深挖洞。只要一个劲儿往下深挖，就会在某处同别人连在一起。一味沉浸于孤独之中用墙把自己围起来是不行的。这是我的基本想法。

的确，村上三十年来一直在程度不同地挖这样的洞，一直把挖洞的过程、感受和认识写成各种各样的故事，也的确因此同无数读者连在了一起，产生了“连带感”——通过《挪威的森林》中的渡边、直子、绿子，通过《且听风吟》《1973年的弹子球》和《寻羊冒险记》中的“我”“鼠”以及杰氏酒吧的杰，通过《国境以南 太阳以西》中的初君和《斯普特尼克恋人》中的“我”、堇和斯普特尼克号人造卫星上搭载的莱卡狗那一对黑亮黑亮的眸子，通过若明若暗的酒吧，通过老式音箱中流淌的爵士乐，通过傍晚以淋湿地面为唯一目的的霏霏细雨，通过远处窗口犹如风中残烛的灵魂的最后忽闪的灯光……秦皇岛一位读者在来信中动情地诉说了由这样的孤独引起了“连带感”：“（我）喝着咖啡，伴着夜色，一页页细细品读。那时还是夏天，凉凉的晚风透过纱窗，舞起窗帘，吹散咖啡杯上袅袅雾气……我的感觉好极了。细腻的笔触，孤独的生活，似乎就像写我自己。”这就是说,尽管村上故事中的孤独似乎大多是游离于社会主流之外的边缘人的孤独,但又奇异地属于主流和非主流中的每一个人,属于喧嚣暂且告一段落的都市的每一个夜晚。那是安静、平和而又富有质感的孤独。是的,你我是很孤独。孤独,却又隐约觉得自己同远方某个人、同茫茫宇宙中的某个未知物相亲相连。

在这里,孤独甚至已不含有悲剧性因素,而仅仅是一种带有宿命意味的无奈,一丝不无诗意的怅惘,一声达观而优雅的叹息。它如黄昏迷蒙的雾霭,如月下遥远的洞箫,如旷野芬芳的百合,低回缠绵,挥之不去。说得极端些,这种孤独不仅需要慰藉,而且孤独本身即是慰藉,即是升华,即是格调,即是美。而村上的高明之处,还在于在这样的孤独情境中每每不动声色地提醒我们:你的心灵果真是属于你自己的吗?里面的内容没有被转换过吗?没有被铺天盖地的某种信息所侵蚀和俘虏吗?或者说,你的孤独是由自成一统的个人价值观生成的吗?如果你的回答是肯定的,你的孤独才不至于是浅层次的矫情,而是生命姿态本身,是主体性的自觉坚守和自然表达。总之,在中国读者眼里,村上作品没有波澜壮阔的宏大叙事,没有雄伟壮丽的主题雕塑,没有无懈可击的情节安排,也没有指点自己获取巨大世俗利益的暗示和走向终极幸福的承诺。但它有生命深处刻骨铭心的体悟,有对个体心灵自由细致入微的关怀,有时刻警醒本初自我的高度敏感,还有避免精神空间陷落的技术指南。而这一切都取决于"挖洞"的深度——守护孤独!

换言之,这样的孤独是 soft(软的)、可以把玩的孤独。但村上笔下的孤独也不尽是这样的孤独,也有 hard(硬的)、不可以把握的孤独。那是无可救药甚至痛不欲生的、如冰山如牢狱般近乎恐怖的孤独。以1994—1995年问世的《奇鸟行状录》为界,如果说此前的孤独大体是可以把握的孤独,那么此后的孤独则多是难以把握的孤独。作为长篇,如《海边的卡夫卡》中的"叫乌鸦的少年"和中田老人;作为短篇集,这部《列克星敦的幽灵》就是较为明显的例证。下面就让我们粗略看一下。

用作书名的《列克星敦的幽灵》是这部短篇集的第一篇,是村上少数以外国为舞台的小说之一。列克星敦是一座近三万人口的小镇,位于波士顿西北不远,距村上1993年7月至1995年7月旅居的剑桥城(坎布里奇)仅几英里。顺便说一句,列克星敦是1775年4月19日美国独立战争打响第一枪的地方,史称"列克星敦枪声"。同是列克星敦,出现在村上笔下却成了"列克星敦的幽灵"。小说开篇交代说除了名字"全部实有其事"。村上在马萨诸塞州的剑桥城住了大约两年倒是实有其事,他也确实去过几座据说有幽灵出没的老房子,但作为故事则纯属虚构。"我"是日本小说家,认识了家住列克星敦一位五十刚过的建筑师凯锡。一次"我"替外出的凯锡看家,深更半夜忽闻楼下有音乐声说笑声跳舞声——"那是幽灵!"凯锡回来后"我"没有把幽灵事告诉他。半年后再次见到凯锡时,凯锡老得令人吃惊。一起喝咖啡当中,凯锡回忆说他母亲死后,父亲连续睡了三个星期。"我从未见过有人睡得那么深那么久,看上去就像是另一世界之人。记得我害怕得不行,那么大的屋子里就我孤零零一个人,觉得自己成了整个世界的弃儿。"而十五年后他父亲死时,自己同样睡得昏天黑地。凯锡最后断定:"即便现在我在这里死了,全世界也绝对没有哪个人肯为我睡到那个程度。”

评论家川本三郎认为这部短篇集是“热爱孤独”的男人们的故事：“《列克星敦的幽灵》中的建筑师也好，《冰男》中冰一般冷的男子也好，《绿兽》中从地下深处冒出的怪物也好，《沉默》中持续练习拳击的‘我’也好…… 全都像以往村上春树的主人公那样热爱孤独。就打发余生而言，一个人是比两个人好。”*（川本三郎《村上春树论集成》，若草书房2006年5月版，p.193）*不过，我认为小说中的那些主人公很难说有多么热爱孤独。较之“热爱”和把玩，更多的是无奈和拒斥。凯锡是何等孤独啊，作为一个美国人，自己外出几天找人看家却只能找一位相识没有多久的并非同胞的日本人，“抱歉，想得起来的只有你”；在他父亲为母亲去世而昏睡期间觉得自己成了“整个世界的弃儿”，并断定自己死时连为自己昏睡的人也没有，“全世界也绝对没有”；原本有一位叫杰里米的钢琴调音师和他做伴，而在杰里米离开后只剩他孤身一人后，仅仅半年就“老得判若两人，看上去要老十岁。白发增多的头发长得压住耳朵，下眼窝如小口袋黑黑地下垂，手背皱纹竟也好像多了”—— 应该可以断言这并非“热爱孤独”的结果。村上已不再像往日那样对孤独加以反复抚摸和把玩了。孤独如冬日的寒风吹进主人公的人生旅程，甚至对生命本身构成了伤害和威胁。

关于**《沉默》**，作者本人做过这样的说明：

作为我写的东西，《沉默》属相当特殊的类型，直截了当，简洁至极。描写一个男孩如何孤立无援地默默忍耐别人无端的欺负。这篇作品是1991年为第一期《村上春树全作品》写的，时间同是回国期间。至于为什么写这样的故事自有其相应的缘由，但我不太愿意讲，所以不讲。我只能说，我也有那样的经历，对那种精神状态有共鸣之处。

《村上春树全作品 1990—2000 ③·"解题"》

讲谈社 2003 年 3 月版

故事主人公大泽上高中时因一次英语得了全班最高分而招致平时学习成绩最好的青木的嫉妒。青木散布谣言说大泽考试作弊，一气之下，大泽往青木嘴巴上打了一拳。青木怀恨在心，巧妙地让大家怀疑一个同学的自杀同大泽有关。于是大泽在学校被彻底孤立起来，陷入孤独的痛苦之中。十几年后大泽回忆说："孤独其实也分很多种类，有足以斩断神经的痛不欲生的孤独，也有相反的孤独。为了得到它必须削去自己的骨肉。"毫无疑问，这里的孤独即是"足以斩断神经的痛不欲生的孤独"，是爱不起来也把玩不了的孤独，而不是主人公想要得到的另一种"相反的孤独"。难得的是作者让主人公战胜了这种孤独。战胜的方式十分独特。一次在满员的电气列车上大泽同青木不期而遇，两人死死瞪视对方。这时间里，大泽忽然产生了近乎悲哀和怜悯的感情："难道人会因为这么一点事就深深得意就炫耀胜利不成？难道这小子因为这么一点事就真的心满意足、欢天喜地不成？——想到这里，我不由感到一种深切的悲哀。我想，那小子恐怕永远体会不到真正的喜悦和真正的荣耀，恐怕至死他都感受不到从内心深处涌起的静静的震颤。某种人是无可救药地缺少底蕴（ふかみ）的，倒不是说我自己有底蕴。我想说的是具不具有理解底蕴这一存在的能力。但他们连这个都不具有，实在是空虚而凡庸的人生，哪怕表面上再引人注目，再炫耀胜利，里边也是空无一物的。”

我以为，村上所说的“共鸣之处”，应该包括这一段颇有“底蕴”意味的文字。由孤独而愤怒，由愤怒而悲哀，由悲哀而不再愤怒和孤独。而促成这一过程实现的即是底蕴。换言之，底蕴（或“深挖洞”）是化解孤独的一剂处方。至少，后来的《海边的卡夫卡》中的主人公“叫乌鸦的少年”很大程度上也是靠这样的“底蕴”——他理解弗朗茨·卡夫卡的《在流放地》和夏目漱石的《矿工》，甚至索福克勒斯的《俄狄浦斯王》——才最终走出孤独困境，成长为“世界上最顽强的十五岁少年”。不用说，这也是作者本人对人性的深刻洞察和对人生理解的表达。

《冰男》是和《绿兽》作为“一对”（one set）创作的，同时发表在日本纯文学杂志《文学界》1991 年 4 月临时增刊号上面。

> 两篇都是以女性为主人公的幻想性、象征性故事。一篇相当暴力，一篇始终冷峻。明确说来，哪一篇都几乎无可救药。读之，有一种冷清清的无奈之感。至于何以写这样两篇奇妙的故事，其中并非没有类似具体缘由那样的东西，但现阶段不想细说，所以不说。能说的有一点，那就是二者都是从旅欧生活中产生的题材。另外一点，就是最初有个简单素描那样的印象（image），之后迅速添枝加叶，敷演成章。记得写作没用多少时间。进去，出来。出来时作品已经完成，感觉上。说一挥而就也

罢什么也罢，总之速度是关键。一旦捉住印象的尾巴就死死不放，使之一气呵成。

《冰男》曾被译成英文发表在《纽约客》杂志上。“我”和冰男结婚了。冰男头发如残雪，颧骨如石块，手指挂白霜。婚后“我”耐不住生活的单调，提议去南极旅行。到南极后“我”怀孕了，子宫结冰，羊水里混有冰屑。尽管冰男说他依然爱我，但“我”哭了，在遥远而寒冷的南极，在冰的家中。不难找见，“孤独”或类似孤独的语汇在这篇很短的小说中出现了好几处：“冰男如黑夜中的冰山一样孤独 / 我始终形单影只地困守家中 / 我感到孤独 / 我已在冰封世界中……被孤单麻木地封闭起来了 / 我实在孤苦难耐。我所在的场所是世界上最寒冷最孤寂的场所。”这样的孤独，自然不会是“热爱”和把玩的对象，而属于村上所说的“无可救药”的孤独。香港学者岑朗天称之为“绝对孤独”。他说：“小说（指《冰男》——笔者注）形象展示了绝对孤独的生存方式，有什么已经离当事人远去了，当事人再不是以前的当事人，而不能和人有效沟通了（甚至和最亲密的人）。有什么发生变化，发生了关键的事件（《冰男》的情况是去南极），情况变得无可挽回。为什么大家非要变得这样孤独不可呢？不知道，只是忽然发生了一些事，令当事人感到有关的寂寞，从而体会相互的孤独。但再发展下去，则寂寞也不再有，只会继续置身连眼泪也结了冰的绝对冰冷空间。”*（岑朗天《村上春树与后虚无年代》，新星出版社 2006 年 4 月版，p.75）*这里，绝对孤独即绝对冷冰空间，并且是举目四望横无际涯的南极，无树，无花，无河，无湖，连企鹅都无从觅得，一切皆无。聪明如村上这回也无法指出走出绝对孤独的冰冷空间之路。即使想“挖洞”也挖不成的,冰天雪地,坚如磐石。

《托尼瀑谷》的创作灵感来自村上在夏威夷考爱岛花一美元买的带有“TONY TAKITANI”(TAKITANI 为“瀑谷”的日语发音)字样的二手黄色 T 恤。村上看着 T 恤浮想联翩:托尼瀑谷究竟是何人物呢?为何特意定做这样一件 T 恤呢?“如此想来想去,便想就托尼瀑谷其人写一篇故事。写在这里的当然全是凭空捏造的,没有相应的原型。”于是产生了《托尼瀑谷》。这是村上在 1990 年创作的唯一小说。哈佛大学教授杰·鲁宾(Jay Rubin)认为这个短篇“感伤而又优美”,是作者“真正伟大的短篇之一”。

这篇瀑谷父子的故事出现了中国。老瀑谷(瀑谷省三郎)战前在上海当爵士乐长号手,“凭着无比甜美的长号音色和生机勃勃的硕大阳具,甚至跃升为当时上海的名人”。战败时被中国军警抓进监狱,侥幸未被处死,成为从那所监狱中活着返回日本的两个日本人中的一个。回国结婚生了一个儿子,即小瀑谷——托尼瀑谷。在孤独中长大的小瀑谷后来成了炙手可热的插图画家,三十五岁时爱上了出版社一个二十二岁的女孩。成为他妻子的这个女孩只有一点让小瀑谷难以释怀,那就是喜欢时装喜欢到了走火入魔地步。买回的衣服几个大立柜都装不下,不得不把一个大房间改成衣装室。后来在丈夫建议下不再买了。一天开车上街把新买的衣服退回商店,回家途中死于交通事故。葬礼过后,小瀑谷聘请了一位和妻子身材同样的女子做秘书,要求对方工作时穿妻子留下的衣服。但翌日他突然改变主意,叫来旧衣商把所有衣服变卖一空,又把老瀑谷留下的一大堆旧唱片变卖一空——“托尼瀑谷这回真正成了孤身一人”。

杰·鲁宾指出：

> 村上春树在短短几页篇幅里就将日本亡命之徒在中国内地过的颓废生活以及战争的混乱与后果活现出来，干得真是漂亮。所有这些从严格意义上讲跟小说要讲的瀑谷省三郎儿子的故事并没有必然的联系，但村上对瀑谷省三郎周围世界所做的生动描绘绝对引人入胜，他对爵士乐的了如指掌与对二战历史书籍的大量阅读实在都功不可没。（中略）任何描述都无法像村上在二十页篇幅内通过精心选择的细节那般真切地表现出历史大潮的席卷之势，从日本帝国的侵略扩张到东京富人居住的郊区和精品服饰专卖店（正是村上自家居住的青山地区）那种静静的奢华。也许只有《奇鸟行状录》中对近代日本历史的杰出展示堪与之比肩，不过那可是有厚厚的三大卷哪。《托尼瀑谷》可以看作为创作一部长篇而做的尝试，从对历史细节的关注到第三人称叙事的采用都有这种意味。

《倾听村上春树：村上春树的艺术世界》

［美］杰·鲁宾著，冯涛译

上海译文出版社 2006 年版

原书名为 *Haruki Murakami and the Music of Words*

东京大学教授藤井省三同样意识到了这篇小说涉及的历史，认为瀑谷省三郎尽管名字让人很容易联想到曾子“吾日三省吾身”之语，但他全然不具有对于历史的认识和省察。同时，藤井省三也注意到了孤独并将孤独同历史联系起来：

> 对于战时战后的历史不怀有认识和省察愿望的父亲，在学潮期间“不思不想不声响地只管描绘精确的机械画”的儿子——这对父子尽管经济上富有，却已然失去了“心”。一如父亲作为战犯在上海的监狱中幸免一死之前体验了孤独，儿子也在失去妻子又失去父亲的无异于监狱的空空荡荡衣装室中“真正成了孤身一人”。父亲犯下忘却战争体验之罪，儿子又因犯下对社会漠不关心之罪而受到孤独这一惩罚——《托尼瀑谷》大概就是关于父子两代因果报应的故事。
>
> 藤井省三《村上春树心底的中国》
>
> 《村上春樹のなかの中国》pp.58—59
>
> 朝日新闻社 2007 年 7 月版

岑朗天从中读出的则只有孤独：“我读过很多关于孤独的故事，但感受最深的，却还是这一遭。也许因为它真的彻头彻尾地描写孤独，单纯地也专心一意地表达那种孤清的状态。它没有具体地书写难耐，但很仔细地交代了体证的过程：首先是适应孤独，然后是走到其反面，享受沟通的幸福，然后又一下子失去一切，来到什么也再无所谓的境况。叙事者好像也是什么都无所谓地讲着故事,他用孤独的笔调写孤独。”岑朗天再次用“绝对孤独”来概括托尼瀑谷的孤独,认为“绝对孤独是寂寞到没有寂寞感的孤独,是单纯地不和其他人发生关系的孤独”*(岑朗天《村上春树与后虚无年代》,新星出版社 2006 年 4 月版,pp.70—72)*。

依我浅见,杰·鲁宾对于这篇小说中的“历史大潮”之表现的评价未免有些过誉,更不可能同《奇鸟行状录》相比(也许杰·鲁宾看的是另一版本)。而藤井省三的“因果报应”之说也似有牵强附会之嫌。总的说来,我比较倾向于岑朗天的看法,认为这是个关于孤独的故事。托尼瀑谷在向女孩求婚后等待答复时间里是多么孤独啊:“孤独陡然变成重负把他压倒,让他苦闷。他想,孤独如同牢狱,只不过以前没有察觉罢了。他以绝望的目光持续望着围拢自己的坚实而冰冷的围墙。假如她说不想结婚,他很可能就这样死掉。”结婚使得托尼瀑谷的人生孤独期画上了句号,但他仍心有余悸。早上睁开眼睛就找她,找不到就坐立不安,“他因不再孤独而陷入一旦重新孤独将如何是好的惶恐之中”。妻子离世后,“孤独如温吞吞的墨汁再次将他浸入其中”。在这里,人成了孤独的囚徒,只能坐以待毙。对这样的孤独村上同样未能开出如何玩之于股掌之上或从中解脱的处方,而将主人公扔在孤独的牢狱、孤独的“墨汁”中一走了之。如果把村上前期作品中可以把玩的软的孤独称之为相对孤独,那么后期作品——例如以上四个短篇——中不可以把玩的、硬的孤独即是岑朗天所说的“绝对孤独”。村上笔下的孤独大体可以分为这样两种。

应该指出,村上作品中的孤独,并非出自小市民式廉价的感伤主义，不仅仅是对所谓“小资”情怀的反复体味和咀嚼，也不完全源于对生命存在的本质和个体意识深处的某种黑暗部位的洞察，而是来自对社会体制尤其现代都市社会运作模式及人类走向的批判性审视和深层次质疑——他“挖洞”挖得“很深很深”，因而有了非同一般的“底蕴”，有了超越国家地域和民族的“人类性”。唯其如此，也才使得包括中国读者在内的无数读者产生了共鸣或“连带感”。

这部短篇集此外还有三篇。较之上述四篇主要诉说孤独，这三篇触及的多是恐怖与暴力。《绿兽》前面已经略略提及，是个“相当暴力”的短篇。作为家庭主妇的“我”忽然发现院子土中冒出一头绿兽向她求婚，而她用心中的意念将绿兽折磨得痛苦不堪，满地打滚，场景惨不忍睹。《第七位男士》中“我”因在海浪袭来时没有把朋友K救出而长期自责，一闭眼睛，就看见“K那张横在浪尖朝我冷笑的脸”，每晚都做噩梦，惊恐得透不过气。村上说他觉得这个短篇写的是“人的意识中存在的黑暗的深度”。这不由得让人联想到夏目漱石《心》中的K，主人公同样因为K而终生遭受自责的痛楚，最后也自杀而死。《盲柳，及睡女》2006年获法兰克·奥康纳国际短篇小说奖。其中苍蝇噬咬少女五脏六腑的描绘同样令人不寒而栗。这三个短篇可以让我们进一步看到村上作为作家的另一面：他不仅关注城市中孤独的灵魂所能取得的自由的可能性，而且关注黑暗、恐怖与暴力及其产生的根源，这最终使得他走出个人心灵后花园，对社会与历史负起责任。

《神的孩子全跳舞》：地震之后的“地震”

1995 年对于日本是色调极为灰暗的一年。除了经济仍在泡沫经济破灭后的萧条谷底喘息不止，还连续遭受了战后最惨重的天灾人祸。1 月发生神户大地震（日本称“阪神大震灾”），3 月发生东京地铁沙林毒气事件。地震摧毁了日本抗震施工技术的神话，“毒气”终结了日本社会安全的神话。加上经济发展神话的破灭，使得 1995 年成了日本战后最没神话的三百六十五天。

神户大地震是 7.2 级强烈地震，发生于 1 月 17 日清晨 5 时 46 分。也就是说，灾难在大部分市民仍在睡梦中突然降临。加之发生在人口稠密的神户市区及其周边地带，损失十分惨重：房屋倒塌十万间，三十万人无家可归，死亡人数最后超过六千四百人。高速公路拧“麻花”，新干线铁路由于桥墩倒塌成了悬空索道。由于救援部队路上受阻和物资运输不畅，压在建筑物下面的人得不到及时救助，缺粮少水，啼饥号寒，《每日新闻》形容说“状况简直同刚刚战败时无异”。

村上春树虽然生于京都，但出生不久就举家迁到神户附近的西宫市，就读的高中在神户市区，可以说是在神户长大的，神户是他的故乡。地震发生时他在美国，从美国东部的塔夫茨大学打电话给住在神户的父母，得知父母平安无事，但房子被毁，遂安排父母住进京都附近的一座公寓楼。3月间利用学校春假临时回国两个星期，也并没有回神户看看。正式回国后，9月倒是为地震后的故乡做了一件善事——为募捐在神户市和芦屋川市图书馆举行作品朗读会（朗读自己的短篇小说《盲柳，及睡女》）。会上他也显得相当轻松，调侃说："我虽然不擅长在人前讲话，但毕竟是普通人，只是因为一没有演技二不会讲话而不太出头露面罢了。被人拍照我是不愿意的，倒也不是说一拍照就暴跳如雷或咬掉小拇指什么的。"*（参阅《群像日本作家·村上春树》，小学馆 1997 年 5 月版，p.311）*

不过这并不意味他不关注这场故乡大地震。地震无疑震撼和伤害了他，促使他进一步思考日本的历史和现实社会问题，进而促使他从一个彻头彻尾的个人主义作家转变为具有社会责任感的知识分子。

> 我认为，一九九五年初发生的两起事件，乃是改变战后日本历史流程（或强有力表明其转向）的事件。这两起事件显示我们生存的世界早已不是坚固和安全的了。我们大多相信自己所踏大地是无可摇撼的，或者无需一一相信而视之为"自明之理"。不料倏忽之间，我们的脚下"液状化"了。我们一直相信日本社会较其他国家安全得多，枪支管制严厉，恶性犯罪发生率低，然而某一天突然有

人在东京的心脏部位、在地铁车厢内用毒气大肆杀戮——眼睛看不见的致命凶器劈头盖脑朝上班人群袭来。

无须说，前者是无可回避的自然现象，后者是人为犯罪行为。从原理上说，二者之间有很大区别，但绝不是无关的。奥姆真理教的教主麻原彰晃受阪神大震灾的启发而相信或在这种妄想驱使下认为此时正是摇撼日本这个国家的地基或碰巧加以颠覆的良机，为此策划了地铁沙林毒气攻击战。二者无疑具有因果关系。

《村上春树全作品 1990—2000③·“解题”》

讲谈社 2003 年 3 月版

从中不难看出村上就这两起事件非同一般的思考深度和忧患意识。其思考和忧虑的中心显然是其“地下性”——地震来自地下高温岩浆的活动造成的地层错位，地铁沙林毒气事件也发生在地下。尽管深度、位置和性质不同，但“一切都是在我们不知晓的时间里在地下黑暗场所花时间悄然安排和决定好了的”，绝非偶然发生的巧合事件。为了探明和发掘这种“地下性”，村上首先整整用一年时间实际采访六十二名毒气事件受害者写了纪实文学《地下》（*Underground*），接着又采访施害者写了其续篇《在约定的场所》（*The place that was promised*，或译“应许之地”）。此后村上无论如何都想写一部关于神户大地震的书，觉得只有将两起相继发生的灾难结合起来写毕，才能对日本战后五十年这段历史有个完整的交代。“归根结底，这是一对巨大的不吉利的里程碑”。但他在心情上难以继续采用纪实（Nonfiction）手法。一来神户是他长大的地方，有难以泯灭的记忆，有不少熟人，实际去那里采访会有沉重的心理负担。二来他想以迥然不同的切入点述说这次大地震。2000 年初他在接受作家大锯一正 E-mail 采访时这样说道：

> 写这部短篇集时我的念头首先是：
>
> ①写一九九五年二月发生的事；
>
> ②一律采用第三人称；
>
> ③篇幅控制在四十页原稿左右（较以往略短）；
>
> ④让各种各样的人物出场；
>
> ⑤虽然大的主题是神户地震，但不以神户为舞台，也不直接描写地震。
>
> 过去我从未制定如此具体的细则来写系列性短篇小说，在这个意义上，“结果上”或许可以说是对自己的一个挑战。但实际写作当中，倒也没怎么产生挑战性心情，莫如说游戏性质的好奇心更强一些，即要在自己设置的一个框架内尝试各种素材和手法。在这样的意义上，可谓一件富有刺激性的工作，而且在相当短的时间里就把六篇写了出来，有一种充分征用迄今未曾动用的肌肉的物理性（physical）手感。并且预感这种手法有可能带入下一篇长篇小说。

（“村上春树解读特辑”，*EUREKA* 临时增刊 2000 年 3 月）

具体说来，六个短篇是 1999 年六七月间集中创作的，前五篇发表于《新潮》文学月刊，2000 年加入新写的《蜂蜜饼》以《神的孩子全跳舞》为书名结集出版。的确，若不仔细看，很难看出作品与地震有多大关系，甚至地震两个字出现次数都不多。时间固然一律设在地震发生的 1995 年 2 月，但作品主人公都远离地震发生现场，甚至远在同地震以至日本不相干的泰国，如实描写地震的场景几乎无从找见 —— 经验性世界被观念性世界所置换，现实的地震图像被虚拟的心中图像所替代。换言之，地震被村上从神户移植到了主人公心里，大地的裂纹和空洞成了心田的裂缝和空洞。亦即，地震在村上笔下成了用以表达作家“隐藏的动机”或主人公心魂的道具。那么，村上到底想用地震传达什么呢？地震给小说的主人公们带来了什么或者地震之于村上意味着什么呢？有一点是非常明确的：地震没有给他们带来任何肉身和财产的损失，也没有给他们的亲人带来伤害。因此，地震带来的只能是精神和心理方面的无形影响。

哈佛大学教授杰·鲁宾（Jay Rubin）认为这部小说集是村上最为“传统”的一部小说集，“它探索的是处于现实环境中的现实之人的生活，那些外在的生活虽无可挑剔，但内心总有一种不满足的人以及就要有某种毁灭性发现的人”。这里所说的“不满足”和“毁灭性发现”，基本可以概括为“空虚”和幻灭感。

> 在《地震之后》（即《神的孩子全跳舞》这部短篇集 —— 笔者注）中他检讨了日常生活的每一条纹理。结果就是 20 世纪 90 年代中期日本人的一幅阴郁的全景图，而大地震成为将他们唤醒的号

角，使他们认识到生活于一个大部分人（泡沫经济破裂之前）钱包里虽有了更多的钱却不知道该怎么花的社会中，他们的人生是何等的空虚。

（中略）

《地震之后》中的中心人物住得都远离那次大灾难的发生地，地震的情况他们都只是从电视或报纸上看到的。但对于每个人而言，这次由大地本身释放出来的巨大的破坏变成了他们人生的转折点。他们被迫直面那与生俱来、在内心深处蛰伏了多年的空虚。

《倾听村上春树：村上春树的艺术世界》

［美］杰·鲁宾著，冯涛译

上海译文出版社 2006 年版，pp.263—264

原书名为 *Haruki Murakami and the Music of Words*

文艺批评家福田和也大体持同一观点，认为“地震使得这部短篇集中的所有出场人物认识到了自己此前不曾自觉的空虚、浮游感和封闭的心”*（参阅《现代文学》，福田和也著，文艺春秋 2003 年 2 月版，p.36）*。

应该说，地震给人们带来空虚和幻灭之感是极为正常的。脚下坚实的大地忽然开裂变形，牢固的建筑物忽然土崩瓦解，鲜活的男女忽然失去性命，积累的钱财、获取的权势、赢得的名声因之不为己有——面对这一切，有谁能不痛感大自然力量的势不可挡和人类及其营造物的不堪一击滑稽可笑呢？有谁能不哀叹生命的脆弱和人世的无常呢？理所当然，村上这六篇小说，尤其前两篇主要流露的就是这种鲁宾所概括的“空虚”，或者称之为心之裂缝、空洞也未尝不可。但又不尽如此。总的说来，我认为其中既弥散着空虚和幻灭之感，又透示出对空虚和幻灭的一步步超越。而超越更是这部短篇集的主题。换个说法，作者“隐藏的动机”乃在于开列如何超越的处方。因此，作为“关键词”，作品既有空虚、空壳、憎恨、暴力等负面字眼，又有自由、沟通、光明、爱和决心等正面语汇。而且随着篇名的依序更迭，由负而正呈明显递进趋势，负越来越少，正越来越多。最后终于走出地震的阴影，走出心灵的空洞，完成超越，获得再生。

《UFO飞落钏路》倒是一开始就在电视上推出了地震场面：大楼分崩离析，商业街灰飞烟灭，道路拦腰折断。主人公小村的太太守在电视机前，从早到晚不吃不喝看个没完。五天后小村回家时只见到太太留下的纸条：“再不想回这里了”。不久小村请了一个星期带薪假，受同事之托把一个盒子带去钏路交给这位同事的妹妹圭子。住处安顿好后，小村试图同圭子的朋友岛尾结合，却因满脑袋都是地震场景而未如愿。小村问起那个盒子装的什么，岛尾说装的是他的“实质性内容”。小村愕然，随即发觉已经站在凶险的暴力边缘。

显然，即使地震不是小村太太离家出走的根本原因，也无疑是一个契机。因为地震图像促使她意识到了婚姻生活的空虚：“问题是你什么也没给予我——妻写道，再说得清楚点，你身上没有任何足以给我的东西。你诚然温柔亲切英俊潇洒，可是和你一起生活就好像同一团空气在一起。”“一团空气”意味被掏空“实质性内容”的空虚状态。那么“实质性内容”去了哪里呢？岛尾告诉小村被装在了他带去钏路的盒子里。不同一般的是，床上性事是作为女性的岛尾提议的，一个原因是“明天没准发生地震……谁都不晓得会发生什么”。而小村败下阵去，却也是因为地震，因为满脑袋地震图像的干扰。也就是说，三人都因为地震而意识到了生活的空虚、人生的空虚以至特定行为的空虚。结果，小村太太离家而去，岛尾要及时享乐，小村则品尝不举之苦。就连咖啡也不是作为实物，“而是作为符号存在于此”，公路两旁的积雪也如“废弃不用的词语”乱七八糟堆在那里。总之，地震成了空虚与充实之间的转折点、人生的转折点。这个短篇作为第一篇，总的说来还停留在提出空虚和展示空虚这一层面。村上大概意犹未尽，在第二篇再次凸显同一主题。

《有熨斗的风景》指的是男主人公三宅画的一幅画。三宅因喜欢在海边捡漂流木鼓捣篝火而独自从神户来到“芝麻粒大的”偏僻的海边小镇住下。即使太太和两个小孩所在的神户老家发生大地震时也丝毫不以为意，明确表示与己无关。和男朋友同居的顺子也喜欢篝火。二月间一天深夜接得三宅电话后，她又去海滩看三宅生起篝火。三宅告诉顺子他经常做梦，梦见被关在电冰箱里死掉，在漆黑窄小的电冰箱里痛苦挣扎着一点一点慢慢死去。甚至梦见电冰箱里忽然伸出一只手，抓住自己脖颈使劲拖入其中。顺子则说自己是个空壳，“彻头彻尾空壳一个”，宁愿在篝火旁边靠在三宅身上一起死去。

在这里，空虚进一步发展，人成了“空壳”“彻头彻尾空壳一个”“真的空无一物”。不过值得注意的是，作者同时提出了有别于空虚的“自由”。三宅为什么那么憎恶和惧怕电冰箱呢？——他从来不用电冰箱，家里也没购置？其原因可以归结为电冰箱是自由的对立面，又黑又小又冷的空间彻底限制人的自由；而他所以对篝火近乎病态地喜欢，是因为他认定火是自由的——“火这东西么，形体是自由的。因为自由，看的一方就可以随心所欲看成任何东西。假如你看火看出幽幽的情思，那么就是你心中的幽思反映在了火里。”他所以置地震发生地的妻儿于不顾，未尝不能理解为他把自由看得高于一切。在这个意义上，电冰箱是不自由的象征，篝火是自由的隐喻。不管怎么说，向往自由总比陷入空虚前进了一大步——地震的沉沉阴影中开始闪现一缕希望之光。

第三篇为**《神的孩子全跳舞》**。主人公善也的母亲很漂亮，上高中时同几个男人有过性交往，交往时间最长的是为她做过堕胎手术的没有右耳垂的妇产科医生。尽管当时避孕做得无懈可击，然而她还是怀孕了，生下的男孩儿就是善也。医生不承认自己是孩子的生父，因此善也是在没有父亲的家庭环境中长大的。母亲告诉他是神的孩子。长到二十五岁的善也一次乘地铁时看见一个没有右耳垂的瘦削男子，凭直觉认定此人即是自己生物学上的父亲。于是下车跟踪追去。追到棒球场铁丝网外的小胡同时，男子消失在漆黑的夜色中。善也走进棒球场跳起舞来。跳着跳着，蓦然想到脚下大地深处有不吉利的低吼，有足以摧毁整座城市的地震之源。

令人意外的是，作者似乎有意将地震的起因归罪于主人公对母亲可能有过的乱伦邪念：“善也想到远在毁于地震的城市的母亲。假如时间恰巧倒流，使得现在的自己邂逅灵魂仍在黑暗中彷徨的年轻时的母亲，那么将发生什么呢？恐怕两人将把混沌的泥潭搅和得愈发浑融无间而又贪婪地互相吞食，受到强烈的报复。管他呢！如此说来，早该受到报复才是，自己周围的城市早该土崩瓦解才是。”一言以蔽之，即地震可能源于人性中的恶。从这里边或可多少看出日本启蒙主义知识分子因地震受到的强烈冲击。在启蒙主义者看来，世界的本质是善的（一如主人公“善也”之名）。既然如此，那么为什么发生地震这样的巨大灾难呢？好在村上在这里已不再重复空虚这一主题。相反，开始强调“心”的重要和交流的可能：“我们的心不是石头。石头迟早也会粉身碎骨，面目全非。但心不会崩溃。对于那种无形的东西——无论善还是恶，我们完全可以互相传达。”

第四篇**《泰国之旅》**，就可读性来说，我觉得这篇和下一篇《青蛙君救东京》是最有可读性的。下一篇异想天开，富有动感，这篇娓娓道来，安然静谧。女主人公早月是研究甲状腺的病理医生，去泰国参加世界甲状腺大会。会后在泰国度假一星期。一位叫尼米特的泰国出租车司机兼导游把她领到穷村子一个快八十岁的老女人那里。老女人握住她的手盯视她的眼睛，十分钟后告诉她：“你体内有一颗石子。”还说她持续恨了三十年之久的那个住在神户的男人没有在地震中死去。“那个人没死……这或许不是你所希望的，但对你实在是幸运的事。感谢自己的幸运！”回程路上，尼米特劝她要慢慢做死的准备才行：“若在生的方面费力太多，就难以死得顺利。必须一点点换挡了。生与死，在某种意义上是等价的，大夫。”

这里有个疑问：早月持续恨了三十年之久并且盼望对方痛苦不堪地死去的那个男人到底是谁呢？文学评论家、明治学院大学教授加藤典洋推断是早月的继父："早月的母亲在早月的父亲死后开始同别的男人交往或者再婚。那个男人有可能凌辱了作为继女的早月，致使早月怀孕和堕胎。早月强烈憎恶这个继父或继父性质的人物。高中毕业后即离家出走，再未回去。"*（《村上春树 PART2》，加藤典洋编著，荒地出版社 2004 年 5 月版，p.126）*那么，早月为"那个人"没有死于地震而"感谢自己的幸运"了么？小说没有明说，但小说结尾至少暗示了不再憎恨的可能："她想睡一觉。反正要先睡一觉，然后等待梦的到来。"这里所说的梦，应该就是老女人所说的梦，希望梦见一条大蛇把自己体内的石子吞下去。言外之意，一味憎恨是不可取的，而要寻找解脱的办法。这个意义上，这篇小说已开始探索从地震中再生的途径。其中关于"自由魂的故事"也流露了这种积极取向。

《青蛙君救东京》是六个短篇中与地震最有关的一篇，而故事却最为怪诞。主人公片桐是一个其貌不扬的普通银行职员。下班回来一进宿舍，但见一只立起高达两米的巨大青蛙君正在等他，声音朗朗地告诉他三天后东京将发生大地震："高速公路四分五裂，地铁土崩瓦解，高架电车翻筋斗，煤气罐车大爆炸，大部分楼房化为一堆瓦砾，把人压瘪挤死……死者十万人哟！"地震的原因在于地底下一只无比巨大的蚯蚓因长年累月吸纳种种仇恨而身体空前膨胀，加之上个月的神户大地震惊扰了他的睡眠，致使它马上就要皱肚皮，"一皱肚皮就地震"。于是青蛙君要求片桐和它一起钻到地下同蚯蚓战斗，阻止地震发生。当片桐以自己平庸无能为由拒绝时，青蛙君口口声声说他是一位真正的男子汉，整个东京城只有他是最可信赖的战友。最终片桐帮助青蛙君战胜了邪恶的蚯蚓，使东京免遭灭顶之灾。

对这篇小说评价最高的是东京大学教授沼野充义，他以《活过世纪末的决心》为题在《每日新闻》（2000年3月12日）撰文，称赞这是一篇“将村上春树特有的轻快的童话笔调、文学情趣和骇人听闻的幻想巧妙熔于一炉的杰作”。不错，这确是一篇奇思妙想之作。但更难得的是主人公以自己的“平庸”对抗蚯蚓所象征的强大邪恶势力的决心。这里已全然没有第一、二篇中的空虚和幻灭之感，而表现出“富有勇气的男子汉”战斗姿态。同时进一步强调了第三篇《神的孩子全跳舞》中点出的心的作用。小说引用尼采的话：“最高的善之悟性，即心不存畏惧。”而片桐所以为青蛙君所打动，也是因为青蛙君的表情和语气有一种“直透人心的真诚”。小说甚至出现了“光明”字样——青蛙君之所以最终战胜了蚯蚓，是因为片桐用自己带来的脚踏发电机往黑暗中倾注了“最大限度的光明”。在一场“光明与黑暗的肉搏战”中，光明占了上风。换个角度，也可以说在“平庸”与强势邪恶的战斗中，平庸获得了胜利。这一主题在后来的《海边的卡夫卡》得到充分发展。

顺便说一句，主人公一回家就见到青蛙君，同《奇鸟行状录》第二部第十四节中“我”第一次见牛河相比，二者无论场面描写还是对话及其气氛都有异曲同工之妙。

最后一篇是**《蜂蜜饼》**。“蜂蜜饼”来自作为小说家的主人公淳平给小女孩儿沙罗讲的童话：有一只熊是采蜂蜜的高手，蜂蜜多得吃不完也卖不完。沙罗听了，出主意说干吗不做蜂蜜饼卖呢？卖蜂蜜饼肯定更让城里人高兴。淳平同沙罗的父亲高槻、母亲小夜子是大学同学，三人相当要好。淳平很喜欢小夜子，却被高槻捷足先登，可惜两人结婚不出几年就离婚了。淳平所以给沙罗讲蜂蜜饼故事，是因为沙罗总是梦见“地震人”。“地震人”要把沙罗装进小箱子，沙罗被吓醒哭个不停。于是小夜子半夜把淳平叫来哄她。淳平本来为是否向小夜子求婚犹豫不决，在看到小女孩因地震遭受痛苦之后，终于下定决心：“天光破晓，一片光明，在光明中紧紧地拥抱心爱的人们——就写这样的小说，写任何人都在梦中苦苦期盼的小说。但此刻必须先在这里守护两个女性。不管对方是谁，都不能允许他把她们投入莫名其妙的箱子，哪怕天空劈头塌落，大地应声炸裂……”

六篇小说的主人公们在经历空虚、幻灭、求索、跳舞、憎恨、困惑、抗争、战斗之后，最后在《蜂蜜饼》中找到了终极性光明和出口：爱，只有爱才能使遭受重创的心灵获得再生，才能使人走出地震心理阴影。这样，隐约流经小说集的主题在最后一篇得到了升华。村上本人在前面提及的《村上春树全作品 1990—2000 ③·“解题”》中的概括性说法也多少印证了这一点：

> 泡沫经济破灭、强烈地震摧毁城市、宗教团体进行无谓而残忍的大量杀戮、一时光芒四射的战后神话看上去一个接一个应声崩溃，在这种情况下，我们必须静静站起寻求应该存在于某处的新的价值——这就是我们自身的形象。我们必须继续讲述我们自身的故事，其中必须有给我们以温情鼓励的类似 moral（道德）那样的东西。这是我想描绘的。当然不是 message（传达），而是我写小

说时的一种大致的心情。假如我不写《地下》，或许我就不会强烈怀有这样的心情。在这个意义上，《地下》的写作是之于我的一个里程碑，《神的孩子全跳舞》可以说是跨过这个里程碑之后的新的一步。

不过，就艺术性来说，或许由于作者的主观意图过于强烈的关系，小说多少给人以某种既成观念之图解的印象，加之语言同此前作品相比有不无生涩之处，以致在一定程度上冲淡了作品的艺术美感和文学韵味，尤其对读惯了村上以往作品的读者来说。

《东京奇谭集》：是奇谭又不是奇谭

写罢《天黑以后》不到一年，村上春树又出了一部短篇集——《东京奇谭集》。谭通谈，奇谭即奇谈、奇闻之意。众所周知，村上小说的篇名大多声东击西，避实就虚，而这部短篇集却表里如一，果然是发生在东京的奇谭。五篇，一篇比一篇奇。奇想天开，奇光异彩，奇货可居，堪可奇文共赏。

第一篇**《偶然的旅人》**，开头村上先讲了“过去自己身上发生”的两件奇事。第一件是他 1993 至 1995 年旅居美国马萨诸塞州剑桥期间发生的。一次他去酒吧听爵士乐钢琴手弗兰纳根的演奏。听到最后，他忽然心想：假如能够演奏自己特别喜欢的《巴巴多斯》和《灾星下出生的恋人们》，那该有多妙啊！正想之间，弗兰纳根果真连续演奏了这两支乐曲，而且十分精彩。惊愕的村上“失去了所有话语”。因为“从多如繁星的爵士乐曲中最后挑这两支连续演奏的可能性完全是天文学上的概率”。然而这概率实实在在在眼前发生了！第二件也差不多发生在同一时期。一天下午村上走进一家旧唱片店物色唱片，物色到一张名为《10 to 4 at the 5 Spot》的唱片，是佩珀·亚当斯在纽约一家名叫“FIVE SPOT”的爵士乐俱乐部现场录制的。“10 to 4”即凌晨“差十分四点”之意。他买下那张唱片刚要出门，擦肩进来的一个年轻男子偶然向他搭话：“‘Hey ,you have the time（现在几点）?’我扫了一眼手表，机械地回答：‘yeath, it’s 10 to 4（差十分四点）。’答毕，我不由屏住呼吸：真是巧合！得得，我周围到底在发生什么？”

以上是这篇故事的开场白。接下去讲述的是村上一个熟人“从个人角度”告诉他的故事。主人公是个钢琴调音师、同性恋者。当一个非常妩媚的女性主动表示想和他一起去一个“安静的地方”的时候，他拒绝后为了安慰对方而久久抚摸她的头发。结果发现女子右耳垂长有一颗和姐姐同样的黑痣。女子凄然地告诉他后天要去医院复查乳腺癌。随后他打电话约长同样黑痣的已经出嫁的姐姐出来见面，姐姐同样说她后天将住院做乳腺癌手术，并且果真做了。至于那个女子“后来命运如何，我就不晓得了”。

第二篇**《哈纳莱伊湾》**，女主人公的十九岁儿子在夏威夷考爱岛哈纳莱伊湾冲浪时不幸被鲨鱼咬掉一条腿死了。此后每年儿子忌日前后她都特意从东京飞来儿子遇难地方的海滩，从早到晚坐在海滩静静看海。忽有一天，两个日本冲浪手言之凿凿地告诉她在海滩看见了一个单腿日本冲浪手。她极为惊讶，独自到处寻找，却怎么找也没有找见。晚间她伏在枕头上吞声哭泣——为什么别人看得见而作为母亲的自己却看不见自己的儿子呢？自己没有那个资格不成？

第三篇**《在所有可能找见的地方》**，讲一个证券公司经纪人星期日清晨在所住公寓的24层和26层之间莫名其妙地消失了。妻子找来私家侦探帮忙，然而还是毫无蛛丝马迹可寻。不料二十天后妻子得知，丈夫在远离东京的仙台站躺在长椅上时被警察监护起来。至于如何去的仙台以及二十天时间里做了什么，本人全然无从记起，二十天的记忆消失得利利索索。

第四篇《**天天移动的肾形石块**》更是离奇。三十几岁的女内科医生旅游途中捡了一个肾脏形状的黑色石块，带回放在医院自己的办公桌上作镇尺使用。几天后她发觉一个奇异的现象：早上来上班时石块居然不在桌面上，有时在转椅上有时在花瓶旁有时在地板上。这使她百思莫解。后来她乘渡轮把石块扔进了东京湾。可是第二天早上来医院办公室一看，石块仍在桌面上等她。

最奇的还是最后一篇《**品川猴**》。一个叫安藤瑞纪的年轻女子时不时想不起自己的名字。几经周折，得知"忘名"现象起因于一只猴子——猴子从她家壁橱中偷走了她中学时代住宿用的名牌。猴子会说话，说出了她从未对人提起，甚至自己都不愿承认的一个身世秘密。但不管怎样，名牌失而复得，她的名字也因之失而复得，"往后她将再次同这名字一起生活下去……那毕竟是她的名字，此外别无名字"。

总的说来，在基本创作手法上这部短篇集没有多少新意可言。村上依然在不动声色地拆除现实与非现实或此岸世界与彼岸世界之间的篱笆，依然像鹰一样在潜意识王国上空盘旋寻找更深更暗的底层，依然力图从庸常的世俗生活中剥离出灵魂信息和人性机微。在这点上同《象的失踪》《列克星敦的幽灵》《出租车上的男人》等短篇以至《奇鸟行状录》《海边的卡夫卡》

《天黑以后》等长篇可谓一脉相承。但村上毕竟是个艺术上有执着追求和抱负的作家，不大可能自鸣得意地陶醉于老生常谈，而总要鼓捣出一点较之过去的不同。在这部短篇集中，那就是对偶然元素的关注和演绎。作品中，巧合屡屡出现，颇有中国俗语说的“无巧不成书”之感。故事因巧而生，因巧而奇，遂为奇谭。

这里已很少有以往四下弥散的孤独和怅惘，而更多的是灵魂自救的焦虑以及对某种神秘感的关心和敬畏。读之，总好像冥冥之中有一种神秘力量在引导、主宰着主人公的命运，其后来人生流程的转折点往往同往昔记忆中某个神秘提示暗中相契，或同现实中的某一偶然现象悄悄呼应。当然，作者没有为奇谭提供答案，结尾一如既往呈开放状态。可以说，每部短篇都是一个游离于常识常理之外的谜，都是一个不出声的呼唤和诱惑，等待读者去画上各自的句号。

《生日故事集》：
创作的翻译腔与翻译的创作腔
——以《生日故事集》为例

村上春树编译了一本《生日故事集》。他在序言中已经交代，一共十三篇，十二篇出自美国当代作家之手，由孔亚雷君据英文原文译为中文。最后一篇《生日女孩》是村上本人的作品。据策划者上海“九九读书人”介绍，作为中文版，村上事务所希望由我根据日文而非英文版译为中文，包括中文版用为序言的日文版后记和对十二篇的日文点评。

说实话，自2005年翻译村上短篇小说集《东京奇谭集》以来，我差不多有九年没译村上的小说作品了——非小说作品倒是译过若干，如《地下》《在约定的场所》和《村上广播》《没有意义就没有摇摆》，因此，我欣然接受了这桩译事。说来也怪，还是唯有翻译村上才能让我清晰听得中文日文相互咬合并开始像齿轮一样转动的惬意声响，才能让我切实觉出两种语言在自己笔下转换生成的实实在在的质感和愉悦感。一如一个老木匠拿起久违的斧头凿子对准散发原木芳香的木板。同时也让我再次感到一个译者遇上合适的作者是怎样的幸事，用莫言的话说，真可能是“天作之合”。可惜篇幅太短了，加起来才两万字左右。委实意犹未尽。

也是因为意犹未尽，译毕，我就这篇《生日女孩》对比看了直接译自日文的拙译和间接译自英文的亚雷君译稿（亚雷君起始不知道村上事务所有那样的希望）。内容当然相同。一个在饭店打工的女孩过二十岁生日那天仍在打工。由于平时为老板——住在六楼却从不下楼在店堂露面的老板——送晚饭的领班经理忽然病了，她临时把晚饭送到604老板房间。第一次见到的老板得知这天是女孩生日，便提出要送她一样生日礼物，女孩婉言谢绝。下文是接下去的一段。先看我依据日文原文翻译的：

> 老人手心朝前举起双手。"不不，不应放在心上的应该是你。虽说是礼物，但并不是有形有样的东西，也不值钱。就是说，"他双手置于桌面，再次缓缓吐了口气，"就是说，作为我想满足你一个心愿。可爱的精灵小姐，想满足你希望实现的事，什么都可以，什么心愿都没关系。当然我是说如果你有心愿的话。"
>
> "心愿？"她用干涩的声音问。
>
> "心愿，但愿如此的心愿。小姐，也就是你希望实现的事。假如你有这样的心愿，我会满足一个。最好仔细想想。那就是我能够给你的生日礼物。可是只有一个，要仔细想清楚才好。"老人竖起一只手指，"仅仅一个，过后反悔是不成的。"
>
> 她无言以对。心愿？

再看亚雷君依据英译本转译的：

> 那个老人抬起两只手，手心朝向她。“不，小姐，是你别多想了。我所说的‘礼物’并非什么有形的东西，并非什么有价格标签的东西。简单地说，”他把双手放在桌子上，长长地，缓慢地呼吸一口，“对于你这样一个年轻可爱的仙女，我想做的是让你许个愿，而后让你的愿望成真。任何愿望。你想要实现的任何一个愿望——假如你确实有那样一个愿望。”
>
> “一个愿望？”她问道，她的嗓子有点发干。
>
> “某件你希望会发生的事情，小姐。如果你有某个愿望——某一个愿望，我会让你愿望成真。那就是我要给你的生日礼物。但你最好非常仔细地想想，因为我只能满足你一个愿望。”他竖起一根手指，“只有一个。之后你不能反悔也不能收回。”
>
> 她不知该说什么好。一个愿望？

两相比较，作为文体，不认为几乎成了两种文体或两种语言风格？也就是说，前面的老人是一个讲话略带英文翻译腔因而多少给人以新鲜感的循循善诱而又不失风趣的东方老人，后面的老人则满口英文腔因而感觉上字斟句酌甚至有些饶舌的西方绅士。说痛快些，差不多是两个老人，两种表情，两副腔调。这不禁让我想起《挪威的森林》和《奇鸟行状录》英文版译者、哈佛大学教授杰·鲁宾的看法。他认为村上那种英文翻译腔式文体是一把双刃剑："村上那种接近英语的风格对于一位想将其译'回'英文的译者来说其本身就是个难题——使他的风格在日语中显得新鲜、愉快的重要特征正是将在翻译中损失的东西。"我猜想——纯属猜想——大约出于同一认识，村上事务所才要求中文版依据日文原文译出，以尽量减少"损失"。是的，作为中文译者，在这点我很幸运。而且，也许日文使用汉字和同属东方文化的关系，相比之下，中文可能更容易传达日文原作的体温、表情和脉搏的律动。

那么若用中文转译，情形又将如何呢？我想请有兴趣的读者和我一起比较一下亚雷君直接译自英文的和我转译（即依据村上由英文译为日文的日译本翻译）的文体差异。

故事集第一篇故事是拉塞尔·班克斯的《摩尔人》。主人公"我"在酒吧里遇见一位庆祝八十岁生日的老太太。稍后得知，"我"在三十年前即"我"二十一岁时，曾短时间作为老太太的情人同她有过肌肤之亲。两人交谈当中出现了这样的对话。首先看看亚雷君直接译自英文的：

> 她噘起嘴唇啜了一口雪利酒，就像只鸟。"那好，"她说，"华伦，当时你是处男吗，遇见我的时候？"
>
> "哦，老天。我说，这可真是个好问题，不是吗？"我笑起来，"难道这就是你这么多年来一直想知道的问题？你是不是我的第一个女人？哇哦。这简直……嘿，盖尔，从来没人问过我这个。直到今天，在这儿，三十年后。"我朝她微笑，但笑

意很快就变得僵硬。

“我就是想知道，亲爱的。不管怎么样，你从来都没说过。我们共同守着一个大秘密，但我们从没真正谈论过我们自己的秘密。我们谈论戏剧，我们谈了次小小的恋爱，然后你就走了，而我则留在弗兰克身边慢慢变老。越来越老。”

其次请看我依据村上由英文译成的日文转译的：

她像鸟似的噘起嘴唇喝一口雪利。“好，”她说，“华伦。对了，遇到我的时候，你可是处男？”

“啊，瞧你，问这么厉害的问题！”我笑道，“那么多年你一直在想这个？想你是不是我睡的第一个女人？得得得，这个嘛……我说，盖尔。被人问起这个还是头一遭，何况是在时隔三十年重逢的时候！”我朝她微微一笑，但气力从我身上一下子跑掉了。

“我只是想知道这个，亲爱的。你对这个绝口不提。虽说我们共同拥有一个绝大的秘密，但对各自的秘密却没正经谈过。我们谈戏剧，发生了一点点关系。之后你走远了，我仍和弗兰克继续生活。就那样老了下去，老了又老。”

如何，文体还是有差异的吧？如果我的转译还算忠实于村上所译的日文，那么想必可以觉出其中多多少少带有村上味儿或村上腔。其实,村上本人也对此直言不讳。他说:“我的小说有一种类似翻译文体的蜕变(脱構築)或偷梁换柱的地方,翻译中也会出现。”还说他翻译雷蒙德·卡佛时——这本《生日故事集》就有卡佛一篇——“尽管千方百计使之成为标准翻译,但我的卡佛在结果上还是带有我倾向性(bias)。”换个说法,百分之百的标准翻译是不存在也是不可能存在的。哪怕再千方百计再抓耳挠腮,也还是要在结果上——当然不是主观有意——或多或少带有译者的倾向性以至偏见。翻译只能是作者文体和译者文体相互妥协、接近和融合的产物。这既是文学翻译命中注定的无奈,又是其充满丰富的可能性和无数乐趣的神奇空间。

对了,村上2006年以《翻译与被翻译》为题在日本外务省《远近》杂志八·九月合刊号上撰文,文中特别强调了刚才提及的偏见:“我想,出色的翻译首先需要的恐怕是语言能力,但同样需要的还有——尤其文学作品——充满个人偏见的爱。说得极端些,只要有了这点,其他概不需要。说起我对自己作品的翻译的首要希求,恰恰就是这点。在这个不确定的世界上,只有充满偏见的爱才是我充满偏见地爱着的至爱。”

事实上,世界上任何爱都是带有“偏见”或倾向性的,否则爱就无以成立。就文学翻译而言,其载体亦其表现结果即是文体。在这个意义上,作为我,作为译者的我,文体才是我“充满偏见地爱着的至爱”。文学翻译,始于文体,终于文体,如此而已。

既是谈《生日故事集》,那么最后还是想回到生日主题上来——始于生日,终于生日,村上在针对自己创作的《生日女孩》所写的点评中，说他清楚记得自己的二十岁生日：1969 年 1 月 12 日那个冷飕飕的半阴不晴的冬日，他在酒吧里打工，当侍应生。因为找不到替班的人，想休息也休息不成。结果那天直到最后的最后都一件开心事也没有，并且觉得“那似乎在暗示我日后整个人生的走向”。显而易见，《生日女孩》中迎来二十岁生日的主人公女孩几乎就是村上本人当时的处境和心情的写照。不同的是，村上日后整个人生的走向绝对不坏——成了世界知名的大作家，就差还没捞得诺贝尔文学奖。至于是不是开心，这个别人不好判断。

至于我，我几乎从不过生日，二十岁生日也罢，五十岁生日也罢。我是母亲的第一胎。生我那年，母亲自己刚满二十岁，刚刚过完二十岁生日。如今二十岁的女孩正欢天喜地上大二，而母亲却在东北平原一间四面泥巴墙的农舍里生下了我——在土灶前的柴草上手拿剪刀蘸一下大铁锅里的开水，而后自己剪断婴儿和自己身体之间的脐带。那是怎样的场景、怎样的动作、怎样的眼神和心境啊?！你说，我如何忍心吹蜡烛吃蛋糕庆祝自己的生日？尤其在母亲永远离开这个人世、离开我之后，我更没了那份心绪。

《没有女人的男人们》：
失去的和没有失去的，不同的和相同的

短篇集《没有女人的男人们》是村上春树最新的小说作品，日文原版于 2014 年 4 月问世，中文译本即将由上海译文出版社付梓。书中收有七部短篇。书名虽然直译应为“没有女人的男人们”（女のいない男たち），但通读之下，觉得“失去女人的男人们”在内容上与之更为接近。作为汉语，“没有女人”有可能意味一开始就没有，但书中的男人们并非如此。有，失去了，或快要失去了——已然失去或即将失去女人的男人们是怎样的呢？村上在这里把镁光灯打在这几个男人身上，以第三人称或以旁观者的眼睛捕捉其心态和生态，于是产生了这本短篇小说集。

一

第一篇**《驾驶我的车》**（*Drive My Car*）中的男人——名字叫家福——失去的是太太。太太和他同是演员，一位“正统风格的美女演员”，四十九岁那年因子宫癌使得丈夫永远失去了她。小说的戏剧性在于，家福在失去太太之后同太太的第四

个情人（也是演员）交上了朋友，以便搞清太太生前何以非同他上床不可。但直到最后也未如愿。因为家福没能从对方身上发现对方具有而自己不具有的东西："不是什么了不得的家伙。性格或许不差，一表人才，笑容也不一般。至少不是见风使舵的人。但不足以让人心怀敬意。正直，但缺少底蕴。有弱点，作为演员也属二流。"而自己的太太"居然为什么也不是的男人动心，投怀送抱。这是为什么呢？"最后给予回答的，是他临时雇用的司机即"驾驶我的车"的二十四岁北海道女孩："您太太大概并没有为那个人动什么心吧？所以才睡。"并且补充一句："女人是有那种地方的。"还说，"那就像是一种病，家福先生，那不是能想出答案的东西。"身为演员的家福最后总结说"我们都在表演"。小说至此结束。

第二篇**《昨天》**（*Yesterday*），篇名和第一篇同样来自英国披头士乐队的摇滚乐。男主人公木樽失去的是女朋友。为考大学复读的木樽打工时同"我"成了好朋友，一再劝"我"同他的女朋友、漂亮的大一女生惠理佳幽会。"我"与惠理佳幽会后过了两个星期，木樽不知去向。十六年后我见到惠理佳，问她当时是否同木樽以外的人发生了性关系。惠理佳回答"yes"，而且时间是在同我"幽会"后的一个多星期。"我"告诉惠理佳木樽是个直觉相当好的人。木樽大概因此离开了惠理佳，或者说他以主动离开的方式失去了女朋友。导致失去的原因其实很简单：惠理佳对性怀有"好奇心、探求心"，想触摸其"可能性"，而木樽却因为和对方是青梅竹马之交而止步不前。

第三篇**《独立器官》**失去的是情人。五十二岁的美容医师渡会是个铁杆独身主义者，不结婚，亦不同居。但时不时同女性幽会。而且幽会期间一旦对方流露结婚意向，当即闪身退出。也是由于这个原因，他选择的对象多是已婚或有固定男友的女子。然而到底有一个比他小十六岁的已婚女子让他生来第一次坠入情网。每次想到可能失去对方，大脑便一片空白。但对方最终离他而去，并且不是回到丈夫身旁，而是去了第三个男人那里，以往对他说的全是谎言——用这位美容医师的话说，女性天生拥有用于说谎的类似特殊独立器官那样的东西，美容医师随即不吃不喝，将自己逼入绝境。

《山鲁佐德》篇名当然来自《一千零一夜》。不知何故处于半软禁状态的男主人公羽原同"山鲁佐德"做爱之后，对方每次都要讲一个奇异的故事。其中一个是她高中时代三次潜入自己暗恋的男生家里的故事。第三次甚至把卫生棉条藏在男孩书桌抽屉深处。第四次去时因房门换锁未能得手。而当她不再潜入男生家之后，原来怀有的那般汹涌澎湃的恋情也像退潮一样渐渐消失。但故事并未完结。"山鲁佐德"说她读护校二年级时和那个男孩不期而遇。约定下次来时继续下文。羽原在她走后心想下次她不来该如何是好呢？小说到此戛然而止——男主人公是否失去她尚不清楚。即使失去了，失去的她也和前面的不同，不是太太，不是恋人，也不是情人。

第五篇**《木野》**失去的明显是太太。主人公木野某日出差回家推门一看，太太正和自己的一个同事在床上干得热火朝天。木野直接提着旅行包离家走了，租姨妈的房子开了一间酒吧。后来太太来酒吧谈协议离婚，木野问她何时开始同对方上床的。太太避而不答，只说自己和木野的关系一开始就好像扣错了纽扣。

那么第六篇和书名相同的**《没有女人的男人们》**失去的是谁呢？深更半夜忽有电话打来，一个男子告诉“我”：“她死了。”十四岁开始喜欢的女同学M永远离开了这个人世，“我”觉得十四岁时的自己也随之失去了，自己成了“世界上第二孤独的男人”。

第七篇**《恋爱的萨姆沙》**，日文原版没有收入，是作者方面为海外版追加的一篇。因此与其他六篇有所不同。男主人公萨姆沙的恋爱——如果能称之为恋爱的话——刚刚开始，失去阶段尚未到来。至少文本中找不到任何可能失去的暗示。至于恋爱是如何开始的，我想还是请读者自己确认更好，这里就不再介绍了。也算多少卖个关子吧。

其实，据村上在日文原版前言中介绍，最后一篇《恋爱的萨姆沙》是最先写的。“此前我出的短篇集是《东京奇谭集》。那是2005年的事。所以这是时隔九年的短篇集。那期间断断续续写了几部长篇小说。不知何故，没产生写短篇小说的念头。但迫于需要，去年（2013年）春天久违地写了短篇（《恋爱的萨姆沙》），意外觉得乐在其中（所幸写法没有忘记）。这么着，夏日里我转而心想差不多该集中写写短篇了，毕竟长篇也写累了。”于是接下去一口气写了六个短篇。其中四篇在日本颇有影响的综合性文艺月刊《文艺春秋》首发，《山鲁佐德》一篇刊于村上的“畏友”、东京大学文学部教授柴田元幸主办的“新感觉”文艺刊物*MONKEY*。而篇名就叫《没有女人的男人们》这篇则是在结集之际专门写的。

包括这部在内，村上迄今恰好出了十部短篇集：《去中国的小船》（1983）、《遇到百分之百的女孩》（1983）、《萤》（1984）、

《旋转木马鏖战记》(1985)、《再袭面包店》(1986)、《电视人》(1990)、《列克星敦的幽灵》(1996)、《神的孩子全跳舞》(2000)、《东京奇谭集》(2005),以及《没有女人的男人们》(2014)。如果说前面七部是“各自为战”,那么,后面三部之间则大体有一条“联合阵线”或若隐若现的主题。依村上本人的说法,“神的孩子全跳舞”的主题是“1999年神户地震”,《东京奇谭集》的主题是“围绕都市生活者的奇谈怪事”,这部短篇集的主题则是“失去女人的男人们”——由于各种各样甚至不知什么样的原因被女人抛弃或快要抛弃的男人们。至于为什么非写这个不可,作者本人也不明所以。“一来那种具体事件近来并未实际发生在我的身边(谢天谢地),二来我也没见过那样的实例。我只是想把那类男人的形象和心情急不可耐地加工敷衍成几个各不相同的故事。”(村上春树,2014)

一如不少作家——中国作家也好外国作家也好——进行文学创作时往往有一个秘密武器或者特殊灵感,村上也不例外。对此,村上称为“私人性契机”。他在原版前言中写道,一旦有了那个契机,某种意象即刻涌上心间,几乎即兴式写得水到渠成。“我的人生时而有这种情况。有什么发生了,那一瞬之光活像照明弹将平时肉眼看不见的周围景致纤毫毕现地照得历历在目。那里的生物,那里的无生物。为了将这鲜活的彩釉迅速描摹下来,我就势伏案,一口气写出框架式文章。对小说家来说,能有那种体验是比什么都让人高兴的。自己身上依然存在本能性故事矿脉,有什么赶来把它巧妙地发掘出来了——我可以切实感觉到,可以相信那种根源性光照的存在。”他同时表示,“之于我最大的快慰——集中写短篇小说时每每如此，莫过于可以在短时间里将各种手法、各种文体、各种语境（situation）一个接一个尝试下去。可以从种种样样的角度对同一主题进行立体式审视、追索、验证，可以用种种人称写种种人物。”（村上春树，2014）

二

不用说，进行如此“尝试”的最新成果即是这部短篇集。所要审视、追索、验证的主题依然是孤独，“失去女人的男人们”的孤独。关键词是失去或消失。自不待言，“消失”也是村上文学世界一以贯之的关键词。羊的消失，象的消失，猫的消失，蓝色的消失，记忆的消失，名字的消失，影子的消失，朋友的消失，恋人的消失，老婆的消失。而且往往消失得那么始料未及，那么踪影皆无，那么匪夷所思。不过，关键词同是消失或失去的这部短篇集，与以往不同之处也是有的。一是，村上以往作品中的消失，大多不含有悲剧性因素。不含有悲剧造成的痛苦，而仅仅是一种不无宿命意味的无奈，一丝伴随诗意的怅惘，一声达观而优雅的叹息。而这部短篇集中的《独立器官》，五十二岁的男美容师却因女方的消失而痛苦万分，最终绝食而死。不妨说，“独立器官”使得他整个人失去了“独立性”。而对《驾驶我的车》中的家福来说，太太的失去给他带来了永与痛苦相伴的不解之谜。《山鲁佐德》中的男人则觉得“山鲁佐德”的失去将使得自己陷入无比悲痛的漩涡。换言之，失去女人的男人们的孤独已不再是可以把玩的温吞吞的相对孤独，而成了拒绝把玩的冷冰冰的绝对孤独——村上的笔墨更多地用来描绘孤独的个体对于周围、对于社会的不适应感甚至绝望感。用村上的话说，就是“孤绝”。村上于2014年11月3日接受日本《每日新闻》独家采访，谈及半年前出版的《没有女人的男人们》时表示：“在这里，‘孤绝’成为一个主题。尽管中心是男人失去女人的故事，但较之具体的女性，莫如说是由于‘对自己必不可少的东西’的缺失而深深怀有‘孤绝感’这一处境的表象。年轻时的孤独可以事后修补或挽回，但超过一定年龄，孤独就成了近乎‘孤绝’的东西。我想描写与此相似的光景。我也已经六十多岁了，觉得可以一点点写这种东西了。”

第二点不同的是，这部短篇集中的大部分主人公任凭对方失去、消失而不再设法寻找。说起来，村上以往作品的主题，较之消失，更侧重于寻找。在《1973年的弹子球》中寻找月台上的狗和弹子球机；在《寻羊冒险记》中寻找背部带有星形斑纹的羊；在《世界尽头与冷酷仙境》中寻找古老的梦和世界尽头的出口；在《舞！舞！舞！》中寻找老海豚宾馆和妓女喜喜；在《国境以南 太阳以西》中寻找十二岁时握“我”的手握了十秒钟的岛本；在《奇鸟行状录》中寻找突然失踪的猫和离家出走的老婆；在《斯普特尼克恋人》中寻找曾经给我以“无比温存的抚慰”的女孩堇；在《1Q84》中青豆寻找天吾、天吾寻找青豆；而在《没有色彩的多崎作和他的巡礼之年》中就更不用说了，多崎作几乎从头到尾寻找高中时代“五人帮”的其他四人。可以断言，村上文学的主题之一就是失落与寻找，并在这一过程中确认记忆和自我身份的同一性，确认“生与死的意义、真实的本质、对时间的感觉与记忆及物质世界的关系，寻找身份和认同、爱之意义。”*（[美]杰·鲁宾著，冯涛译，《倾听村上春树：村上春树的艺术世界》，上海译文出版社2006年版，p.99）*

相比之下,这部短篇集大多放弃了寻找的努力。《驾驶我的车》中的家福放弃找回妻子清白之身的努力,至少客观上任凭妻子跟除他以外的四个男人上床;《昨天》中的男主人公在察觉女友同其他男人发生关系时选择了主动离开;《独立器官》中的男美容医师在情人弃他而去之后自行结束生命;《木野》中的木野目睹妻子同他人做爱的场景而悄然离家出走……其结果,我们看到的几乎全是孤独地品尝苦果的"失去女人的男人们"。村上在此想向我们传达怎样的信息、怎样的生命体验和人生感悟呢?对于配偶或女友另一种性需求的理解与宽容?对于自我疗伤艰巨性和必要性的诉求?对爱与孤独、爱与救赎之主题以至复杂人性的深度开掘?抑或对于真相永在彼岸的虚无和对任何人都存在理解死角这一见解的认同?但有一点是确定的:其中全然没有了《奇鸟行状录》的"我"为找回老婆而表现出的积极性和不屈不挠的执着。而且,作品中表现更多的是情感纠葛的刻意往复,而少了以往小说中自我更新的精神升华和哲理层面的飞跃。例如第一篇《驾驶我的车》最后"女人是有那种地方的"那句总结,甚至带有作者一向拒斥的浅显与庸常性。

三

不过,和往日作品相同之处也是隐约可见的,甚至不无自我重复之嫌。《驾驶我的车》的二十四岁北海道女孩隐约复印出《舞!舞!舞!》中态度冷静而似乎全知全能的雪的面影;《昨天》中主人公木樽和他的女朋友惠理佳之间的微妙关系,同《挪威的森林》中渡边和直子之间未尝没有相通之处;《独立器官》中的男美容医师形象令人想起《列克星敦的幽灵》中的美国建筑设计师凯锡;《木野》中开酒吧的木野和奇特的客人仿佛《奇鸟行状录》开店的"我"和"我"的舅舅,一高一矮两个"暴力团"分子的说话语气像极了《世界尽头与冷酷仙境》中的大块头与小个子。关于这点,就连迄今几乎无条件给予村上高度评价的日本知名文艺评论家加藤典洋也掩饰不住失望情绪:"每篇单独读起来固然不坏,但(总体上)读者有可能怀有一种不妨称之为模式化(mannerism)的茫无头绪之感。"进而认为"良莠不齐",以棒球击球手打比方,"属于不在状态时的击球"。最后断言:"作者把自己从'惬意场所'主动驱逐出来。"*(加藤典洋:「居心地のよい場所」からの放逐。载于 2014 年 4 月 27 日日本经济新闻朝刊)*

其实,较之"从'惬意场所'的自我放逐",更值得注意的创作倾向,在于作者从"撞墙"主题的自我放逐——村上放弃了自二十年前《奇鸟行状录》开始、历经《地下》及其续集《在约定的场所》而持续推进到《1Q84》的"撞墙"主题,即放弃了笔锋直指日本战前军国主义体制运作方式即国家性暴力的源头及其当下表现形式这一主题。转而回归"挖洞"作业,回归通过在个体内部"深深挖洞"而追求个人生命的自我认同和"自我治疗"的"挖洞"主题原点。这在《没有色彩的多崎作和他的巡礼之年》已有明显表现,而在这部短篇集中彻底返回他的"文学故乡"。换言之,村上不再解剖体制,重新解剖自己。

我以为,较之主题的发掘力度、情节设计的独出机杼和人物形象的别开生面,这部短篇集一个真正出色之处恐怕更在于一如既往对细节的经营,在于其中细小的美学要素及其含有的心理机微的提示。借用2009年6月普林斯顿大学授予村上荣誉博士的评语：村上春树“以文学形式就日常生活的细节做出了不可思议的描写，准确地把握了现代社会生活中的孤独感和不确定性”（*林少华：《为了灵魂的自由——村上春树的文学世界》，香港天地图书有限公司2014年，p.344*）。村上本人也承认细节经营对自己的吸引力。在长篇小说《世界尽头与冷酷仙境》获得谷崎润一郎奖之后，村上对一位采访者说世上再没有比以最精确的细节详细描述一样压根儿不存在的事物的过程更让他享受的了。（*[美]杰·鲁宾著，冯涛译，《倾听村上春树：村上春树的艺术世界》，上海译文出版社2006年版，p.125*）中国作协李敬泽2013年就诺贝尔文学奖回答《瑞典时报》时的说法可谓异曲同工：村上大约是一位飞鸟型的轻逸的作家，“他不是靠强劲宽阔的叙事，他只是富于想象力地表达人们心中飘浮着的难以言喻的情绪。他的修辞和隐喻，丰富和拓展了无数人的自我意识。”

另一个出色之处，我想仍在于其特有的语言风格或“村上式”文体。尤其对我这个译者来说，执笔翻译当中，不由得再次为他的文体所折服——那么节制、内敛和从容不迫，那么内省、冷峻而又隐含温情，那么轻逸、空灵而又不失底蕴和质感。就好像一个不无哲思头脑的诗人或具有诗意情怀的哲人安静地注视湖面，捕捉湖面——用《舞！舞！舞！》中的话说，“如同啤酒瓶盖落入一泓幽雅而澄澈的清泉时所激起的”——每一道涟漪，进而追索涟漪每一个微妙的意趣。换言之，内心所有的感慨和激情都被平和恬适的语言包拢或熨平。抑或，村上式文体宛如一个纹理细腻的陈年青瓷瓶，火与土的剧烈格斗完全付诸艺术逻辑和文学遐思。说来也怪，日本当代作家中，还是翻译村上的作品更能让我格外清晰地听得中文日文相互咬合并开始像齿轮一样转动的惬意声响，更能让我真切地觉出两种语言在自己笔下转换生成的实实在在的快感，一如一个老木匠拿起久违的斧头凿子对准散发原木芳香的木板。是的，这就是村上的文体。说夸张些，我觉得这样的文体本身即可叩击读者的审美穴位而不屑于依赖故事情节。

“感谢在过往人生中有幸遇上的许多静谧的翠柳、绵软的猫们和美丽的女性。如果没有那种温存那种鼓励，我基本不可能写出这样一本书。”村上就这本书这样说道。那么我得以翻译村上四十几本书应该感谢谁、感谢什么呢？感谢村上和村上式文体。不无遗憾的是，文体这一艺术似乎被这个只顾突飞猛进的浮躁的时代冷漠很久了。而我堪可多少引以为自豪的一个小小的贡献，可能就是用汉语重塑了村上文体，再现了村上的文体之美。

随笔

むらかみ
はるき

游记

纪实

文学

“村上朝日堂”系列随笔：
村上随笔特色及其个人特色

村上春树在日本并非高产作家，但单行本厚厚薄薄有图没图的加起来也差不多有了一百多本了。这一百多本书，可以分为创作和翻译两大部分。先说翻译。翻译有三十九本（其中连环画八本）。所译对象基本是美国现当代作家。译的最多的是雷蒙德·卡佛（Raymond Carver），有六卷本“卡佛全集”刊行。此外主要有司各特·菲茨杰拉德（Scott Fitzgerald）、杜鲁门·卡波特（Truman Capote）、约翰·欧文（John Irving）、保罗·索鲁（Paul Theroux）、蒂姆·奥布莱恩（Tim O’Brien），以及塞林格（J.D.Salinger）等。可以说是日本迄今出版译作最多的作家，既是作家又是翻译家。在村上身上，翻译直接影响创作，甚至可以说他是从翻译当中学会创作的。随笔中他多次提到他是如何搞起翻译的，谈了翻译经验和体会。

对他的创作我们是比较熟悉的了。这方面可大体分为长篇小说、短篇小说、随笔、游记、报告文学（纪实文学）五类。长篇包括最新的《1Q84》在内出了十二本，短篇包括《夜半蜘蛛猴》这样的超短篇出了十三本，随笔包括画本在内出了十八本，游记出了五本，报告文学有采访东京地铁沙林毒气事件六十名受害者和八名施害者写成的《地下》和《在约定的场所》两本。此外还有对谈、访谈、E-mail通讯集等十多本。

随笔之中有个“村上朝日堂”系列，共有七本，已经翻译出版了五本：《村上朝日堂》（1984）、《村上朝日堂的卷土重来》（1986）、《村上朝日堂　嗨嗬！》（1989）、《村上朝日堂日记　旋涡猫的找法》（1996）和《村上朝日堂是如何锻造的》（1997），基本包括了这方面的代表性作品。所以我就此粗线条谈一下村上的随笔，谈谈其随笔的特色。

第一个特色是其个人性，也就是说随笔中有“村上这个人”。当然随笔这东西是最为个人化的写作，没有作者“个人”也就无所谓随笔。但村上写得更细、更具体、更见日常性，可谓吃喝拉撒睡无所不有。他自己也以自嘲的口吻说过：“看这些文章的时候，如果你为所在皆是的百无聊赖感到吃惊，思忖这家伙怕是傻瓜，那么就请好意地解释为这不过是村上这个人的派生性一面好了。”*（出自《村上朝日堂是如何锻造的》“后记”）*不讳地说，若是一般作家写的那么“百无聊赖”，读者真有可能“思忖这家伙怕是傻瓜”。而对村上则网开一面。日本读者不仅没把他当“傻瓜”，反而读得有滋有味，愈发以为他“脑袋瓜就是好使”。

为什么会这样呢？因为村上是名人且是不一般的名人。村上无疑是名人。可是如今名人多了，随便哪条河里都能捞一箩筐。关键在于村上这个名人是不一般的名人。这首先由于村上除了出版界一般不接触其他媒体，电视出镜率为零，宴会酒会报告会出场率为零。用他自己的话说，就是要保持“匿名性”。而这样一来，人们只能通过他的随笔来隐约窥看他的私人小天地，窥看“村上这个人”。其次由于读者尤其年轻女读者往往把村上同其作品中的男主人公混为一谈。那些不声不响不张不狂不温不火而又有品位有爱心有知识面有幽默感无须上班而又衣食无忧的另类男主人公个个深得女性欢心，于是“爱乌及屋”（莫如说“爱屋及乌”），村上也深得读者尤其女读者欢心了。尽管村上本人是把“村上春树这个作家同村上春树这一个人”*（出自《村上朝日堂　嗨嗬！》中的《ON BEING FAMOUS（关于有名）》）*严格区别开来的，但读者不依不饶，非“一睹芳容”不可。这也可以说是村上随笔的个人性赖以存在的基础。

而村上的随笔也的确在很大程度上满足了这部分读者的好奇心。例如他在《贫穷去了哪里》一文中毫不讳言他过去穷到何种地步：“不是我瞎说，过去我相当穷来着。刚结婚的时候，我们在没有家具一无所有的屋子里大气不敢出地活着。连火炉也没有，寒冷的冬夜抱着猫取暖。猫也冷，紧紧贴在人身上不动——颇有相依为命的味道。走在街上即使喉咙干渴也没进过什么酒吧茶馆……实在穷得无法可想了，就和老婆深更半夜上街闷头走路。一次捡过三张万元钞票，尽管心里有愧，但还是没交警察，用来还债了。”*（出自《村上朝日堂　嗨嗬！》）*又如“我的梦是拥有双胞胎女朋友。即双胞胎女孩双双等价地是我的女朋友——这是我做了十年的梦”*（出自《村上朝日堂　嗨嗬！》中的《村上春树又酷又野的白日梦》）*。/“我觉得自己不至于为长相端庄的所谓美人型女子怎么动心。相对说来，还是喜欢多少有点破绽的有个性的脸型——有一种气势美”*（出自*

《村上朝日堂是如何锻造的》中的《汉堡的触电式邂逅》）。/“越看越觉得她像我过去的女友。简直像极了，像得我心里作痛”*（出自《村上朝日堂 嗨嗬！》中的《青春心境的终结》*）。一个作家不怕谈穷，不怕谈恋爱史，差不多也就可以无所不谈了。至少从随笔看来，村上这位现代隐士对个人事还是相当坦率的。村上迷们确实可以从中看到活生生的、所谓“等身大”（和真人一般大）的“村上这个人”。这是村上随笔的主要魅力。

其随笔的第二个特色，是富有哲理性。左一本右一本随笔，村上当然不能总谈自己，“自己”终究有限。和大多数人的随笔一样，村上也是从平庸琐碎的身边小事、从“百无聊赖”的日常生活切入的。何况生活本来就是这个样子。村上自己也说过：“小说家的一天是极其平凡而单调的玩意儿。一边吭哧吭哧写稿一边用 JOHNSON 棉球棒掏耳朵的时间里一天就一忽儿过去了。”*（出自《村上朝日堂的卷土重来》中的《关于日记之类》*）不同的是，一般人用棉球棒掏耳朵掏完就完了，行为在扔掉棉球棒那一瞬即告终止。而人家村上不一样，他能从中掏出哲学来。他最欣赏毛姆的这样一句话：“任何一把剃刀都自有其哲学。”开酒吧时“一边心想‘即使冰镇威士忌里也有哲学’一边做冰镇威士忌，如此干了八年”*（出自《朗格汉岛的午后》中的《作为哲学的冰镇威士忌》*）。凡事皆有哲学——这是村上一个极为宝贵的人生姿态和人生体验，同时也应该是其文学创作的一个 Knowhow（秘诀）。这使他在庸常的生活面前头上始终竖起高敏感度的天线，随时捕捉哪怕微乎其微的稍纵即逝的信息，并加以思索、联想、反省、推断，从平凡中演绎出不平凡的、发人深省的哲理。

试举几例。村上养猫爱猫。有一只猫冬天钻被窝时必三进三出。村上于是想道："此种毛病是由于何原因通过何程序发生在猫脑袋里的呢？难道猫自有猫的幼儿体验、青春热恋、挫折、困惑不成？便是经历这一系列过程最终形成了猫的identity（自我认同性）致使她冬夜必须准确无误地三进三出不成？"*（出自《朗格汉岛的午后》中的《猫之谜》）*再如《挪威的森林》成为畅销书后，作者身边发生了好几桩"讨厌事伤脑筋事"，致使他心力交瘁，眼见头发一个劲儿脱落不止。村上从这种一时性脱发中切切实实感觉到"人生是个充满意外圈套的装置……其基本目的似乎在于维持总体平衡。简单说来就是人生中若有一件美妙事，往下必有一件糟糕事等在那里。"*（出自《村上朝日堂是如何锻造的》中的《脱发问题》）*对于时下流行的英语口语热以至幼儿英语口语班村上也有独自的思考。"我外甥也搞了一点儿'Thank you very much'和'you are welcome'之类，真有那个必要不成？或许你说儿时学外语再有必要不过，可我是全然理解不了六岁普通儿童何苦非弄到bilingual（能讲双语）的地步不可。"他认为英语口语讲得好坏很大程度上是天生的。母语都不能畅所欲言之人，英语又如何能口若悬河呢？每个人"既有擅长的东西又有不擅长的东西。有人专门会向女孩子花言巧语，有人星期天干一手好木匠活。有人善于搞营销，有人适合闷头写小说。我们无法成为自己以外的人。此乃根本定律"*（出自《村上朝日堂　嗨嗬！》中的CAN YOU SPEAK ENGLISH？）*。

日本一位教授指出："村上春树始终追索日常行为所包含的哲学内涵。这种'追索'或者'哲学'构成了其随笔的基石。"

*(胜原晴希《精神缺痒状态的预防药》,朝日新闻社 AERA MOOK 2001 年第 75 卷《解读村上春树》)*也就是说,村上有一支神奇的棉球棒——或者莫如说普通的棉球棒因了村上而变得神奇,它不但能掏耳朵,更能从"掏耳朵"这一日常行为中掏出哲理性。这既是村上随笔的基石,又是村上随笔的脊梁。其实不限于随笔,在小说创作中他同样善于掏取哲理,点铁成金。

村上随笔的第三个特色,是具有悲悯性,即有悲天悯人的情怀,或者说有温情和爱心。当今时代,空间距离人与人越来越近——地球者,村也;而心理距离人与人越来越远——村者,地球也。人们之间缺乏的不是沟通的手段,而是促成沟通的温情。对人对事对物缺乏的不是理性审视的目光,而是温暖真诚的爱心。物欲的洪流正在猛烈冲刷悲悯情怀的堤岸。然而文学终究是情种而不是哲学,无情无以感人,不感人无所谓文学。读村上的随笔,我们不难感受到几乎无所不在的温情与爱心,让人觉得他是一个富有同情心的人。一些极寻常的场景和一些极普通的文字因之变得可亲可爱可感可触。

再以猫为例。村上养的一只名叫缪斯的猫有个奇怪的习惯,产崽必让村上握住爪子。"每次阵痛来临要生的时候就'喵喵'叫着懒洋洋歪我怀里,以仿佛对我诉说什么的神情看我的脸。无奈,我就说道'好、好'握住猫爪。猫也当即用肉球紧紧回握一下。"产崽时,"我从后面托着它握住两爪。猫时不时回头以脉脉含情的眼神盯住我,像是在说'求你哪也别去求你了'。……从最初阵痛开始到产下最后一只大约要两个半小时。那时间里我就得一直握住猫爪四目对视。"*(出自《村上朝日堂是如何锻造的》中的《长寿猫的秘密・生育篇》)*如何,没有细致入微的爱心不大可能写出如此细腻感人的文字吧？对了，这只猫还有一个怪毛病，动不动就拿蜥蜴开心，蜥蜴只好弄断尾巴逃跑。而村上并不宠自己的猫。当他得知丢了尾巴的蜥蜴很受同伴欺负时，“我觉得蜥蜴实在可怜之至”。往后不能再让猫开玩笑扯蜥蜴的尾巴了，“要以温存的目光守护它才是”*（出自《朗格汉岛的午后》中的《关于蜥蜴》）*。另外举个不是关于动物的例子。村上认为报纸页数太多，晚报大可不必。“或许你说只挑必要部分看就行了嘛，问题是森林每天都要为此从地球上一点点消失。一想到这点，我的小小胸口便阵阵作痛。”*（出自《村上朝日堂是如何锻造的》中的《报纸、信息等等》）*村上还对丢东西的人“非常宽容、温和且富有同情心。倘若决斗当中对方为丢了子弹捶胸顿足，我想我大概可以等他找到才开枪，没准和他一块儿找”*（出自《村上朝日堂是如何锻造的》中的《沙滩上的钥匙》）*。

别看城里人白天活得似乎还算潇洒，到了夜晚其实没有谁能进入鸟语花香的梦境，永远在完整的套间里做着破碎的梦，他们甚至有卫星导航系统的汽车永远驶不出心灵的迷宫。因为大部分城里人的生活和精神的质地本身就是不完整的破碎的甚至无聊的。村上的随笔表现的当然也主要是这些，但他以爱心至少是善意这条底线将这些生活碎片穿在了一起，使得琐碎无聊的日常有了值得玩味的价值，有了滋润心田、洗涤情感的真诚和清纯。当然，村上也有牢骚也有愤怒也有冷嘲热讽，但大部分都因悲悯而得到化解或升华。不妨说，悲悯性是村上随笔的灵魂和生命。

村上随笔的第四个特色无疑表现在他的语言上面。相对说来，他小说中的语言是冷色的、内敛的、安静的、有距离感的。而在随笔中则显得亲切生动、娓娓道来、谈笑风生，有了时下常说的零距离感。读起来我们不会再产生那种无可名状的、沁入骨髓的寂寞、凄凉、无奈和怅惘。

随便举两个例子。

上面也提到，有一段时间村上曾经头发越掉越快越掉越少。对此他这样描述周围人的反应："他人这东西是很残酷的，本人越是怏怏不乐，他们越是呶呶不休，什么'不怕的近来有高档假发'啦，什么'春树君光秃也有光秃的可爱之处'啦，如此不一而足。若是耳朵整个少了一只，大家自会同情，不至于当面奚落。然而脱发这玩意儿毕竟不伴随具体痛感，几乎没有人真正启动恻隐之心。年轻女孩子因为本身不怀有可能变秃的恐惧，尤其肆无忌惮：'哟，真的稀薄了！喂让我看一下，都见头皮了。哎呀，呜哇！'实在叫人火冒头顶。"*（出自《村上朝日堂的卷土重来》中的《何谓中年（一）关于脱发》）*怎么样，够生动亲切的吧？

又如关于订报纸。咱们中国人一般自己去邮局订或由办公室代订，日本则由报纸发行部门直接派人上门劝订，死缠活磨，极难对付。那么村上是怎么对付的呢？"'我这人不看报，所以不订报，不需要的。'我解释道，但效果总是不大。抓耳挠腮思来想去，最后决定这样拒绝：'因为不认识汉字所以不需要报纸。'我对着镜子练习，练到自己信心十足之后，开始实际尝试。这招见效，立竿见影。哪家报纸的劝订员都瞠目结舌，只此一发便统统让他们落荒而逃。"*（出自《村上朝日堂是如何锻造的》中的《报纸、信息等等》）*我因为没村上这本事，在日本这一年来一直半推半就地订报(日本报纸贵)—— 毕竟我是汉族人中国人,总不好说“我不认识汉字”。

再回到那只名叫缪斯的猫身上。“缪斯是只蛮怪的猫,最中意和我一起外出散步。每次和我散步,就像小狗似的一颠一颠跟在后头。”*(出自《村上朝日堂是如何锻造的》中的《长寿猫的秘密》)*每次我看到这里目光都打住不动,想象猫是怎样“一颠一颠”,自己的心也陡然一阵酥麻感开始随着“一颠一颠”。说起来,动物中我一向不喜欢“有鱼便是娘”的猫,而看了村上这两行字之后,我真的下决心准备养一只猫。文字的感染力实在无可估量。难怪村上认为“最重要的是语言”“文体就是一切”*(村上春树《我这十年》,《文学界》1991 年 4 月临时增刊号)*。

译罢掩卷,我忽然心想,生逢这个没有铁马冰河、无须挑灯看剑的时代,我们或许只能从剃刀、从掏耳朵的棉球棒里寻找哲学。这能怪谁呢?谁都怪不得的。何况,这其实更是一种幸福、一种近乎奢侈的幸福。

上面谈的主要是村上随笔的特色。考虑到有些读者对作者本人怀有兴趣,下面就让我就“个人性”这点补充一些,以便大家对村上这个人的“特色”有进一步了解。

先回过头来看《村上朝日堂》。从中不难看出《挪威的森林》中的绿子真有可能就是村上现在的太太 —— 若干读者来信问起过,当时没敢说是谁 —— 在那篇和安西水丸的对谈中村上介绍了和太太相识的缘起。他说上世纪六十年代闹“学潮”时班上讨论“美帝国主义的亚洲侵略”,而她因为是天主教女校考上来的,对政治茫茫然一无所知,于是一个劲儿追问什么是帝国主义，高中时代就经常向女孩献殷勤的村上赶紧教她，一来二去要好起来。“不过当时并没有跟结婚挂钩。我有正相处的女孩。”喏喏，这岂不是和《挪威的森林》的情节几乎如出一辙，简直不打自招！难怪村上在《挪》后记中说这部作品具有极重的私人性质，“属于私人性质的小说”。在这点上，可以说既没有比村上更远离媒体的作家，又没有比村上更裸露“私人”的作家。这本书里的随笔是1982年开始写的，在一本名叫《日刊打工新闻》上连载了一年半。那时村上刚出道不久，年龄三十刚刚出头。因此书中的青春往事都还相去不远，自然写得分外生动分外真切，从中不难找出少年春树和青年春树的音容笑貌，而且大多和普通人没什么区别。例如上高中时他曾为讨好一个被电车门夹住纸袋的“十分可爱的女高中生”，飞扑上前帮她拉纸袋而将纸袋拉成两半，致使袋里的东西哗啦啦散落在路轨上——讨好没讨成，赶紧逃之夭夭。婚后一次“吱溜溜喝自己做的大酱汤吃自己做的炖萝卜干”时忽然想今天是情人节。情人节该是女孩向男孩赠送巧克力的日子，而自己却一粒巧克力也没捞到，于是深感自己的人生窝囊透顶，“从某一时刻开始我的人生偏离正轨，沦为在情人节的晚上做萝卜干和油豆腐炖菜之人了！”

再看《村上朝日堂的卷土重来》。村上在这本随笔集中说他三十刚过头发就稀薄过一回。他坦言当时工作上焦头烂额，致使头发接二连三不翼而飞，洗头时头发都能把排水口堵住。不久照镜子时竟无情地照出了头皮。对此他这样描述周围人的反应：“他人这东西是很残酷的。本人越是闷闷不乐，他们越是呶呶不休。什么‘不怕的近来有高档假发’啦，什么‘春树君光秃也有光秃的可爱之处’啦，如此不一而足。若是耳朵整个少了一只，大家自会同情，不至于当面奚落。然而脱发这玩意儿毕竟不伴随具体痛感，几乎没有人真正启动恻隐之心。年轻女孩子因为本身不怀有可能变秃的恐惧，尤其肆无忌惮：‘哟，真的稀薄了！喂让我看一下，都见头皮了。哎呀，呜哇！’实在叫人火冒头顶。”后来工作柳暗花明，头发也开始大量繁殖，过了两三个月彻底恢复如初。至于我亲眼见到的这次是什么时候、因为什么变稀的，我就不知晓了。虽说当面问个究竟再妙不过，可我没问——担心村上君“火冒头顶”拒绝接受采访。

一般人以为村上君像书中的主人公一样乐天知命安常处顺，概无不良嗜好。其实不然。村上君在早稻田大学念了七年（并非为了拿双学位或连读硕士），旷课、打麻将、“勾引”女孩子、酗酒、吸烟……他坦率交代大学七年唯一的收获就是捞到了现在的太太（没毕业就忙不迭结了婚）。尤其烟吸得厉害，“一天吸五六十支，是个相当够级别的烟鬼”。但后来除了写长篇，平时一支也不再吸了，戛然而止。并洋洋自得地道出戒烟Knowhow（秘诀）。也罢，录在下面供吸烟朋友参考：

① 戒烟开始后三个星期不做事。

② 朝别人发脾气，口吐脏话，牢骚不断。

③ 放开肚皮吃香喝辣。

最后看《旋涡猫的找法》。中国人一般都以为村上压根儿没来过中国，其实并非如此。

在这本旅美期间写的、本应专门写美国的随笔集里，却不知何故笔锋一转谈起中国之行。这不，白纸黑字明明白白写着：“六月二十八日乘全日空飞机从成田飞往大连。”此行名义上是为一家杂志做采访，实则主要为他当时正写的《奇鸟行状录》进行现场考察和取材。不无遗憾的是，因为村上“是个极端的‘中华料理’过敏分子”，向以饮食文化称雄于世的中国（也该他倒霉，他去的不是江南闽南岭南，而偏偏是味道浓烈而又确实油腻的东北）却让他主要靠什么压缩饼干活命。他这样写道：“中国之行本身诚然兴奋至极新鲜至极有趣至极，但唯独饮食确是一场悲剧。在大连吃了日本食物，在哈尔滨吃比萨饼（去中国吃比萨饼的傻瓜怕是找不出来），在长春吃了俄罗斯风味红甜菜肉汤（嘿嘿，味道不好），在海拉尔半强制性地往胃里塞了一顿名为西餐实则莫名其妙的东西。……此外吃的就是粥、酸梅干和自己带去的压缩饼干。自己都觉得自己可怜。得得，何苦跑来这里吃什么压缩食品呢？”怪不得后来他再也不来中国，依我看这至少是一个相当大的原因，尽管他本人出于礼貌避而不谈。

那次中国之行是在1994年。1994年已有《挪威的森林》和《舞！舞！舞！》（当时叫《青春的舞步》）在中国内地刊行。不过说实话，当时村上在中国还没有大红大紫。记得那时“大款儿”们也不过拿着砖头般笨重的“大哥大”（手机）套着很粗的金项链骑着摩托车一溜烟往来呼啸，“小资”“白领”等都市文化精英尚未风生水起——就是说村上式情调还缺乏规模化接受群体。所以村上的中国之行几乎没引起任何媒体任何群体任何个体的注意，灰溜溜来了灰溜溜走了。我看过他在哈尔滨站候车室里的照片，穿一件圆领衫，手捂一只钻进异物的眼睛翘起一条腿坐着，一副愁眉苦脸可怜兮兮的样子。若是现在至少被哈尔滨作协或“村上迷”们请去酒吧很文学地喝威士忌了，抑或坐在榻榻米上美美地来一顿地道的“日本料理”也未可知。

村上的随笔主要写他个人，写他的人生际遇、所感所思和喜怒哀乐。当然，随笔不同于日记，不可能百分之百实有其事，但又不至于像小说那样无中生有。日本读者倒是相信那就是原原本本的村上春树。既然村上的同胞们相信，我们也照单全收无妨。

《日出国的工厂》：
村上眼中的日本及日本人

这本书介于报告文学（Reportage）和随笔（Essay）之间，或者称为随笔风格的报告文学亦未尝不可。既然书名为《日出国的工厂》，那么就先查看一下“日出国”的由来。

日本原先不叫日本。公元607年日本使臣小野妹子（此“妹子”为男性）出使隋朝，大概以为日本列岛位于中国东边，乃日出方向，故国书开头写道“日出处天子，致书日没处天子”。隋帝虽为昏君，但在这种事上并不昏，读罢龙颜不悦，喝令以后不要再给他看这种无礼的东西。此即“日出国”之由来。而“日出国”显然是“日本”的前身。据《旧唐书》记载：“日本国者，倭国之别种也。以其国在日边，故以日本为名。”总之，“日出国”即日本，均取“本自日边来”之意。

令人意外的不是“日出国”本身，而是“日出国”出现于村上作品。众所周知，村上受西方尤其美国当代的思想和文学影响很深，加之作为专业作家却不为日本主流文坛所肯定和接受，故村上的家国意识相对淡薄，极少强调日本、日本人和日本文化好在哪里。这从前不久接受的两次采访中也不难看出。《读卖新闻》记者就全世界有众多村上作品读者这点问他对日本和日本人怀有怎样的意识,村上回答:“较之日本人这一概括方式,我以为最好还是说在日本这个场所居住的人们是怎样生活的。我不太喜欢什么‘日本人论’。即使拿日本语这点来说,里边也还隐藏着新的可能性。较之定于一尊,我更想追求自由。”*(2009年6月18日《读卖新闻》)*此前在西班牙接受*COURRIER JAPAN*记者采访时明确表示:“不管怎样,我不讨日本文坛喜欢这点应该是确切无疑的。总之我和他们太不一样了。至少我不是他们心目中‘理应如此’的存在。他们认为文学这东西多多少少必须追求日本语所具有的美、追求日本文化的主题。但我不那么认为。我把语言作为工具使用,作为能够卓有成效使用的、纯粹的工具。用这个工具写自己的故事,如此而已。再说我又不是社交型人物,不属于任何文学性团体。我之所以一连几年离开日本,是因为没有特别留在日本的必要。”记者紧接着问他是否因为被日本其他作家所否定而气恼,村上应道:“那不至于。只是觉得虽然身在自己的国家,却似乎成了一种外人(よそ者)。”记者随即问他身为地地道道的日本人这点在当下意味什么呢?村上回答:“日本人现在正在摸索自己的自证性(identity)……我们正在重新自我叩问什么是通往幸福的道路。我们仍在寻找这个。”*(COURRIER JAPAN 2009年第7期)*

事实上,村上的小说也极少以肯定和欣赏的语气提到日本、日本人和日本文化。也就是说,村上笔下往往出现一种悖论:表达日本却又排斥“日本性”,用日本语表达却又排斥“日本语性”——有谁曾在他的小说中见过为川端康成、三岛由纪夫等日本作家所津津乐道的富士山、金阁寺、和服、艺伎、榻榻米、

“刺身”、清酒等大大小小的日本符号。樱花倒是在《挪威的森林》出现过，而“日本性”以至“日本语性”却几乎被消解得一干二净：“在我眼里，春夜里的樱花，宛如从开裂的皮肤中鼓胀出来的烂肉（*春の闇の中の桜の花は、まるで皮膚を裂いてはじけ出てきた爛れた肉のように僕には見えた*）”。

村上文学这一排斥“日本性”或“去日本化”特点甚至被视为其受欢迎的一个主要原因。如作家岛田雅彦认为：“村上春树的作品之所以能像万金油一样畅销世界各国，是因为他在创作中刻意不流露出民族意识，写完后还反复检查，抹去所有民族色彩。这样，他的小说就变得‘全球化’了。”明治学院大学一位名叫四方田犬彦的教授则用“无味性”表达了类似看法：“不错，村上是用日语创作的日本作家，但他所依据的文化感受、所提及的音乐和电影或者都市生活方式，在今天的全球化进程中无一不是世界性流通和浮游的东西，在性质上无法归结为特定的地域和民族。……如果说村上的小说几乎不存在让人感觉出这种传统的日本味，那么就是说，它是因其文化无味性而跨越国境、得到外国人追捧的。”*（《远近》2006年八・九月合刊号）*

不过，凡事总有例外，如1987年这本《日出国的工厂》就是个例外。关于这本书的名字，村上在前言中说他本来想的是另一个，但在采访和写作过程中，觉得“日本”“日本人”这一概念逐渐变大，于是改变主意，采用了“日出国的工厂”这个书名。促使“变大”的一个原因，想必就是村上在参观工厂当中情不自禁对日本人发出的赞叹：“日本人这种人实在能干，能干得让人怜爱。能干，并且力图从工作本身找出快乐找出哲学找出自豪找出慰藉…… 想到这点,我就好像得到安慰和鼓励。”是啊,日本人是很能干 —— 村上本人就很能干,能干这点是任何人都不能不承认和佩服的。村上作为能干的日本人之一,此前也不至于讨厌能干的日本人,但他以往的作品从未完整出现能干的日本人这点确是事实,出现的莫如说是与此相反的日本人,无所事事百无聊赖的日本人倒好像为数不少。他们为之快乐和自豪也未必是“工作本身”,而往往更是别的什么。但在这本书中,村上不仅详细而生动地描写了能干的日本人,还描写了他一向讨厌的“组织”—— 作为“组织”的工厂。不仅描写了工厂,还肯定了 —— 有意也好无意也好 —— 为工厂这一“组织”提供支撑的日本社会、日本文化。从中不难感受到村上对“日出国”尤其对在“日出国的工厂”拼命劳作的日本人的思索、欣赏和喜爱之情,显示了村上的另一侧面或偏离其“常规”的不同之处。

当然,相同之处也是十分明显的,那就是笔法的幽默。工厂毕竟不是“世界尽头”不是“冷酷仙境”,如果秉笔直书,弄不好就成了“调查报告”。村上自然不会干那种傻事。于是淋漓尽致地演示了幽默这一拿手好戏,把严肃刻板的工厂写得绘声绘色妙趣横生。举个例子。在“小岩井农场”那一章中写到“母牛模拟台”,村上是这样描述的:

> 说母牛模拟台也不明白怎么回事吧?说得痛快点儿,就是牛用的代用夫人(Dutch wife),人们用来让公牛射精,采集精液。也就是假母牛。
>
> 仿佛让·皮埃尔·墨尔比尔的电影中出现的

色调昏暗、天棚高悬、空空荡荡的屋子正中放一架母牛模拟台。台乍看像是体操器械或拷问刑具,包着皮,再蒙一张活生生的带毛牛皮,可以摇动手柄控制高低和角度。还带有油压气缓冲装置。台四周地面到处是黑糊糊让人不快的污渍。这就是假母牛的全貌。

不过,如果在毫无预备知识的情况下被领进这间屋子看见这台,即便问这是什么,一般人怕也全然摸不着头脑。一眼就看出这是假母牛的人想必是具有相当另类的想象力的人士。至少应在前方挂一个嬉皮笑脸的母牛脑袋或正面墙壁贴一张全裸母牛的裸体照(可细想之下,牛这东西本来就是全裸的嘛)。那样,我也没准猜得出来。而这个样子,我全然揣度不出。公牛莫非真能上来情绪不成?果真动情,那么牛的想象力或者异乎寻常或者付诸阙如。

……

放置母牛模拟台即假母牛的采精室墙上贴着台使用方法解说图。看这图,眯缝眼睛的公牛的确直起后肢稳稳趴在台上,前肢挟在两侧一个劲儿气喘吁吁。牛已被调教得认为这就是真正的交配,所以也没有太大不满,倒也自得其乐。但从旁边看来,未尝不觉得其人生方式相当荒诞。提起种牛,我本来想象它每天都气壮如牛地和不同的母牛做爱,到了傍晚,像谷冈安治的牛那样道一声"今天干得很来劲啊”，一边擦汗一边返回牛舍——想象的确很优雅，然而现实这东西到底不是好玩的。

不妨再举一例。村上最后参观的第七家工厂“亚德朗斯”是专门制造假发的：

假发是非常特殊的商品，亚德朗斯负责宣传的人说。什么特殊呢？“全然没有口头传播”。比如说，绝不至于有人到处声张“我这个是假发的哟，喏，咔哧咔哧……跟你说，看不出来的吧？简直天造地设！”戴有天造地设假发的人一般都秘而不宣，即使周围有头发稀薄的人也压根不会劝说“用××好了，××的假发简直天造地设”。戴的人始终默不作声。“如此没有横向扩展的商品，几乎别无他例。”宣传负责人说。确乎言之有理，我觉得。

如何，够幽默的吧？看得我都对日本的工厂发生了大于日本文学的兴趣。下次有机会去日本，哪也不去，就去看那“母牛模拟台”和假发工厂——对假发本身倒不感兴趣，看日本女孩如何为日本的光秃老伯们制作假发套，那场景一定赏心悦目。赏心悦目之余，没准沁出一种人生的无奈和悲凉。

最后要说的一点是，村上这次假发工厂“探险记”后来被他融入长篇小说《奇鸟行状录》第九章“电气的绝对不足与暗渠、笠原May关于假发的考察”之中。如笠原May劝“我”和她一起去假发公司打工时这样介绍一番：

“再说假发公司还直接经营美容院，人们都在那里洗假发剪真发。还用说，总不好意思去普通理发店往镜前一坐，道一声‘好嘞’取下假发叫人理发吧，话说不出口嘛。光是美容院这项收入都好大一笔…… 那些人赚得一塌糊涂。让东南亚那种低工资地方做假发，毛发都是当地收购的，泰国啦菲律宾啦。那地方的女孩们把头发剪了卖给假发工厂。有的地方女孩嫁妆就是这么来的。世界也真是变了，我们这儿哪位老伯的假发，原本可是长在印度尼西亚女孩头上的哟！”

怎么样，一脉相承吧？顺便说一句，《日出国的工厂》报告说日本推定“薄发人口”约七百五十万，假发使用者五十万。

《地下》：
之于村上春树的物语
——从《地下》到《1Q84》

《地下》(*Underground*)是村上春树早在1997年出版的长篇纪实文学作品，但它真正引起我的关注则是其最新的长篇小说《1Q84》问世之后。关注的中心点是物语在二者之间的关系及其透示的思想信息，抑或物语之于村上的意义。

一

《1Q84》于2009年5月29日分BOOK1、BOOK2两卷出版，至9月7日即印行18次，两卷合销223万册，成为热门话题。小说分48章以双线平行结构(parallel worlds)推进。奇数章为“青豆”章，偶数章为“天吾”章。女主人公青豆年轻漂亮而雷厉风行，男主人公天吾身材高大而谨小慎微。身为体育俱乐部教练的青豆受一位神秘而富有的老妇人之命，以极其巧妙的手段结束了若干虐妻男士的性命。这期间进入同1984年并行的1Q84年的世界。继而受命谋杀邪教的教主(Leader)，由此和邪教发生关联。身为补习校数学教员的天吾受出版社好友之托，改写十七岁女高中生深绘里暗示邪教初期内幕和有“小人儿”（Little people）出现的小说《空气蛹》，小说因此获奖并成为畅销书。天吾亦和深绘里成为好友。不料深绘里竟是名为“先驱公社”的邪教教主的女儿，天吾由此和邪教发生关联，引起“小人儿”的警觉。最后，天吾发现小说《空气蛹》中的“空气蛹”实际出现在父亲的病床上，开裂后里面躺着的居然是自己十岁开始动心而二十年间从未相见的恋人青豆！与此同时，现实中的青豆则因听信教主之言为保全天吾而将手枪管含入口中扣动扳机。BOOK2 至此结束。

显然，故事是围绕邪教团体展开的。邪教是这部长篇小说的主轴和关键词。而邪教并非纯属虚构，其原型是《地下》中制造东京地铁沙林毒气事件的奥姆真理教。村上本人对此也一再提起。他在《1Q84》出版不久接受报纸采访，谈及创作起因：一是英国作家乔治·奥威尔的《一九八四》，“很早以前就想以 G. 奥威尔的‘未来小说’为基础将不久的过去写成小说”；二是奥姆真理教制造的沙林毒气事件。在法院听得案件主犯林泰男被判处死刑，村上心情很沉重：“并非犯罪型人格的普普通通的人因为种种流程而犯了重罪。觉察时已经成了不知何时被剥夺性命的死囚——我设身处地想象这种仿佛一个人留在月球背面的恐怖，几年来持续思考这一状态的含义。这是这个故事的出发点。”*（2009 年 6 月 16 日《读卖新闻》）*《1Q84》出版三四个月后村上又一次强调：“个人与体制的对立、相克，对于我始终是最主要的主题。体制不能没有，但体制在很多方面将人变为非人。在沙林毒气事件中或死或伤的人也是奥姆这一体制伤害个人的结果。”*（2009 年 9 月 17 日《每日新闻》）*

日本学者也已明确指出《1Q84》同采访奥姆真理教事件的

《地下》之间的关联。文艺评论家、法国文学研究者铃村和成认为村上从未写过像《1Q84》这样主题鲜明的小说，“主题即是以奥姆真理教为原型的原教旨主义宗教团体——新宗教（cult）集团”。同时指出“出场人物多多少少同奥姆性质的‘新宗教’有关”（*河出书房新社，pp.99—100*）。美国文学专家越川芳明同样认为“村上春树的《1Q84》可以作为以1995年制造地铁沙林事件的奥姆真理教为原型的寓言故事来读”（*河出书房新社，p.200*）。换言之，《1Q84》乃是对《地下》中的奥姆真理教及东京地铁沙林毒气事件之历史事件的拟写。可以说，没有纪实文学作品《地下》，就不会有十几年后的长篇小说《1Q84》。在这个意义上，若想深入理解《1Q84》，就必须回溯《地下》（包括《在约定的场所：地下2》），回溯奥姆真理教和沙林毒气事件。

事件发生于1995年。1995年对于日本是极为糟糕的年份。1月17日发生7.2级神户大地震（日本称“阪神大震灾”），三十万人无家可归，死亡人数最后超过六千四百人，《每日新闻》形容说“状况简直同刚刚战败时无异”。此后不到两个月又发生沙林毒气事件。3月20日清晨，十名奥姆真理教信徒两人一组分成五路，其中五名钻进三条线路的地铁车厢，在上班高峰时间段用打磨锋利的伞杆尖端捅破装有液状沙林毒气的塑料袋。毒气在密封的车厢和停车时的月台上弥漫开来，受害者超过五千人（官方正式公布为三千八百人），其中死亡十二人，更多的人苦于后遗症，有的终身致残。地震摧毁了日本抗震施工技术的神话，“沙林”终结了日本社会治安的神话，乃日本战后最惨重的天灾人祸。村上春树在《地下》题为“没有标记的噩梦”的后记中就此写下这样一段话：“一九九五年一月和三月发生的阪神大震灾与地铁沙林事件，是日本战后划时代的具有极其重要意义的两大悲剧，是即使说‘日本人的意识状态因此而前后截然不同’也不为过的重大事件。有可能作为一对灾难（catastrophe）、作为在讲述我们的精神史方面无可忽视的大型里程碑存续下去。”（*村上春樹，アンダーグラウンド，p.764*）

无独有偶，奥姆真理教恰恰出现在1984年。最初仅有三名成员，在涩谷租用一个公寓套间，作为“奥姆神仙会”开始活动。提出的构想是创造衣食住全部基于真理的所谓“幸福生活”，建立教育、医疗和就业机构，进而“转生”进入高层次世界。十一年后制造了这起震惊整个日本的恐怖事件。

村上春树1991年初赴美，在新泽西州的普林斯顿住了两年半，在马萨诸塞州的坎布里奇（剑桥市）住了两年。其间主要创作了日文原著为上中下三卷的《奇鸟行状录》。1995年3月临时回国时在神奈川县海边家中得知东京发生地铁沙林毒气事件。其后按计划重返坎布里奇，6月彻底回国。从1995年12月开始整整用一年时间采访六十二名沙林事件受害者，1997年1月最终脱稿，同年3月15日即沙林毒气事件发生两周年前夕刊行问世，此即《地下》。

村上作为颇具后现代倾向和大体游离于社会主流之外的“个人主义”作家何以一反常态，全力以赴采写这样一部纪实文学作品呢？

写《地下》的最初动机，首先是想作为事实详细了解一九九五年三月二十日东京地下发生了什么。我想以我的方式彻底把握和追究其中的事实真相。不妨说，这项作业始自作为一个普通人的纯粹的疑问。我想真正知道了解的事谁也不肯告诉，往下只好由我自己迈开双腿四处调查。并且隐约期待从这一视角看清日本这一社会的形态。此外也怀有这样一种预感：很多事情说不定因此连在一起。但为此反正要先拔腿行动才行。躲在书房不动，有的东西是很难看清的。而这样的作业对于我无疑是面向新领域的一次挑战。

与此同时——终归是以水到渠成的形式浮现出来的，写《地下》这本书在结果上也是对我自身进行精神 adjustment（调整）的重要作业。我结束长期旅居海外的生活返回日本，需要类似精神切换那样的东西。而那必须是同自己国家的刻骨铭心的面对。如今想来——只是说如今想来，我是想通过这次采访来邂逅在日本社会中生活的“普通人”，想尽情听他们倾诉，想把全副身心沉浸在他们的物语中。由此进一步说来，是想同“拥有不普通的共同体验的普通人”相遇，想知道他们在那种异样性、特异性之中何所感何所思以及如何将自己相对化、亲眼看见了怎样的场景。希望通过逐一参与他们讲述的物语而在结果上——只能在结果上——拓展和加深自己作为“在日本这个国家生存的作家”的视野。当然不是以此为目的开始的，而是说我本身不能不因这项作业而发生相应的变化。

坦率地说，较之其中的客观事实，我感觉自己的意识更为指向围绕事实讲述的物语构成方式，本能地相信唯有那种自然而然的物语性方能治愈——哪怕局部地治愈——我们受伤的社会。那既是之于我的 adjustment，又应是之于社会的 adjustment。采写过程中我始终相信这种相互折射的力的作用。

以上引文来自村上为收录《地下》的《村上春树全作品 1990—2000 ⑥》所写的“解题”（pp.690—692）。显而易见，采写《地下》的动机，一是了解事件真相，进而了解日本社会；二是进行精神调整，进而拓展自己的视野。而物语（或物语性）在其中起着非常重要的作用——这也使得《地下》明显有别于 nonfiction（非虚构文学作品），作者随后写道：“简单说来，我是想一个个实际亲身穿过证言提供者的话语（物语）而在那里构筑一个综合性的、原模原样的世界，也希望读者感同身受。”*（村上春树，2000 ⑥，p.696）*言外之意，村上感兴趣的更是事件背后的元素，即作为背景或土壤导致事件形成的日本这个社会以至日本每一个人内部的“地下世界”，而要逼近和发掘这个真正黑暗的“underground”，只能诉诸物语即小说这一形式。村上这篇“解题”最后几句话尤其耐人寻味：“之于我的小说，好比发掘自己身上深埋的遗址那样的东西。来自外部的则是新的工具、新的材料。而用工具发掘的‘内容’，却是自己身上长久埋藏的东西。在久远的将来，发掘所得之物很可能有一天会作为我自身的遗址呈现出来。”*（村上春树，2000 ⑥，pp.697—698）*

十几年后，"遗址"终于发掘、呈现出来了，这就是《1Q84》这部大部头物语，这部足够长的长篇小说。

二

那么，《1Q84》中究竟有哪些部分属于《地下》的"遗址"呢？或者说《地下》的哪些"遗址"在《1Q84》呈现出来了呢？一句话，二者之间的联系何在？

我以为主要是关于物语的理念。

村上认为包括沙林毒气事件案犯在内的奥姆真理教信徒之所以由普通人变成信徒而深受其害，一个根本原因在于他们失去了"固有的自我"即失去了制造"固有的物语"的主体性，致使自己"从他者、从被你转让自我的某人那里接受新的物语"。而教主"麻原彰晃能够以充分的说服力把这种作为junk（垃圾）的物语给予人们（求之不得的人们）。…… 那是粗糙而滑稽的物语，在局外人眼里绝对只能是令人喷饭之物。但公正说来，那里面确有一以贯之的东西：'那是为了什么而不惜浴血争战的攻击性物语。'"*（村上春树，アンダーグラウンド，pp.751—752）*那一物语是封闭性的物语，只有入口没有出口，将人们的自我一点一点吞噬下去。而能够与之对抗的——村上后来在为收有《在约定的场所：地下2》的《村上春树全作品1990—2000⑦》所写的"解题"中指出——"不是逻辑，不是知识不是道德，而仅仅是'另外的物语性'、另外的'开放的'物语性。简单说来，那是物语'开放系'同'封闭系'之间的战斗。"

2001年10月即美国"9·11"事件发生不久，村上在一次谈话中进一步深化了这一认识。据哈佛大学教授杰·鲁宾（Jay

Rubin)介绍，当时《纽约时报》一位记者注意到村上关于奥姆真理教的分析同样适用于一个月前恐怖主义分子对纽约和华盛顿的袭击，于是在东京找到村上。村上将奥姆真理教的封闭世界同伊斯兰原教旨主义世界加以比较，认为二者的共通之处在于：如果你有疑问，总会有人提供答案，只要你继续相信，就会一直很幸福。但在开放式的世界中，一切都是不完全的，有很多困惑和缺憾。"在大多数情况下我们都谈不上幸福，更多的反而是困惑和压力。但至少情况是开放式的。你有选择权，你可以决定你生活的方式……我写的故事中的主人公都是些在这个混乱的世界中寻找正确的生存方式的人……这就是我的主题。与此同时我认为还有处于地下状态的另一个世界。你可以在你的意识中进入这个内在的世界。我作品中的大多数主人公都是活在这两个世界——这个现实生活中的世界与这个地下状态中的世界。如果你受过训练，你就能找到路径，在这两个世界之间往来游走。要找到进入这个封闭循环的入口很容易，但要找到一个出口却很难。很多宗教领袖都会免费为你提供一个入口。但他们不会提供出口，因为他们希望追随者上套。在他们命令自己的追随者成为士兵时他们就可以为自己冲锋陷阵。我想，那些开着飞机撞大楼的人就是这种情况。"(*《倾听村上春树：村上春树的艺术世界》，杰·鲁宾著，冯涛译，上海译文出版社 2006 年版，pp.251—252*)。在这里，村上再次强调只有入口没有出口的封闭性世界即是封闭性物语的危险性——可以使人开飞机撞大楼，可以使人在地铁中施放毒气。

多年后的 2008 年，村上开始以"精神囚笼"这一措辞批判奥姆真理教及其封闭性物语（封闭性世界）的恐怖状态："我认为当今最为可怕的，就是由特定的主义、主张造成的类似‘精神囚笼’那样的东西。多数人需要那样的框架，没有了就无法忍受。奥姆真理教是个极端的例子，但此外也有各种各样的围栏或囚笼，一旦进去，弄不好就出不来了。”因此，村上认定物语必须是对抗体制及其造成的“精神囚笼”的武器。自己作为小说家的职责就是打磨这种武器，即写出开放性的好的物语——“好的物语会加深和拓展人的心灵。有了这样的心灵，人就不情愿进入狭窄场所了”（*2008年5月17日《每日新闻》*）。

2009年2月15日村上以《高墙与鸡蛋》为题在耶路撒冷文学奖获奖演讲中再度确认物语或小说的职责。他说：“我写小说的理由，归根结底只有一个，那就是为了让个人灵魂的尊严浮现出来，将光线投在上面。经常投以光线，敲响警钟，以免我们的灵魂被体制纠缠和贬损。这正是物语的职责，对此我深信不疑。”（*《文艺春秋》2009—4，p.163*）也就是说，村上已把物语置于个人灵魂同体制之间的冲突地带，将物语提升到灵魂守护神的高度。必须指出，村上在谈及这样的物语理念时总是念念不忘奥姆真理教。此次演讲后不久他在接受《文艺春秋》杂志独家采访时表示：

> 人一旦卷入原教旨主义，就会失去灵魂柔软的部分，放弃以自身力量感受和思考的努力，而盲目听命于教旨及其原则。因为这样活得轻松，不会困惑，也不会受损。他们把灵魂交给了体制。
>
> 奥姆真理教就是一个典型。我采访地铁沙林毒气事件的受害者写了《地下》，之后又听取信徒

们的说法归纳成《在约定的场所》。还去东京地方法院、高等法院旁听审判。案犯们当然是施害者,尽管如此,我在心底还是觉得他们也是鸡蛋,也是原教旨主义的牺牲者。我感到怒不可遏的,较之个人,针对的更是体制。

他们将自我整个转让给了那个团伙,被高墙围困,同现实世界隔离开来。某一天被人递给装有沙林的塑料袋,命令自己在地铁中捅破——此时已无法穿去墙外了。而意识到时,已经杀人被捕,在法庭被宣判死刑,投入牢房的四面墙之中,沦为不知何时被处死之身。这么一想就不寒而栗。同BC级战犯一样。能够断言唯独自己不至于有此遭遇的人究竟会有多少呢?采用体制(System)和高墙这一说法的时候,我脑袋里闪过的也是牢房图像。

(《文艺春秋》2009—4, pp.166—167)

而早在十几年前村上就已经在《地下》"没有标记的噩梦"后记中质问:"你没有向谁(或什么)交出自己的某一部分而接受作为代价的'物语'吗?我们没有把人格的一部分完全托付某种制度 =System 吗?"(*村上春树, アンダーグラウンド, pp.753—754*)二者可谓前后呼应。这显然意味着,村上十几年时间里始终在思索物语同奥姆真理教之间、个人同奥姆真理教式封闭性物语之间的关系以及物语的重要作用,不断提炼之于自己的物语理念,等待将自己投入开放性物语同封闭性物语之间的战斗的时机。当新世纪第一个十年即将过去的时候，当世界愈发处于缺乏整合性的“混沌”（Khaos）状态或多元、多极形势的时候，村上认为时机已到，于是推出了《1Q84》。在这个意义上，《1Q84》可以说是村上式物语理念一次至为重要的大规模实践活动，因而理应是村上心目中足以同奥姆真理教式封闭性物语相抗衡的提供“出口”的开放性物语。不妨先看一下《1Q84》中村上通过男主人公天吾表达的关于物语理念的最新思考：

> 在物语的丛林中，无论事物之间的关联性多么一目了然，也不可能给予明快的解答，同数学的区别就在这里。物语的职责——笼统说来——就是将一个问题置换为另一种形式。解答的方式即通过其移动的质和方向性而被物语式暗示出来。天吾带着这一暗示返回现实世界。那类似写有无法理解的咒语的一张纸片。有时候因其缺乏整合性而不能马上发挥实际性作用，但它含有可能性。自己有可能迟早解开咒语之谜——这样的可能性将从深处一点点温暖他的心。
>
> （村上春樹，BOOK1，p.318）

这里有三点值得注意：一是以“置换”（换喻）表达物语的职责；二是以不提供明确答案表达物语的开放性；三是以缓慢温暖人心表达物语的对于个人的作用。这三点固然是此前物语理念的延伸，但有程度不同的新意。

三

那么,这种始自《地下》并不断发展的物语理念在《1Q84》这部日文长达一千多页的物语中是如何付诸实践的呢?

首先,物语本身在《1Q84》中具有不止于温暖人心的无可替代的作用。村上作品中,大物语套着小物语是经常出现的创作手法。《1Q84》中的小物语无疑是《空气蛹》,但这个小物语却是驱动大物语《1Q84》的关键动力:出版社尝试通过《空气蛹》的出版赚钱,主人公天吾希望通过《空气蛹》的修改成为真正的小说家,戎野打算通过《空气蛹》的畅销同杳无音信七年之久的老朋友取得联系,教主企图通过《空气蛹》牵制"小人儿"。更重要的是,《空气蛹》描写了后来演变为邪教团体的"先驱公社"的由来和初期内幕,也是使之变成邪教团体和控制教主的神秘的"小人儿"唯一亮相的舞台。假如抽掉《空气蛹》这个小物语,《1Q84》将不复存在,同邪恶团伙及其体制相抗衡的力量也难以产生。这也意味村上春树文学创作策略的一个更加明确和自觉的转变,即由文体至上转变为物语至上。他清醒地意识到,较之过去刻意经营的文体,物语作为对抗"高墙"的武器有效得多。也就是说,他更相信物语的力量。

其次,封闭性"物语"(体制)的危险和恐怖在《1Q84》中得到充分演示。以《地下》奥姆真理教为原型的"先驱公社"原本是开放性团体,其成员在从农民手中购得的田地里从事农业生产,承认私有财产,出入自由,同外界保持正常联系,也几乎没有"思想教育和洗脑"那样的活动。自从教主女儿深绘里领来"小人儿"之后,转而实行彻头彻尾的"秘密主义",修筑围墙,中断同外界所有往来,成员不得离开,从而沦为只有入口没有出口的封闭性体制。成员将“自我”整个托付给教主编造的封闭性物语。教主强暴教团内所有不到十岁的幼女，编造的物语性理由是以此赋予幼女“灵性觉醒”，强调这一所谓仪式必须在初潮前进行，由此产生的剧痛乃是“为了升入上一层次而无法回避的关口”。*（村上春樹，BOOK1，p.437）*幼女的父母对此深信不疑，兴冲冲将自己的女儿献给教主满足其变态性欲。幼女狭小的子宫因此受伤，导致终生不育。其中一个叫“翼”的幼女逃出后变得表情呆滞，除了偶尔说出“小人儿”一词以外几乎完全失语。更可怕的是，这名幼女在老妇人的受害妇女救助中心生活期间突然失踪。教主说她已被“回收”。亦即，出口彻底封闭，即使逃出也要被“回收”——邪教以及邪教式的团体成了不可逾越的“高墙”，成了“精神囚笼”、肉体囚笼，正如村上前面所说，教主只提供入口而不提供出口，以使追随者上套。其依赖的手段，即是编造封闭性物语。

同这种封闭性物语相对立的，自然是开放性物语。下面就看一下《1Q84》展示开放性物语时的特点及其存在的问题，这是第三点，也是最后一点。

毋庸置疑，《1Q84》中的教主深田保是奥姆真理教头目麻原彰晃的置换，不仅物语编造手法，而且形体也有相像之处，如麻原同样身体硕大和视力不好等等。如前所述，麻原式教主编造的是封闭性物语，而村上围绕教主展开的物语则是开放性的。所谓开放性物语，在村上文学语境中，是指没有明确答案的、为读者提供多个选项的甚至有许多困惑和缺憾的物语。这在《1Q84》中表现在哪里呢？我认为主要表现在对善与恶的描述和界定方面。

村上在《地下》"没有标记的噩梦"后记中指出,沙林毒气事件发生后,报道这一事件的媒体的基本姿态是使"受害者 = 无辜 = 正义"之"此侧"同"施害者 = 污秽 = 恶"之"彼侧"对立起来。也就是说,事件受害者是善,事件制造者奥姆真理教是恶。二者缺乏"对流性",非善即恶,非恶即善,善恶分明,势不两立。进一步说来,这种认知或结论是封闭性的,有进无出,别无选择。而村上则力图从这种"公共马车式共识"的咒语中解脱出来,通过采访受害者施害者双方和去法院旁听来寻找开放性认知或结论。结果发现,"地下世界"不仅仅出现在沙林事件发生的地下(地铁)及奥姆真理教内部之"彼侧",也出现在正常的日本社会内部和正常人的日常生活之"此侧"。*(村上春樹,アンダーグラウンド,pp.740—744)*

作为"此侧"的例子村上举了两个。一个写在《地下》的前言中:一位女士的丈夫去公司上班途中不幸遭遇沙林毒气,留下后遗症,上班后无法像以往那样工作。时间一长,上司和同事开始说三道四,致使他不得不辞职回家。村上认为这位年轻职员遭受了双重暴力。一重来自属于恶的异常世界,一重来自属于善的正常世界,但二者"都是地下同一条根长出来的"。*(村上春樹,アンダーグラウンド,pp.16—18)*另一个例子是在《地下》"没有标记的噩梦"后记中举的自身例子:1990 年众议院选举期间村上目睹一伙年轻男女戴着大象面具和麻原面具在街头载歌载舞帮麻原拉票,不由得不胜厌恶地移开视线。为什么移开?作为假设,恐怕是因为"奥姆真理教这一'事物'(ものごと)对于我并非纯属他者"。*(村上春樹,アンダーグラウンド,p.743)*

至于彼侧的例子，村上举了林泰男。林泰男是沙林毒气事件的主犯，他一个人在地铁车厢里捅破三袋沙林，致死八人，致伤达二千四百七十五人之多。审理期间村上去法庭听了整个过程，觉得就人格来说林泰男绝非犯罪型，甚至是个“诚实”的人。审判长在判词中也说他“本来不是具有犯罪倾向的人，性格甚至有善良的一面”。于是村上“开始极为自然地一点点对他怀有同情之念”（*村上春樹，2000⑥，p.683*）。言外之意，甚至作为恶之“彼侧”堪称“杀人机器”的主犯身上都有善的因素。村上就是这样通过这一系列采访和旁听活动获得关于善与恶的开放性认知和结论，拆除了“此侧”与“彼侧”、自我与“他者”之间的藩篱，使之互相流通，呈开放状态。

这样的开放性“遗址”，在十几年后的《1Q84》中水到渠成地演绎出了关于善与恶、关于邪教的开放性物语及其开放性主题、开放性结论，而典型地体现在教主身上。其突出表现是善恶概念、善恶边界的开放。前面已经提及，教主编造物语强暴初潮前的十岁幼女，致使幼女子宫被毁，身心遭受严重摧残，已经恶到了无以复加的地步。女主人公青豆因此受老妇人之托前去谋杀教主。不料教主却辩称如此令人发指的恶行并非出于自愿，自己不过是女儿深绘里领来的“小人儿”的代理人。他所以让深绘里逃离教团，是为了使其同天吾合写《空气蛹》以散布对付“小人儿”这一病毒的抗体。最后教主居然为了使“小人儿”失去自己这个代理人即为了中断恶的链条而主动请青豆立即杀死自己。死之前说的下面一番话曾被 NHK 电视台以“物语的力量”为题于 2009 年 7 月 14 日播出的村上专题节目中用来概括村上“独自的世界观”：

"世上既没有绝对的善,又没有绝对的恶。"他说,"善恶不是静止的固定的,而是不断变换场所和立场的东西。一个善在下一瞬间就可能转换为恶,反之亦然。陀思妥耶夫斯基在《卡拉马佐夫兄弟》中描绘的也是这样的世界形态。重要的是保持来回转换的善恶之间的平衡(balance)。过于向一方倾斜,就很难维持现实道德。是的,平衡本身即是善。我必须为了保持平衡死去也是出于这个意义。"

(村上春樹,BOOK2,pp.244—245)

在《地下》中,教主麻原彰晃无疑是恶(绝对的恶)的化身,是构筑教团这一封闭性体制或编造封闭性物语的核心主体。村上尽管对林泰男这样的主犯怀有几分同情,但对麻原本人采取的显然是直接批判的态度;而《1Q84》中的教主深田保则并非"绝对的恶",甚至成了主动中断恶之传承的不无悲壮色彩的人物,至少是善恶混合体。也就是说,善恶在这里是相对的、互换的、对流的,处于开放过程。这一善恶概念诚然来自《地下》,然而在《1Q84》中恶的主体消失了。纵使理应是恶之彼侧的"小人儿",借用教主的话说"是善还是恶也是不清楚的"*(村上春樹,BOOK2, p.276)*。村上本人也不置可否。去年九月接受报纸采访时他这样回答:"至于'小人儿'是怎样的东西,是善是恶,那我是不清楚的。不过,在某种情况下或许是制造恶之物语的存在。我认为,住在深山里的'小人儿'是超越善恶的,但如果走出深山而同人们发生关联,有时候就会因此具有负面能量。"接下去当记者就其将善恶等价值观的对立加以相对化这点予以确认时，村上又转而说道：

> 我真正想描写的是物语所具有的善之力量。像奥姆那样把人们诅咒在、束缚在封闭的狭小团体中的，是物语的恶之力量。它把人们拉往错误的方向。小说家要做的是向人们提供广义的物语，使之发生精神性动摇，示以什么是错误的。我相信物语的善之力量。我之所以想写篇幅长的小说，目的就在于扩大物语的外环，尽可能影响多一些的人。明确说来，我必须写能够同原教旨主义和地域主义（Regionalism）相对抗的物语。为此必须首先看清“小人儿是什么”。这是我正在进行的作业。
>
> （2009年9月17日《每日新闻》）

然而，我认为《1Q84》并非这样的物语。它虽然扩大了“物语的外环”，尤其在善恶方面更具开放性，但另一方面它模糊了大善大恶大是大非之间的界线，抽空或者置换了恶的主体，使得对恶的批判、对封闭性物语的抵抗显得软弱无力。就这点而言，《地下》是成功的，而《1Q84》并未实现他自《地下》以来延续的物语理念。只能寄希望于他预定2009夏天出版的《1Q84》BOOK3。但愿那里的噩梦是有“标记”的。

《边境 近境》：村上十五年前的中国之行

村上春树是一位喜欢旅行的作家。用他本人的话说，虽然在日本拥有自己的住所，但不知何故，偏偏无法安居乐业，而宁愿“满世界跑来跑去”。从 1986 年（37 岁）开始，在欧洲住了三年，在美国住了不止四年。这期间创作了《挪威的森林》《舞！舞！舞！》《国境以南 太阳以西》和《奇鸟行状录》等长篇小说，写了《远方的鼓声》《雨天 炎天》《终究悲哀的外国语》等游记和随笔。

不过准确说来，村上也并非“满世界跑来跑去”，或者说“满世界”似乎并不包括亚洲。事实上，村上作为亚洲人，亚洲国家他只到过中国和蒙古国，而且只有短短两个星期。时间是 1994 年 6 月，路线是大连 — 长春 — 哈尔滨 — 海拉尔 — 内蒙新巴尔虎左旗的诺门罕村，之后绕回北京，路线变为北京 — 乌兰巴托 — 乔巴山 — 哈拉哈河西岸的诺门罕战役遗址。关于此次中国之行、中蒙边界之行的记述，后来收录在 1998 年结集的《边境 近境》之中。

说起来，《挪威的森林》最初的中译本是 1990 年 4 月出版的，到村上来华的1994年6月已逾4年。但那时《挪威的森林》尚未达到畅销程度，村上在中国自然不怎么出名。因此十几年前他的那次中国之行并未引起国人的注意，基本上是作为普普通通的外国旅行者出现在旅途中，没有受到任何特殊的接待和欢迎。所以不妨首先看一下彼时中国在彼时村上眼中是什么样子。

关于火车，村上以其不无辛辣的幽默笔触这样写道："从大连开始被塞进挤得连厕所都去不成的、堪称中国式混乱极致的满员'硬座'车（原本计划乘飞机去长春，但航班被无甚理由地取消了，突然改乘火车），摇晃了一夜十二小时，累得一塌糊涂。到达长春站时，觉得脑浆组织也好像随同周围汹涌澎湃的情景而大面积重组一遍。/ 中国人满不在乎地从窗口扔所有东西，若开窗坐在窗边，有时会遭遇意料不到的灾难。啤酒瓶啦橘子皮啦痰啦鼻涕啦等种种样样物件从窗外嗖嗖飞过，弄不好很可能受伤，下场更凄惨亦未可知。"关于宾馆："我转了不少中国城市，深深觉得中国建筑师有一种能使得刚刚建成的大楼看上去浑如废墟的特异才能。例如每次进入面向外国人的高层宾馆——当然不是说全部，我们都会在那里目睹为数众多的废墟。电梯贴的装饰板张着嘴摇摇欲坠，房间天花板边角部位开有含义不明的空洞，浴室的阀柄有一半两相分离。台灯的脖颈断裂下垂，洗面台活塞不知去向，墙壁有仿佛心理测试图的漏雨污痕。"关于医疗服务："在哈尔滨，始料未及地跑起了医院——坐'硬座'的时候，对面坐的年轻男子开了车窗再不关上，致使异物进入眼睛（不过此君人倒非常友好，我下车时忘了带坐席上的随身听电池，他特意跑来递给我)。”为此村上在哈尔滨去了两次医院,两次都不用等待,连洗眼带拿药才付费三元(四十日元)。于是村上感慨:“根据我的经验,就眼科治疗而言,中国的医疗状况甚是可歌可泣。便宜,快捷,技术好(至少不差劲儿)。”

不过,村上的中国之行显然不是为了写上面这样的中国印象记。他几乎没去任何景点。在大连没去老虎滩,在长春没看伪皇宫,在哈尔滨没游太阳岛,而仅仅是路过。较之游客或旅行者,他更是采访者。他的目的地是中蒙边境一个普通地图上连名字都没有标出的小地方:诺门罕。说实话,当年为翻译这个地名查遍了手头所有中外地图都没查出。那么,村上要去那么偏僻的地方做什么呢?

这涉及一场战役:诺门罕战役。

这场战役,日本人习称“诺门坎事件”,蒙古国称为“哈拉哈河战役”。事件是 1939 年春夏之交由日军在靠近诺门罕的“满蒙”国境线挑起的。关东军投入近 6 万兵力,结果在以苏军机械化部队为主力的苏蒙联军排山倒海的反击下一败涂地,死伤和失踪近两万之众,第 23 师团全军覆灭。此后关东军不得不收敛进攻苏联的野心。村上早在上小学的时候就在一本历史书中看过诺门罕战役的照片。不知为什么,自那以来,那一战役的场景始终萦绕在他的脑际。后来受聘在美国普林斯顿大学任驻校作家期间在学校图书馆意外见到了不少关于诺门罕战役的英日文图书。翻阅之间,他终于明白了自己一直为那场战役所强烈吸引的原因:“那大概是因为,在某种意义上那场战役的始末‘实在太日本式、太日本人式’了。”何为日本式、日本人式呢?在村上看来,就是几乎没有人对无数士兵在“日本这个封闭组织中被作为无名消耗品”谋杀掉负责任，甚至吸取教训都无从谈起。即使战后的今天，“我无论如何也无法从我们至今仍在许多社会层面正作为无名消耗品被和平地悄然抹杀这一疑问中彻底挣脱出来。我们相信自己作为人的基本权利在日本这个和平的‘民主国家’中得到了保证。但果真如此吗？剥去一层表皮，其中一脉相承呼吸和跳动着的难道不仍是和过去相同的那个封闭的国家组织或其理念吗？我在阅读许多关于诺门罕战役的书的过程中持续感觉到或许就是这种恐惧——五十五年前那场小战争距我们不是并没有多远吗？我们怀抱着的某种令人窒息的封闭性总有一天以不可遏止的强大力量将其过剩压力朝某处喷发出去，不是吗？”与此同时，村上意识到那场“奇妙而残酷”的战役正是自己寻求的题材，决心将那场战役作为长篇小说《奇鸟行状录》的一个纵向主轴。“我一边看书，一边把自己带往1939年的蒙古草原。我听到了炮声，肌肤感受到了掠过沙漠的风”。他在《奇鸟行状录》第一部中以64页篇幅（原文）写了同诺门罕战役相关的情节。写完第二部后，《马可·波罗》杂志问他能否实际跑一趟，“那是我早就想去的地方，一口答应下来”。

很明显，村上中国之行或中蒙之行的目的，在于亲眼看一看作为《奇鸟行状录》题材之一的诺门罕战役的战场。

关于《奇鸟行状录》，这部分为上中下三部、译成中文都有50万言的超长篇小说对于村上春树可以说是划时代的标志性作品，哈佛大学教授杰·鲁宾（Jay Rubin）称之为“也许是他创作生涯中最伟大的作品”。这部作品无疑是他创作道路的转折点。如村上自己所说，他诸多小说的一个重要主题就是主人公总在寻找什么，而《奇鸟行状录》同以前作品的不同之处，在于“主人公积极主动地期盼寻找并为此进行战斗”。《奇鸟行状录》通篇贯穿着这种积极性或战斗性。而其战斗性的指向就是寻找和发掘日本被官方掩盖了的另一种历史，即充满邪恶和暴力的历史。而要寻找邪恶和暴力的源头，势必追溯日本对中国内地的侵略及其在那里犯下的种种暴行。《奇鸟行状录》从寻找冈田亨夫妇丢失的一只宠物猫开始，之后很快将读者带往蒙古草原和血肉横飞的诺门罕战场。并通过滨野军曹之口点出了南京大屠杀：“在南京一带干的坏事可不得了。我们部队也干了。把几十人推下井去，再从上边扔几颗手榴弹。还有的勾当都说不出口。”如果说，《奇鸟行状录》的主题是探索和求证当今日本暴力的传承和渊源，那么那场“太日本式、太日本人式”而又被蓄意掩饰的诺门罕战役无疑是一个典型教案。可以说，村上的笔锋在这里已触及日本历史最黑暗、最隐秘的部位和当今日本症结的源头所在。

尤其值得注意的是，实际来中蒙边境的诺门罕之前，村上已经写完了涉及诺门罕战役的《奇鸟行状录》的第一、第二部。第三部则是在结束中蒙之行后写的，而恰恰是第三部，成为村上真正的转折点。如果说第一部和第二部仍处于寻找和期待阶段，第三部则真正开始了战斗：用棒球棍将作为邪恶与暴力化身的众议院议员绵谷打塌头盖骨，主人公的妻子即绵谷升的妹妹也下决心去医院病房拔掉维持绵谷升生命装置的插头——“我必须杀死我的哥哥绵谷升！”杰·鲁宾在他的专著《倾听村上春树：村上春树的艺术世界》(*Haruki Murakami and the Music of Words*)中指出：“只有第三部可以说受益于他对这个自学生时期就一直挥之不去的战场的实地勘察。”

熟悉二战史的人都知道12月7日是美国的“珍珠港日”（Pearl Harbor Day），1991年12月7日是美国开始太平洋战争50周年纪念日。当时村上正在美国，即使普林斯顿那样的大学城也弥漫着反日情绪，几乎成了“反日日”。那天一整天村上没有出门——“那里的气氛很难让日本人出门，很难让自己分辩说自己是战后出生的，同第二次世界大战毫无关系。在那里我确实感受到我们必须多多少少持续承担作为日本人的历史责任。…… 换言之，当时我不容分说地被挟裹在50年前发生的历史事件及其亡灵般的复活气氛之中。此后不久我便越过了界线，被拖进往来于1939年的满蒙边境和现今的东京之间那个不合逻辑的物语之中。”

这样，1994年6月，村上终于来到了中蒙边境，来到了诺门罕，实际站在了哈拉河畔1939年展开诺门罕战役的战场——“看上去原本像是坡势徐缓的绿色山丘，但也许因为苏军集中炮击的关系，形状已彻底改变，植被体无完肤，砂土触目皆是。八月下半月在苏蒙联军大举进攻之际展开的血肉横飞的围歼战即那场激战的痕迹在斜坡沙地上完完整整剩留下来。炮弹片、子弹、打开的罐头盒，这些东西密密麻麻扔得满地都是。就连似乎没有炸响的部分臼形炮弹（我推想）也落在那里。我站在这场景的正中，久久开不了口。毕竟是五十五年前的战争了。然而就好像刚刚过去几年一样几乎原封不动地零乱铺陈在我的脚下，尽管没有尸体，没有血流。”为了不忘记，村上决定拾起一发子弹和一块炮弹残壳带回宾馆，再带回日本。当他半夜返回乔巴山，将子弹和炮弹残壳放在桌子上时，他顿时感到有一种类似浓厚“气息”的东西发生了。“深夜醒来，它在猛烈地摇晃这个世界，整个房间就好像被装进拼命翻滚的混凝土搅拌机一样上下急剧振动，所有东西都在伸手不见五指的一片漆黑中咔咔作响。到底发生了什么呢？是什么正在进行呢？”离开中国以后，那剧烈的振动和恐怖的感触仍久久留在村上身上，并使他为之困惑。但随着时间的推移，村上开始认为：“它——其振动、黑暗、恐怖和气息——恐怕不是从外部突然到来的，而莫如说原本存在我这个人的内面，不过是有什么抓住类似契机的东西而将它猛然撬开罢了。”

其实，这一奇特的体验是否属于“超自然的”并不重要。重要的是作者透露和强调的信息：黑暗、恐怖和暴力并没有随着战争的终止而终止，它依然活在日本这个封闭性国家体制的内部，甚至活在自己和其他个体的内部并正在窥伺时机以求一逞。正如本文一开始就引用过的村上原话：“我们怀抱着的某种令人窒息的封闭性总有一天以不可遏止的强大力量将其过剩压力朝某处喷发出去。”村上紧接着这样写道：“如此这般，在新泽西州普林斯顿大学寂静的图书馆和由长春驶往哈尔滨嘈杂的列车中这两个相距遥远的场所，我作为一个日本人持续感受着大体同一种类的不快。那么，我们将去哪里呢？”

“我们将去哪里呢？”——日本将去哪里呢？日本人将去哪里呢？自己将去哪里呢？不妨说，在很大程度上是这个疑问和追索期待将村上带到了中蒙边境的哈拉哈西岸，带到了诺门罕。在这个意义上，诺门罕乃是村上心中的诺门罕。那既是他在历史迷雾中持续寻找的遥远的“边境”，又是他必须日常性面对的近在咫尺的“近境”。就此而言，较之一个旅行者、采访者或者一个作家，村上更是一个必须投入战斗的战士。

最后需要说明的一点是，《边境 近境》这部游记或旅行文学作品所收录的不仅仅是这篇题为《诺门罕钢铁墓场》的中国之行、中蒙边境之行，还收录了墨西哥之行、横穿美国大陆之旅和神户故乡之行等篇章。或场景描写栩栩如生，充满“新鲜的感动”，或思维的轨迹穿越时空，足以发人深省，文笔或诙谐灵动或沉郁悲凉或娓娓道来——确如村上所说“看写得好的游记比实际外出旅行有趣得多”。但限于篇幅，这里就不一一涉及了。何况，作为译者理应把“有趣得多”的东西留给读者。

《在约定的场所》：
“黑匣子”的开启与解读

“任何国家的历史或者任何人的历史，都有若干戏剧性分水岭。”2000年前后村上春树在应美国一家杂志之约写的题为《东京地下的黑魔》一文中这样写道，“不管怎样，后世历史学家检索第二次世界大战后的日本历史的时候，一九九五年这一年都有可能成为一个重要的里程碑。那是使得日本这个国家急剧转换航线的年份。话虽这么说，却又并非特定某个人负有转换的责任。而是由基里科（Giorgio de Chirico）画中出现的那样没有面孔没有姓名的某个谁也不是的神秘的谁在黑暗的操纵室里静静转动船舵。”村上继续下文：“我在远隔太平洋的马萨诸塞州坎布里奇（Cambridge）迎来了这个不吉之年。波士顿郊外一所大学有个日本文学小班要我教，每年一到春天，我就跑那场美妙的波士顿马拉松，那期间写了一部长篇小说。离开日本来美国东海岸生活已经过去了四年。日历变为1995年为时不久，两个黯淡的消息从日本传来。但我那时听得的，并非菲茨杰拉德听到的那种‘遥远而空幻的回声’。那是清晰可闻的不吉利的轰鸣。”

“两个黯淡的消息”分别是什么呢?

一个是1月17日凌晨5时46分突然发生的7.2级强烈地震。当时神户及其周边城镇的居民正在温暖的被窝里呼呼大睡。不料顷刻间天崩地裂,房倒楼塌,高架公路“拧麻花”,路面车辆“翻筋斗”,无数血肉之躯被钢筋混凝土压在下面。继而火光冲天,又不知多少人葬身火海,遇难人数超过六千四百人。

另一个是震后不久的3月20日发生的东京地铁沙林毒气事件——“奥姆真理教”这个偏执性新兴宗教团体派人分五路钻进三条地铁线的五节车厢,在清晨上班高峰时间段用打磨锋利的伞杆尖端扎破装有液化沙林毒气(纳粹在二战期间开发的剧毒瓦斯,萨达姆·侯赛因曾用来镇压库尔德人)的塑料袋,毒气随即挥发,在封闭的车厢和空气流通不畅的地铁站台弥漫开来,十二人因此丧生,超过三千人被送往医院,其中不少留下后遗症甚至终身致残。村上春树认为二者是改变战后日本历史流程或表明其转向的事件。“这两起事件显示我们生存的世界早已不是坚固和安全的了。我们大多相信自己所踏大地是无可摇撼的,或者无需一一相信而视之为‘自明之理’。不料倏然之间,我们的脚下‘液状化’了。我们一直相信日本社会较其他国家安全得多,枪支管制严厉,恶性犯罪发生率低。然而某一天突然有人在东京的心脏部位、在地铁车厢内用毒气大肆杀戮——眼睛看不见的致命凶器劈头盖脸朝上班人群袭来。”(*《村上春树全作品1990—2003③·“解题”》,讲谈社2003年3月版*)换言之,这是彻头彻尾的两场噩梦。地震天灾噩梦终结了日本抗震技术的神话,沙林人祸噩梦终结了日本社会治安的神话，而且一并终结了日本社会管理机制和民族精神架构的神话。使得1995年成了日本战后最没神话的一年——“日本号”巨轮从此转航，辉煌灿烂一望无际的GDP神话海域转而驶入风急浪高噩梦频频的暗礁航道。

无须说，对神话谁都津津乐道，对噩梦谁都想尽快忘掉——实际上就连当事人也很快三缄其口，但村上不同，他很快终结了为期四年半的旅居美国生活，于1995年六月返回日本，返回人们力图忘却的噩梦现场。他不再潜入深层意识的“地下室”鼓捣那些神鬼莫测的超现实主义小说，不再醉心于“匿名性”个人生活，不再歪在檐廊里听着爵士乐逗猫玩，而是开动双腿勘察噩梦现场的每一个角落每一道遗痕。翌年他用整整一年时间采访六十二名沙林受害者，于1997年3月出版了《地下》(*underground*)。继而采访作为施害者方面的奥姆真理教的八名信徒(原信徒)，以“后地下”(*post underground*)为题在《文艺春秋》杂志上连载，同年11月结集出版单行本，这就是您手上作为《地下》续篇的《在约定的场所》。

书名来自开篇前引用的马克·斯特兰德的诗句“The place that was promised”。“这是我入睡时约定的场所，是我醒来时被劫掠的场所。”——是的，醒来一看，本应约定好的场所却变成了莫名其妙的场所，约定的天国忽然变成了始料未及的“黑匣子”(black box)。实际上在村上眼里也是“黑匣子”。“在《地下》里边，我是把奥姆真理教那一存在作为日常生活中毫无征兆的突如其来的‘来历不明的威胁＝黑匣子’来把握的，但现在我想以我的努力在一定程度上把那个黑匣子打开。我觉得，通过将黑匣子里的东西同《地下》那本书推出的透视图加以比较对照——换言之，通过将异质性与同质性进行剖析，很有可能获得更有深度的视角。”村上春树在书的前言中写道，“除此之外，我之所以打算正面对待‘奥姆’方面，也是因为我持续怀有这样一种深切的危机感：尽管发生这么严重的事件，而导致事件发生的根本问题却一个也没解决。日本不存在接收从日本社会这一主体制（main system）滑落之人（尤其年轻人）的有效而正常的次体制（sub system）= 安全网——这一现实在事件之后也全无改变。只要如此重大的本质性缺陷如黑洞一般存在于我们的社会，纵然在此摧毁了奥姆真理教这一集团，结构与之大同小异的吸附体——奥姆性存在——也迟早还要登场，同样事件说不定卷土重来。”

不难看出，村上之所以置力图忘却甚至掩饰奥姆事件的社会主流意识于不顾，决意打开“黑匣子”，是因为他注意到了产生“黑匣子”的体制性因素和社会土壤。这势必导致他对“恶”的追究，甚或对善恶定义的重新审视和判断。而这恰恰与他追求的一个创作主题有关。他在书中“同河合隼雄先生的对话”部分再次表明恶也是其创作的一大主题：“过去我就想在自己的小说中写恶这个东西的形状，但无法顺利聚焦。就恶的一面是可以写的，例如污秽啦暴力啦谎言啦。但如果写恶的整个样子，就没办法把握了。这也是我写《地下》期间始终考虑的事……”即使就奥姆真理教及其制造的沙林事件而言，村上也认为“什么是恶”这一定义是不容易下的。河合隼雄就此接着说道：“即使在那样的意义上，你下次写的作品（小说）想必也是很不一般的。毕竟是在做了这么多工作之后写的。”

事实也是如此，无论 2002 年的《海边的卡夫卡》还是 2004 年的《天黑以后》都致力于探索以另一种形态出现的恶及与恶的相关暴力，2009 年、2010 年的三卷本《1Q84》显然是村上对这一主题的最新探索和思考的艺术结晶，而其源头无疑是《地下》尤其是《在约定的场所》这个打开的“黑匣子”。

书的内容由两部分构成。第一部分是八名奥姆信徒访谈录。这部分立体地、全景地、个性化地展示了“黑匣子”里面的种种人物和场景。“这已接近人体实验了”“留在这里绝对死掉”“曾给麻原要求过性关系”—— 仅看标题就不难想象“黑匣子”里面何等不堪、何等骇人听闻。第二部分是“同河合隼雄先生的对话”，对话部分又分为“围绕《地下》”和“与‘恶’共生”两部分。河合是日本极有名的荣格派心理学家和文化学者。生于 1928 年，前几年去世。生前任京都大学名誉教授和国际日本文化研究所所长，小泉内阁时期出任文化厅长官要职。尤以“心”学研究闻名，著有《古代故事与日本人的心》《心的处方笺》等。据不完全的资料，不喜与人交往的村上也至少有两个相当要好的朋友，一个是原哈佛大学教授杰·鲁宾（Jay Bubin）。鲁宾译过《奇鸟行状录》和几个短篇，这两年又译了《1Q84》，其研究村上的专著《倾听村上春树：村上春树的艺术世界》（*Haruki Murakami and the Music of Words*）已由上海译文出版社出版了中译本（冯涛译）。村上的另一个好友，就是这位河合隼雄。包括书中这两次在内，村上和他一共对谈了四次。而且都是带着问题的长时间对谈。1995 年 11 月第一次对谈内容后来以《村上春树去见河合隼雄》为书名出版单行本。可以说，河合是村上最为情投意合的朋友，也是对村上的小说给予极高评价（如称赞《海边的卡夫卡》是“伟大的物语小说”）的不多的学者之一。

如果说，访谈录部分旨在开启奥姆这个“黑匣子”，那么对话部分连同后记则是对“黑匣子”的解读。前者读起来让我困惑、纠结和不胜唏嘘，后者译罢则让我陷入沉思，一时难以自拔。其中有三点让我觉得特别值得思考和回味。一点是，村上认为奥姆信徒并非他者，而有可能是每个人自身。他在后记中写道：“向偏执性宗教（cult）寻求意义之人的大半并非不正常的人。既不是穷困潦倒的人，又不是离奇古怪的人。他们是生活在你我身边的普通（或者换个看法，是普通以上）的人们。或许他们考虑问题考虑得有点儿过于认真了，或许心灵多少有过创伤，或许因为无法同周围人息息相通而多少感到烦恼，也可能因为找不到自我表达的手段而在自尊与自卑之间急剧徘徊。那或许是我，或许是你。把我们的日常生活同含有危险性的偏执性宗教隔开的那堵墙，说不定比我们想象得单薄得多。”这段话完全可以理解为，较之解决奥姆本身，铲除滋生奥姆性因素、奥姆性毒苗的社会土壤要重要得多，也艰难得多。

第二点，纵使教祖麻原彰晃本人，也未必一开始就那么坏，很难设想无谓地剥夺无辜者生命这一残忍行径原本就是他所梦寐以求的。他的变坏犯罪，应该同奥姆教团这一体制、这一组织有关。在村上与河合对谈部分中，两人都倾向于相信起始阶段麻原或奥姆真理教是“相当纯粹”的，也有相当强的感召力，理应成为上述一部分人的“不错的托盘”或“容器”，然而并非如此。关于原因，河合着眼于“组织”，见解亦颇见深意:纵然奥姆成员是纯粹的,而那么多纯粹的、“什么坏事也不至于干的人”以形式极端的团体聚在一起,那也肯定出问题,甚至干天大的坏事,非干不可。为什么呢?因为“真正的组织那东西,在自己身上没有恶是不行的,在组织内部。这点家庭也不例外,即使家里也必须在某种程度上拥有恶。否则,势必为组织安稳而在外部制造恶。希特勒干的恰恰就是这个”。换言之,如果不在外部制造不杀不足以平民愤那样十恶不赦的家伙,就无法维持平衡,组织内部就会发生骚乱,导致组织从内侧崩溃。组织规模较小的阶段,一般不至于如此。而组织越大,整体压力越高。作为“教祖”麻原,“一旦站在某个组织的顶点,堕落立马开始。这是极可怕的事。站在顶点,总有众人的期待吧,不能不照着做,不能不妥协。而心里又完全清楚迟早必然败露,于是借助科学的力量蒙混过关。这一来,就已经是犯罪性质的了”。细想之下,不能不承认河合隼雄这番言说有其相当强的历史和现实洞察力,读来发人深省。

第三点,“与恶共生”。与上面第二点相关,或者说在这个意义上,恶就成了存在于组织、体制甚至每一个人内部抑或人这一体制无法分割的一部分。村上认为:“那既不是独立的东西,又不是可以交换或单独销毁的东西。或者莫如说,我甚至觉得在某种情况下可能是恶又可能是善的东西。”河合明确反对把善恶绝对化:“把善恶分成两个,这个是善、那个是恶,弄不好是要出危险的。那样一来,势必以善除恶,或者说善做什么都将无所谓。这是最可怕的事。奥姆真理教也是认为自己是善才那么胡作非为的……从古至今都说为了恶而杀人的人是少而又少的。相比之下,为了善而杀人却多得一塌糊涂。战争什么的就是这样。因此,善若大行其道,是极其恐怖的。话虽这么说,毕竟不好说‘恶是好的’,非常为难。”于是就出现了平衡感和自觉的问题:“以自己的责任在多大程度上放纵自己的恶。”村上进而得出结论:“与‘恶’共生。”

不过,村上说不能断言“社会正在恶劣化”。他大约在2002年就奥姆问题、沙林惨案写了一篇题为《追求共生的人们,不追求共生的人们》的文章,谓社会既没有特别变好,又没有怎么变糟,只不过一天比一天显得混乱罢了。“若用粗暴的说法,社会本来就是恶劣的东西。但无论怎么恶劣,我——至少我们中的压倒性多数——也必须想方设法在其中生活下去,并且——如果可能的话——坦诚地、老老实实地。重要的真实性莫如说是在这里。”他进一步认为,不能把社会中的外在混沌作为障碍排除掉,而应该把它作为我们内心混沌的反映接受下来。换言之,正因为我们自身怀有矛盾、庸俗、伪善和怯懦,社会上才出现这种种现象。“这样一想,我们的心情或许会多少变得轻松些,或许我们皮肤的内侧(自己)开始顺利同外侧(社会)沟通,或许我们心中的个人故事开始具有作为联结二者的装置的必然性,或许我们会有效地出入其间并且拥有多重视角,我们的行为会多少趋于多层化。”村上最后果断表示,假如我们刻意排除外部的混沌和矛盾,那么岂不同排除自己的体液(故事)是同一回事了?

总之,即使在社会生活、日常生活层面,恶也是自然而然形成的一部分,甚至是我们自身的一部分。没有恶的空间是不存在的。如果刻意打造“纯粹”的空间,弄不好,就有可能误入鼓吹“纯粹”的偏执性宗教团体甚至为排除“恶”之现世而像奥姆那样不惜诉诸暴力。而若以强大的政治组织以善的名义追求“纯粹”而来个除恶务尽，甚至有可能导致纳粹奥斯维辛大屠杀或者“大清洗”运动的发生，何况已经实际发生过。即使在这个意义上，也必须一定程度上“与‘恶’共生”。自不待言，这同对刑事犯罪之恶的姑息养奸不属同一次元，更不意味放弃对各种恶之“黑匣子”的追究。在某种意义上，毋宁说恰恰相反。

村上春树一次这样说过：“小说是‘大大的谎言’。不要忘记这一点。写小说时，我必须高明地说谎。‘用虚假的砖块砌就真实的墙壁’，这就是我的工作。”但上一本《地下》和这本《在约定的场所》则是用真实的砖块“砌就真实的墙壁”，非常值得一看。这不仅仅是窥看“黑匣子”，还会看到此外许许多多。

顺便报告一句，这是我翻译的第四十一部村上作品。如果说村上是用虚假的砖块砌他的墙壁，砌他在 2001 年致中国读者信中所说的“远游的房间”，那么我则是用中文这个砖块依样重砌。毕竟砖块不同，再是能工巧匠，完全不走样也怕是不大可能的。非我自吹，即使多少走样也是漂亮的房间。这既要感谢村上原著又必须感谢中文这个世界最古老的语种，同时也得感谢无数读者朋友——他和她才是房客，只有他们才真正有资格审视房间是否漂亮，述说住起来是否舒适。

《村上广播》：
涉笔成趣

“长头发，十九岁，坐在混凝土地面，靠墙吸烟，穿一件没有熨烫的衬衫，一条蓝牛仔裤，一双胶底系带翻毛皮鞋，一副天塌下来也无所谓的表情。时间是后半夜三点。”后半夜三点如此模样的这个人是谁呢？村上春树！不相信？这可是村上自己这么说的——在这本《村上广播》中亲自这么“广播”的（《广阔的原野》）。印象中，似乎再没有比村上更低调更在意隐私的作家了；但实际上，应该说再没有比村上更直率更敢于袒露自己的作家才对。

同是袒露，有的人过于直白浮泛，而村上每每带有文学家村上特有的诙谐和睿智。汉语有个说法：涉笔成趣，用在村上这本随笔集中也足够合适，的确涉笔成趣。

容我试举几例。不少读者想必知道，村上的处女作《且听风吟》因获得“群像”新人奖而径直进入文学殿堂，并作为“商品”顺利进入流通领域，这对于一个小酒吧老板的人生无疑是划时代的重大事件。但在村上笔下明显带有灰色的自嘲之趣。出席颁奖典礼盛会，自然要西装革履。村上“因为没有西装那劳什子,就去青山的 VAN 商店买了一套减价的,配一双平时穿的白色网球鞋。”会前去出版社寒暄,不料大约是出版部长的人物对他劈头一句:“‘你的小说是相当有问题的。啊,加油吧!’那口气,简直就像把误入口中的东西‘呸’一声吐出去一样。这个家伙!是部长也罢不是也罢,说话怎么可以那么大口气呢!…… 既然给了奖 —— 就算给得很勉强,那么至少表面上也该客气一点嘛!”是啊,言之有理。倘村上不自我坦露,人们还以为村上当时一定踌躇满志顾盼自雄呢!不过转念细想,窃以为那位部长口中的“相当有问题”,未必指小说作品,或者针对村上那身橄榄绿减价西装加穿旧的白色网球鞋亦未可知。由此观之,纵使村上,其人生也是相当不容易的。无独有偶,他的《国境以南 太阳以西》被译为德语出版后,德国一位著名女评论家在电视台文艺批评节目大声宣布:“这种东西应该被赶出这个节目。这不是文学,不过是文学性快餐罢了!”(《相当有问题》)

再如谈恋爱。恋爱自是再有趣不过,但村上笔下的趣可能大异其趣。村上认为恋爱最佳年龄在十六岁至二十一岁之间。低于十六岁,未免稚气未退,让人看着好笑;而若过了二十一岁,必有现实问题难以摆脱;倘年过三十,“就多了不必要的鬼点子”。他还说年轻时最好不断恋爱。为什么呢?因为恋爱可以使记忆保持鲜度。而只有记忆 —— 感情的记忆保持鲜度,后来的人生才能获得卓有成效的宝贵燃料。“上了年纪也仍在心中保留那种水灵灵原生风景的人,如同体内暖炉仍有火苗,不至于衰老得那般凄冷不堪。”他甚至认为同挣钱和工作相比,“一心仰望星星和为吉他曲发狂”那极其短暂的恋爱时光更重要(《像恋爱的人一样》)—— 喏,此君简直成了恋爱至上主义者。不过,恋爱至上主义者或许并不难找,而能像村上这样从恋爱这一行为中提取如此旨趣的人又能有几位呢?

不仅恋爱,甚至生死关头都被村上写得不失情趣。一次村上乘坐的希腊老式飞机的引擎在罗得岛上空忽然停止旋转。"飞机引擎死火后,四下鸦雀无声,唯有风声微微传来耳畔。那是个晴好的秋日午后,万里无云,整个世界一览无余。粗粗拉拉的山峦曲线、一棵棵松树、点点分布的白色房舍就在眼下舒展着。爱琴海在远处闪着亮光。我在那上方飘浮着,彷徨着。一切都呈现出虚拟的美,静悄悄的,远在天涯海角。"注意,生死之际此君发现了"虚拟的美"(《在罗得岛上空》)。而下面的现实的美则是在村上坐火车从东德境内穿过时发现的:"秋天的阳光醇厚柔润,在建筑物顶端闪闪发光。河流,树林,软绵绵的草地,云絮从上面缓缓飘移。"(《有餐车多好》)寥寥数笔,而情趣盎然。如此看来,坐火车胜过坐飞机。现实的美,乡愁,恬适,适度的倦怠感。

还有,村上再次提起中国,提起中国的大连。看过《旋涡猫的找法》和《边境　近境》的读者想必记得,村上来过中国。准确说来,1994 年 6 月 28 日乘全日空飞机从东京成田机场飞来大连。那么在大连他做什么了呢?

我喜欢动物园。去外国旅行时常去当地的动物园,去了全世界各种各样的动物园。

去中国大连的动物园时,有个笼子挂一个只简单写一个"猫"字的标牌。笼子不很大,里边躺着一只猫。极普通的猫。我想不至于,就认认真真观察一番,但无论怎么观察,都彻头彻尾是一只常见的褐色条纹猫。当时我颇有时间,于是站在笼前看那猫看了好一阵子。猫弓成一团静静睡着,眼皮全然不睁,看样子睡得甚是香甜。

跑来中国一趟,何苦看一只再普通不过的猫看得这么入迷呢?连我都觉得莫名其妙。不过相当美妙的哟,这个。自不待言,睡觉的猫世界哪里都有,而观看动物园笼子的猫的机会却不是那么多的。我切实感到中国到底是个深有底蕴的国家。

书中还有一处提到中国。除了猫,村上还喜欢柳树,垂柳。自家院子里请人栽进一棵柳树,春夏之交不时搬一把椅子在树下看书,但见绿枝摇曳,但闻沙沙低语,但觉心旷神怡。于是村上浮想联翩,由美国老歌《柳树哟,别哭》到英国小说《柳树》,最后想到中国:“据说过去的中国女性在即将和所爱的人天各一方之际,折下柳枝悄然递给对方。因为柔软的柳枝很难折断,所以那条柳枝中含有‘返＝归’的情思。够罗曼蒂克的,妙!”不妨说,村上也够罗曼蒂克的,妙!动物园也罢,柳树也罢,俱是寻常景物,而村上无不涉笔成趣。是啊,文学作品需写得有趣,至少有趣是文学要素之一。至于是雅趣还是俗趣,是都市洋趣还是乡间土趣,虽境界殊异,然并无优劣高下之别,但凡有趣就好。

《没有意义就没有摇摆》：
村上春树心目中的音乐与“音乐观”

对也罢不对也罢，反正我倾向于认为在我们这个大体相信无神论或缺少宗教情怀的国土上，能够安顿、抚慰和摇撼我们的灵魂的，不是权势，不是体制，更不是钞票、豪宅和美女。那么是什么呢？我想，在很多时候应该是艺术。而音乐是除了诗、诗歌以外最接近神、接近灵魂的艺术形式。

那么，一个人如果既懂文学又懂音乐会怎样呢？抑或，这样的人眼中的文学与音乐是怎样的呢？这是我翻译村上春树《没有意义就没有摇摆》这本音乐随笔集过程中始终挥之不去的念头。

村上喜欢看书，喜欢听音乐。他在这本书的后记中——在其他场合也一再提及——写道：

> 回想起来，书和音乐在我的人生中是两个关键物。我的双亲不是多么爱好音乐的人，小时家里一张唱片也没有，就是说并非能自然听到音乐的环境。尽管这样，我还是通过“自学”喜爱上了

音乐，从某一时期开始一头扎了进去。零花钱统统用来买音乐，只要有机会就去现场听音乐演奏。即使少吃一顿空着肚子也要听音乐。只要是好音乐，什么音乐都无所谓。古典也好爵士也好摇滚也好，都不挑挑拣拣，只管一路听下去。这一习惯至今未变。大凡好的音乐——无关乎类型——都主动侧耳倾听。而若是优秀音乐，也会深受感动。人生的质地因为感动而得到明显变更的时候也是有的。

随手翻阅《倾听“村上春树”——村上世界的旋律》(*「村上春樹」を聴く——ムラカミワールドの旋律，小西庆太著，Hankyu2007年版*)，得知从1978年的处女作《且听风吟》到2005年的《东京奇谭集》，村上的小说作品（不包括随笔、游记等）出现的音乐曲名、音乐家名字近八百次之多。《挪威的森林》《舞！舞！舞！》《国境以南 太阳以西》《世界尽头与冷酷仙境》以及《去中国的小船》等小说名就取自欧美流行音乐。一如村上本人对音乐的迷恋，小说中的主人公也对音乐情有独钟。他们在种种场合欣赏音乐、谈论音乐或用口哨自吹自赏。从古典、爵士到摇滚、流行音乐（Pop）以及休闲音乐（Easy Listening Music），确如村上所说，“无关乎类型”，字里行间纷至沓来，旋律此起彼伏。不时把主人公和读者带去意料不到的远方，让我们沉浸在超越语言、逻辑和思辨的无可名状的氛围中，品味一种由音乐和文学语言交融酿成的美妙心境。而那分明是具体的影像等有形之物所无法带给我们的。所以如此，或许因为灵魂本来是无形的，事情的本质和某种宇宙信息是无形的，神是无形的。大凡有形之物终将消失，唯无形永存。换言之，一切具象必然归于消亡，唯抽象永远延续。

而音乐恰恰是无形的、抽象的。村上那么喜欢并且在作品中运用和阐释音乐，不妨断言，村上是在追求无形、追求超越性——力图超越世俗价值观，超越既成制度性“文体”，超越来自外部力量的压抑和束缚。而这必然指向灵魂，指向灵魂的自由和飞升。

在这部专门谈音乐的随笔集中，作为其中流露的“音乐观”，不难看出村上最重视的就是音乐作用于灵魂的力量。例如他对“沙滩男孩”领军人物布莱恩·威尔逊的欣赏和评价就主要着眼于此。他在夏威夷火奴鲁鲁（檀香山）的威基基露天音乐厅顶着越下越大的雨听布莱恩·威尔逊野外音乐会，听他独自对着钢琴键盘满怀深切悲悯演唱《爱与慈悲》（*Love and Mercy*）：“看上去，他仿佛通过唱这首歌安抚死者的魂灵，静静哀悼自身已逝的岁月，仿佛宽恕背叛者，无条件地接受所有的命运。愤怒、暴力、破坏、绝望——他正在将一切负面情绪拼命推向哪里。那种痛切的心绪径直抵达我们的心。”“抵达我们的心”以及“直抵人心”（塞达·沃尔顿）、“直抵肺腑”（查特·贝克）等说法，可以视为村上对音乐的最高评价，大体与“安魂”同义。

在村上看来，一首乐曲、一支歌只要具有“安魂”元素，纵使技巧有所不足甚至演奏出错也是好的音乐，迈尔斯·戴维斯便是以其“精神性即灵魂的律动来弥补技巧的不足”。而拥有卓越技巧的温顿·马萨利斯反倒未能很好地找到自己的本来面目和应站立的位置，不能以自己的意志下到“灵魂的地下室”。马萨利斯最得意的事情就是强调技巧的重要，认为技巧对于任何领域的艺术家"都是道德最初步的标记"。村上对此不以为然："他所表述的，作为语言，作为理论都是明晰而正确的。可是对于人们的灵魂来说，则未必正确。在许多情况下，灵魂是吸收超出语言和道理框框的、很难说是含义明确的东西并将其作为营养而发育成长的。唯其如此，查特·贝克晚年的音乐才作为对某种灵魂有重要意义的理念为人们所接受。遗憾的是，马萨利斯的音乐则相反，完全不为人接受。"毫无疑问，缺少"安魂"元素，正是马萨利斯的音乐"为何（如何）枯燥"的答案。

那么，靠什么"安魂"？靠什么给灵魂以抚慰或者摇撼呢？村上为此以最大篇幅歌颂了被誉为"民谣之父"的美国歌手伍迪·戈斯里。伍迪没有甜腻之处，他唱的歌也没有一丝甜腻。但对倾听他歌声的人来说，最宝贵的东西就在那里，不为布什政权（或类似政权）歌唱的孤高情怀就在那里，为被虐待的人们争取社会公正（Social justice）以及为其提供支撑的近乎天真的理想主义就在那里，忍耐和奋起反抗的意志就在那里，"那不妨称之为美国魂"。换言之，同"安魂"最相关的元素，是正义、悲悯与燃烧的理想。村上是这样结束这一章的："自不待言，音乐有各种各样的功能，有各种各样的目的，有各种各样的欣赏方式，不是哪个好哪个差那样的东西。但伍迪·戈斯里终生坚守的音乐形式，无论在任何时候，想必都是我们必须带着敬意加以珍惜的一件瑰宝。"可以说，这是村上"音乐观"的基石或基本要素。

构成村上"音乐观"另一要素，是他对音乐"文体"的看重。"文体"位于灵魂（精神境界）和技巧之间，是音乐家、演奏家个性语汇和特有风格的体现。村上以菅止戈男为例，说他听其音乐得到的第一印象就是旋律的独特性，在和声的选择和安排上具有非营止戈男莫属的特征，“我认为，这种 distinctiveness（固有性）对于音乐有很大意义”。大约正是出于这一认识，村上在第一章作为标题就提起文体：塞达·沃尔顿——具有强韧文体的 minor poet（小诗人）。“不管怎样，我喜欢沃尔顿知性、正派而又如钢刃一般锋利的独特指法，喜爱此人不时从内心深处缫出的执拗而又 ominous（不吉祥）的音色（在我听来，那是内在魔性诚实的余韵）。”此外村上在文体方面采取较多的表述，主要有“新颖，无媚俗之处”“深邃”“多元”“节制”“简洁”“出神入化”“淋漓酣畅”“新鲜”等等，尤以“新鲜”居多。

“新鲜”即意味“独一无二”，意味“个人独特性”。村上显然对排斥个人独特性的制度性共谋文体或话语风格深恶痛绝：

> 如果允许我极其个人地坦诚相告，每次听日本的流行歌曲，我都往往为其歌词的内容和“文体”搞得心烦意乱，以致把整个音乐置之不理。偶尔看一眼电视连续剧，有时也因无法忍受剧中人物口中那肉麻的台词而当即关掉电视，二者情况多少相似。我一向认为，所谓 JPOP（Japanese Pop）的歌词也好电视连续剧的台词也好《朝日》《读卖》等全国性报纸的报道文体也好，都是一种“制度”语言（当然不是说尽皆如此，而是就大部分而言）。所以，我没有心思一一从正面批判它们，就算批判也没多大意思。说到底，那是建立在利益攸关方互相协商和了解基础上的一种制度。因此只

能通过其同制度这一主轴的相互关系加以批判，而那又是无法批判的。将其作为独立文本批判几乎不可能，说得浅显些，那是这样一个世界：局内人甚至视之为自明之理，局外人则觉得莫名其妙。

不能不承认，村上这段话说得十分耐人寻味、发人深省。看来，村上所处的现实环境也并不那么美妙。唯其环境不美妙，他才分外需要通过文学和音乐这样的虚拟世界去寻求美妙。在这个意义上，文学也好音乐也好，对于他都是对抗“制度语言”或体制性文体的一种武器，同时又是精神避难所或镇魂歌、安魂曲。实际上这部随笔集也主要不是阐述他的音乐观，而更多的是感受和享受音乐的美妙。例如关于斯坦·盖茨：“我要什么也不说、有时什么也不想地侧耳倾听他电光石火的手指和细如游丝的呼吸所编织的天国音乐。在那里，他的音乐不由分说地凌驾于所有存在——当然包括他自身——之上……他当时的音乐具有超越框架的自由——仿佛在意想不到之时从意想不到之处轻轻吹来另一世界的空气。他可以轻而易举地跨越世界的门槛，就连自我矛盾也能将其转换为普世性的美。”再如关于弗朗西斯·普朗克：“在心旷神怡的星期日早上打开真空管大号音箱……然后把普朗克的钢琴或歌曲的LP（黑胶唱片的简写）慢慢放在唱机转盘上。应该说这到底是人生中的一大幸福。这或许的确是局部的、偏颇的幸福，也可能这种做法只适用于极少一部分人，但我以为即便微乎其微，那也应该是世界某个地方必然存在的一种幸福。”另外有一段话的译文我想完整地抄在这里：

我想，听古典音乐的喜悦之一，恐怕在于拥有几首之于自己的若干名曲，拥有几位之于自己的名演奏家。在某种情况下，那未必同世人的评价相符。但通过拥有那种“之于自己的抽屉”，那个人的音乐世界应该会拥有独自的广度和深度。而舒伯特的D大调奏鸣曲之于我便是这种宝贵的“个人抽屉”。我通过这首音乐得以在漫长岁月里邂逅易斯特敏、克林、卡尔荣和安斯涅斯等钢琴手——这么说或许不好，他们绝不是超一流钢琴手——各自编织的超凡脱俗的音乐世界。自不待言，那不是其他人的体验，而是我的体验。而这样的个人体验相应成为贵重而温馨的记忆留在我的心中。你的心中也应该有不少类似的东西。归根结底，我们是以有血有肉的个人记忆活在这个世界上的。假如没有记忆的温馨，太阳系第三行星上的我们的人生难免成为寒冷得难以忍耐的东西。正因为如此，我们才恋爱，才有时像恋爱一样听音乐。

德国汉学家顾彬曾说中国当代作家之所以写不出优秀作品，是因为不懂外语之故。而译完村上这部关于音乐的随笔集，我甚至觉得，较之外语，说不定音乐对优秀文学作品的产生更有意义——音乐有可能促使想象力更为顺利地进入自由王国，进入天国，进入彼岸世界。古人将“乐”规定为“六艺”“六经”之一，良有以也。

《谈跑步时我谈什么》：
身体与文体之间

世界上有无数小说家，更有无数跑步者。但据我所知，小说家中的跑步者或跑步者中的小说家即又写小说又跑步的人是为数不多的。原因再清楚不过，写小说的人往往挑灯夜战——据说夜深人静时分创作灵感和文思最容易发生"井喷"，睡得晚，自然起得迟。起床时常常日上三竿，坊间人声鼎沸，乡间牛羊出栏，想跑也不好意思了。然而村上一向特立独行不合流俗，他晚间从不写作。在家喝点儿啤酒吃罢晚饭，之后做做家务、听听音乐、翻翻书刊或看看电影录像，不到十点就上床睡觉了。他入睡快，而且几乎从不做梦。睡到凌晨两三点——其他作家恐怕还没睡——一骨碌爬起来写小说，连写五六个小时（有时三四个小时）。七八点开始跑步。那不是一般跑步，不是在操场象征性兜几圈了事，而是真跑。从1982年即写完《寻羊冒险记》那年开始跑。每天用一个小时跑10公里左右（休息日除外），每月往少里说也跑250公里，二十五年来跑了7.5万公里，差不多等于绕地球两周。我们说"坐地日行八万里"，那是由于地球自转一圈之故，而村上硬是凭自己的两腿在地球表面排出两圈赤道线般的脚印。绝非易事。不仅日常性跑步，还每年参加一次42.195公里全程马拉松赛，参加三项铁人运动，甚至参加长达100公里的超级马拉松，从早跑到晚。足迹从东京到波士顿、纽约、夏威夷以及希腊等地。村上后来就此断断续续写了一本书：《谈跑步时我谈什么》。

不用说，村上毕竟不是职业运动员，不是非洲肯尼亚的“黑色闪电”，他“谈跑步时”不可能专门谈跑步、谈跑。那样谈即使谈得再妙也意思不大。那么他“谈什么”呢？用他自己的话说，“作为我，是想以‘跑’这一行为媒介，用自己的方式梳理一下自己在大约四分之一世纪里是怎样作为小说家、作为‘哪里都有的人’生活过来的”。亦即把跑步同小说创作以至人生糅合在了一起。在这个意义上，他认为这本书相当于“备忘录”或“回想录”（memoire）。这就是日本媒体所说的“村上春树第一次正面谈自己本身的九章”和国内媒体所说的“自传”的由来。

既然如此，下面就先看一下村上在这本书是怎样谈小说创作的，看他透露了哪些“创作秘密”，看他是怎样把写小说和跑步这大体分属文武两极的活动粘贴起来的。这点对我们尤其具有参照作用——中国作家看了早起跑步而永远才华横溢或中国某理发师某厨师读罢同样开始跑步而成了诺贝尔文学奖候补作家和普林斯顿大学荣誉博士亦未可知（据海外媒体上半年报道，美国名校普林斯顿大学认为村上以文学就日常生活的细节做出了不可思议的描写，准确把握了现代社会生活中的孤独感和不确定性，在国际文坛享有盛誉，决定授予其荣誉文学博士称号）。何况村上在成为小说家之前就分明是爵士乐酒吧的小老板兼厨师。世界上的事和我们的人生充满了“不确定性”。果然，村上在这本书中很快提到“不确定性”，提到他成为小说家——一位当今“在国际文坛享有盛誉”的世界著名作家诞生——的历史性时刻：

> 写小说念头的出现可以锁定在一个时刻：1978年4月1日下午1:30左右。那天，我在神宫球场的外场席一个人喝着啤酒看棒球赛。从所住公寓步行去神宫球场没有几步远。我当时就是养乐多棒球队的球迷。天空无一丝云絮，风暖融融的，一个无可挑剔的美妙春日。那时的神宫球场外场没有设置座位，斜坡上只铺展着草坪。我歪在草坪上，一边啜着啤酒仰望天空，一边悠然自得地看球赛。……第一击球手希尔顿（从美国新来的年轻外场手）打出左场线，球棒迅速击中球中心那尖锐的声音响彻整个球场。希尔顿飞快绕过一垒，三步两步跑到二垒。“好，写小说好了！”——就在那一瞬间我动了这个念头。一碧万里的天空，刚刚返青的草坪的感触，球棍惬意的声响，这些我现在都还记得。那时，有什么从天空静静飘落下来，而我把它稳稳接在手中。

“这个念头”催生的第一部作品就是《且听风吟》。毫无疑问，全世界所有村上作品的热心读者和村上迷们都应该感谢那一非凡时刻——感谢希尔顿击球那尖锐而惬意的声响。当时球场所有观众肯定都听到了那一声响，但唯独村上从中听出了来自上天的召唤。一般说来,作家笔下的东西难免多少带有修饰成分或矫情意味,但我并不认为村上纯属故弄玄虚,因为艺术大多是这类性质的东西,是灵机一动的产物。而村上的可贵之处,在于他把 PM1:30 这一瞬间的灵机一动同二十五年间七万五千公里的长跑拼接在了一起。应该说,那是灵性和毅力的结合。

村上认为小说家的"资质"有三项:最重要的是才华,次重要是精神集中力,再次是后续力或耐力。才华是天生的,因而无论量还是质都无法由作家本人任意操纵。"才华这东西同自己的算计无关,要喷涌时自行喷涌,尽情喷涌完即一曲终了。一如舒伯特和莫扎特,或如某类诗人和摇滚歌手,在短时间内将丰沛的才华势不可挡地挥霍一空,而后年纪轻轻就戏剧性死去化为美丽的传说——这样的活法固然光芒四射,但对于我们中的多数人恐怕没有多大参考价值。"精神集中力即高度注意力。这项资质可以在某种程度上弥补天赋才情的不足。村上说他每天上午都专心致志写作几个小时。"坐在桌前,把意识仅仅倾泻在自己正在写的东西上,其他一无所思,一无所见。"至于后续力,就是把精神集中力日复一日持续保持一两年的能力。对于从事长篇小说创作的作家这点尤为重要。才华是先天的,而后两项资质则是后天的,可以通过训练获得。但先天和后天之间有时并不存在完全令人绝望的深渊。村上说有不少作家在心无旁骛持之以恒以至"勉为其难"的过程中"同自己身上隐秘的真正才华不期而遇。就是说,一个劲儿挥汗如雨在脚下挥镐挖坑时间里,忽然碰上了在很深很深的地底下沉睡的秘密水脉"。因而这些作家到了晚年才绽放绚丽的才华之花，其中有人留下不朽的传世之作。

要想一个劲儿“挥镐”，就需要好的体力。村上不止一次强调写小说，尤其长篇小说是个体力活。没有相应的体力断难胜任。他不无幽默地说：一个作家无论多么才华横溢，而若虫牙持续性痛得要死要活，也恐怕什么都写不出来，因为剧痛劫走了他的精神集中力。“对我来说，写小说是一项挑战崇山峻岭、攀登悬崖峭壁、经过剧烈的持久搏斗后终于到达顶峰的作业。”为此只能强化体力。《谈跑步时我每谈什么》出版后不久接受日本一家读书刊物的采访时他表示：“身强体壮和坚忍不拔是我的固有特点，或许该说腰腿胜过才华。”*（《本の話》2007年11月号）*再次强调体力对于小说创作的重要。强化体力有种种办法，村上选择了长跑。长跑不但使他获得了长期“挥镐”的体力，还使他学得了关于小说创作的许许多多。

> 如果我成为小说家时而没下决心开始长跑，那么我觉得自己写的作品很可能和既有的东西有不小差别。…… 总之，我庆幸自己不屈不挠跑到现在。为什么呢？因为我自己也中意自己现在写的小说。作为一个不健全的人、一个有局限性的作家，我之所以能够在并不看好的危机四伏的人生途中至今仍怀有这样的心情，恐怕还应算是一个成功。甚至觉得——也许有点儿言过其实——说是“奇迹”也不为过。而且，如果每天的跑步对这个成功多少有些促进作用，那么，想必我应对跑步深表感谢才是。

的确，在这个意义上，是跑步成就了村上这样一位作家。准确说来，PM1：30 发生的尖锐而惬意的击球声点燃了村上的文学才华，而 7.5 万公里累积跑步里程为其才华提供了充足的不息的助推力。不过，这对我们这些不想也不可能成为作家的绝大多数人“恐怕没有多大参考价值”。绝大多数人感兴趣的，莫如说在于跑步对于除却文学创作之外的村上人生有怎样的正面影响。好在村上在这本书中不乏这方面的表述。最明显的，是跑步让他把烟戒掉了。村上是个 Heavy Smoker（烟鬼），写作时吸得更多，一天几十支，连稿纸都无可救药地沾上了烟味。但跑步后很快把烟戒了，因为不可能一边跑步一边吸烟。反过来说，即使为了戒烟也要天天跑步并且尽可能多跑。其次，跑步对“精神卫生”有好处。自不待言，跑步是孤独的运动，不需要同伴，不需要对手，不需要裁判，甚至不需要任何装备和设施，只要地面不到处是尖朝上的图钉，即使光脚丫子也能奔跑。一句话，是形式最为洗练的个体运动。而村上从小就喜欢独处。相反，对学校组织的多少带有强制性集体活动甚至课堂学习则全然喜欢不来。“较之和谁一起做什么，更喜欢一个人闷头看书或聚精会神听音乐。总之一个人做的事不管多少都想得出来。”结婚和开酒吧之后，虽然多少习惯了和某个人一同生活，也意识到了同别人打交道的必要性，但他的基本性格并没有、也不可能发生颠覆性变化，仍然或被动或主动地追求孤独。“所以，一天跑一个小时左右而确保自己一个人沉默的时间，乃是对我的精神卫生具有重要意义的活动。至少跑的过程中可以不和任何人说话不听任何人说话。看四周景致即可，只注视自己本身即可。”他还通过如此物理性驱动身体来化解心灵深处的孤独感并将其相对化。不仅如此,“当我受到某人无缘无故的(至少在我看来)责难之时或期待某人接受却未被接受的时候,我总是让自己比平时多跑一段。通过比平时多跑来从肉体上相应消耗自己。…… 能够默默吞入的东西,只管吞入自己体内,再把它(尽可能明显地改变其形体)作为故事的一部分排放到小说这一容器中。”村上这样断言:“在所给的有限范围内最大限度有效燃烧自己,这既是跑步这一活动的本质,又是生存(对我而言还要加上写作)的隐喻(metaphor)。”正因为村上将跑步提升到生存或人生这一层面加以把握,所以他在跑步过程中的思索每每超越了跑步以至写作,而每每带有人生启示录或警句色彩,这里不妨抄录若干,作为一位优秀文学家机警洒脱而又脚踏实地的体悟,作为我们漫长人生旅途中的他山之石:

〇在所给的有限范围内最大限度燃烧自己,这既是跑步这一活动的本质,又是生存(对我而言还要加上写作)的隐喻(metaphor)。

〇我就是我,不是别的什么人,这是之于我的重要资产。内心的创伤乃是向外部世界释放这种人之自立性的必然代价。

〇人生基本是不公平的东西,毫无疑问。但是,纵使置身于不公平的场所,我想也还是可以争取其中某种“公正性”的。可能要投入时间和精力,或许投入时间和精力也一无所获。至于那种“公正性”是否有争取的价值,当然取决于个人的判断。

〇我在学校学得的最重要的真理就是最重要

的东西在学校是学不到的。

○无论是谁，人不可能永远每战必胜。在人生这条高速路上，不可能永远只跑超车线。

○现实世界中任何东西都没有失去理智之人所幻想的那般美好。

○我不是挑战记录的单纯的年轻人，不是一台无机的机器。我不过是知晓自身局限性而又想方设法继续保持——哪怕多保持一点点——自己的才华和活力的一个职业小说家。

○另类、顽固、缺乏谐调性、每每刚愎自用，却又常常自我怀疑、有苦恼也力图从中找出情趣（おかしみ）或类似情趣的东西——这就是我的Nature（本性）。我像提旧宽底旅行包一样提着它走过漫长的路程。

○只能想开些仅拿能拿到手的东西。这就是人生的原则，决定我们生存价值的基准并不仅仅是效率的好坏。

○有功效也罢没有功效也罢，看上去风流倜傥也罢滑稽可笑也罢，归根结底，几乎在所有场合对于我们最为重要的都是眼睛看不见的（但可以用心感觉的什么）某种什么。并且，真正有价值的东西往往只能通过功效差的运作获取。

在即将结束这篇小文章的时候，我想把话题拉回到前面说的体力上来——因为在翻译这本书过程中，我一直在思考之于这位世界著名作家的身体的意义以及身体之于他的文体(Style)的意义,力图寻找二者之间的关系。众所周知,村上是极为看重文体的作家。早在1991年他就宣称“文体就是一切”*(《文学界》1991年4月临时增刊号)*。今年上半年他在就其翻译的美国当代小说接受日本主要报纸之一的《每日新闻》采访时,再次激动地表达了他对文体的迷恋。他说自己为“钱德勒的文体深深吸引”,“那个人的文体具有某种特别的东西”。正是这种对其“文体秘密”的极大兴致和探索欲望促使他翻译了雷蒙德·钱德勒《漫长的告别》和J.D.塞林格《麦田里的守望者》、司各特·菲茨杰拉德《了不起的盖茨比》等四部美国当代作家的作品。而且,文体中他最看重的是节奏或韵律(rhythm):“小说引人入胜的各种要素中节奏是主要的。”同时比较菲茨杰拉德和钱德勒的文体分析了自己的文体:“我不写那么流丽的文体。但我想用更为简约(simple)的语言传达那种文体的色泽(つや)、节奏、流势等等。”当最后被问及理想的文学作品时,村上当即回答:“能够无数次反复阅读的作品,此外别无试金石。为此,我想用节奏好的文体创作抵达人的心灵的作品。这是我的志向。”*(2008年5月17日《每日新闻》)*

在此之前接受日本另一家主要报纸《朝日新闻》采访时,他也提到文体,认为文体是其作品在世界各地畅销的原因之一:“(获得世界性人气的)理由我不清楚。不过,我想恐怕是因为故事的有趣和文体具有普世性(universal)渗透力的缘故。”同时将身体与文体相提并论:“写的故事同三四十岁时一样是不行的。必须在每一部作品中都扩展新的可能性才能向前推进。为此就需要具有扩展什么的力量。那就是跑步。每天长时间坐着思考和写作是很累人的活计。'一是腰腿,二是文体'。"*(2008年3月29日《朝日新闻》)*另外在上面提到的接受那家读书刊物的采访中,他说过这样一段颇为耐人寻味的话:"一有赘肉附体,脑袋的运转就变得迟钝。天天写小说,写的时间里可以微妙地觉察当天脑袋的运转是'好'是'糟'。关键语句或浮现出来一个或浮现不出来。年轻时怎么都无所谓。只要有体力和才华,一般事情都能应付过去。但过了一定年龄,身心同时去掉赘肉就变得相当紧要。"这一说法使我想起他二十几年前关于文体说过的话。他说他的做法好比"将贴裹在语言周身的各种赘物冲洗干净"*(《文学界》1985年8月号)*。后来他在加州大学伯克利分校演讲再次重复道,为了维持句子的节奏"必须把一切赘疣统统切除"*(《倾听村上春树:村上春树的艺术世界》,[美]杰·鲁宾著,冯涛译,上海译文出版社2006年版)*。

如此查阅和思索下来,不难发现两点,一是村上对待"赘肉"和"赘物""赘疣"的态度,那就是都要坚决除掉;二是"赘肉"和"赘物""赘疣"之间的关系即身体和文体之间的关系:身体有了"赘肉",很可能由于脑袋转动不灵而导致文体出现"赘物""赘疣"。为了防止这一恼人状况的出现,必须坚持跑步。因此"跑"这一行为乃是推动身体和文体干净利落地持续运转的主轴,从而使村上实现他的文学志向——以清新简约的、节奏明快的文体写出抵达人们心灵深处的"物语"。

如果把文体扩展理解为一个人的精神状态,把跑视为健康生活方式的明喻,那么,村上《谈跑步时我谈什么》这本书,就不仅仅对于作家,而且对我们普普通通生活着的每一个人都可能具有既实用又富于文学情思的启示性。

《作为职业的小说家》:
如果作家搞翻译

我校德语系主任顾彬先生是德国人,作为汉学家相当有名。他撰写的中国文学史在国际汉语界很有影响。不过他在中国的知名度,恐怕还是主要由于他时有惊人之语。例如他曾说中国作家所以写不出好作品,是因为不懂外语。听得中国作家们义愤填膺,甚至以不懂外语的曹雪芹为例反唇相讥。

可是冷静细想,顾彬之言未必纯属无稽之谈。曹雪芹等古代作家另当别论(亦非顾彬所指),而如周氏兄弟、钱锺书夫妇、梁实秋、林语堂、丰子恺、冰心等写出好作品的现代作家都懂外语,有的还是有好译作行世的翻译家。相比之下,当代作家懂外语和身兼翻译家的,一下子还真想不起有谁。不错,莫言是不懂外语的,而不懂外语的莫言却得了诺贝尔文学奖。但这终究是例外,例外不会在顾彬先生的视野之内。

这就是说,作家懂外语容易成为不错的作家,而天生懂母语的翻译家却很难成为不错的作家。这是为什么呢?也是因为我属于后者,就想探个究竟。一日豁然顿悟:文体,秘密在于文体!意识流啦后现代啦魔幻现实主义啦等写作手法,通过他人译本也可学得，而要零距离把脉原作文体，则非自己懂外语不可。也就是说，哪怕译本再好，看译本也是在看风景片而不是看风景“本尊”：你可以是极具欣赏眼光的观众，但并非实际在场东张西望的游客。草的清香、花的芬芳、鸟的鸣啭、光的变幻、土的气息等等，你不可能真真切切体察入微。

因此，懂外语可以让你直接感受原作文体的体温、喘息、律动、韵味、氛围等种种微妙元素。而这不可能不对创作产生某种影响。自不待言，一流作家都是一流文体家。小说家比比皆是，文体家寥寥无几。以中国现代文学而论，除鲁迅、梁实秋、钱锺书等极少数几位，还有谁能冠之以文体家呢？而这几位——恕我重复——无疑都是懂外语的作家，甚至身兼翻译家。在这个意义上，顾彬之言可谓不虚。

这方面还一个例证就是日本的村上春树。最近看了他新出的随笔单行本《作为职业的小说家》，得以再次确认之于他的外语与创作、翻译与文体的关系。

村上自小喜欢英语，高中时代就能大体读懂英语原版小说了。二十九岁开始在自营酒吧厨房餐桌写小说——写处女作《且听风吟》。日文不过八万字，却用自来水笔在稿纸上一遍又一遍写了半年。最后写罢还是不满意。“读起来没滋没味，读完也没有打动心灵的东西。写的人读都这个感觉，何况读者！”村上当然情绪低落，愈发怀疑自己不是写小说的料。却又不甘心就此偃旗息鼓。后来索性将写出来的二百页原稿一把扔进废纸篓，转而从壁橱里端出英语打字机，试着用英语写。“不用说，我的英语写作能力可想而知。只能用有限的单词和有限的句式写，句子自然变短。就算满脑袋奇思妙想，也全然不能和盘托出。而只能利用尽可能简洁（simple）的语词，换一种浅显易懂的方式表达意图，削除描述的‘赘肉’…… 但在如此苦苦写作当中，一种我自有的文章节奏（rhythm）渐渐诞生了。”

随后，村上收起打字机，重新抽出稿纸，拿起自来水笔，将用英语写出的一章译成日语。不是逐字逐句直译，而是采用近乎移植的“土豪”译法。这么着，“新的日语文体不请自来地浮现出来。这也是我本身特有的文体，我用自己的手发掘的文体”。接下去，村上用如此获得的新的文体将小说从头到尾重写一通。情节固然大同小异，“但风格完全不同，读起来印象也完全不同”。此即现在的《且听风吟》。换句话说，村上因为懂外语而从习以为常的母语惯性、日常性中挣脱出来，找到文体的另一种可能性。大而言之，促进了“日语再生”。事实上《且听风吟》也出手不凡，获得日本主流纯文学杂志《群像》的“新人奖”，成为他进入文学殿堂的叩门之作。

此后村上也始终与外语一路相伴。他以一己之力翻译了雷蒙德·卡佛全集。此外至少翻译了雷蒙德·钱德勒《漫长的告别》、J.D. 塞林格《麦田里的守望者》和司各特·菲茨杰拉德《了不起的盖茨比》。他从事翻译的一个主要目的就是探寻其中的“文体秘密”。而文体诸元素中，他最关注的是节奏、节奏感。例如他这样评价塞林格：此人文章的节奏简直是魔术。“无论其魔术性是什么，都不能用翻译扼杀。这点至关重要。就好像双手捧起活蹦乱跳的金鱼刻不容缓地放进另一个鱼缸。”（《翻译夜话 2：塞林格战记》，p.53）进而在比较菲茨杰拉德和钱德勒的文体之后提出自己的文体追求：“我想用节奏好的文体创作抵达人的心灵的作品，这是我的志向。”并且自信这种以节奏感为主要特色的文体取得了成功："（获得世界性人气的）理由我不清楚。不过，我想恐怕是因为故事的有趣和文体具有普世性（universal）渗透力的缘故。"（2008年3月29日《朝日新闻》）

简言之，外语和翻译使村上笔下的母语生发外语的异质性，从而获得新的文体，尤其获得文体新的节奏。在这个意义上，与其说他是"作为职业的小说家"，莫如说"作为翻译家的小说家"。

作为我，固然懂些外语，姑且能以翻译家自居，但我不是小说家——小说那玩意儿死活写不来，只好在此寄希望于本土小说家。按理，中国当代作家，尤其中青年作家大部分都懂外语，那么也搞搞翻译如何，总不好眼巴巴看人家村上在中国到处走红，而自己硬是走不出去吧！

《猫头鹰在黄昏起飞》：
猫头鹰何以在黄昏起飞

村上春树的长篇新作《刺杀骑士团长》是二〇一七年二月二十五日出版的。两个月后的四月二十五日就出版了另一本书《猫头鹰在黄昏起飞》。听书名，似乎村上又出了一部长篇。其实这本是访谈录。既是访谈录，必然有人问有人答。问的是日本年轻女作家川上未映子，答的自然是村上春树。川上（かわかみ）问，村上（むらかみ）答，如此一问一答，说有趣也有趣，说巧合也是巧合。

那么，这本访谈录为什么叫这样一个容易让人误解为小说作品的名字呢？这当然和当时刚出版的《刺杀骑士团长》有关。读过这部大长篇的读者想必记得第五章关于阁楼里的猫头鹰的描写："一只灰色的小猫头鹰静悄悄躲在房梁上面的暗处。看样子正闭目合眼地睡觉。我关掉手电筒，为了不惊动对方，特意在离开些的地方静静观察那只鸟。近距离看猫头鹰是头一次。较之鸟，更像生了翅膀的猫。美丽的生物！"关于这只猫头鹰，川上未映子在这本访谈录中认为它和《奇鸟行状录》中的拧发条鸟具有同样意义和功能，都是必不可少的角色。这是因为，“超越时态和逻辑的故事，其内部需要有不同于神的视角，需要什么也不参与的超越性存在，而猫头鹰恰恰是那样的存在”。

川上未映子同时指出：“一如密涅瓦的猫头鹰，故事中的猫头鹰起飞也总在黄昏时分。”这里可能需要多少解释一下的是，密涅瓦（Minerva）是古罗马神话中的智慧女神（相当于古希腊神话中的雅典娜）。她身旁的猫头鹰是思想和理性的象征，在黄昏中起飞就可以看见白天发生的一切，可以追寻其他鸟儿在光天化日下飞行的踪影。黑格尔曾用密涅瓦的猫头鹰在黄昏起飞比喻哲学，意在说明哲学是一种沉思、反思的理性。川上未映子则用来比喻村上久久逼视的动笔创作长篇的最佳时分——是黄昏时分还是黎明时分无由得知，此其时也！

不过村上似乎对川上未映子关于猫头鹰的解读不以为然。他说《刺杀骑士团长》之所以有猫头鹰出现，是因为他很早以前住的房子的阁楼里有一只猫头鹰，“可爱得不得了。从那时开始，就心想迟早非让猫头鹰出现在小说里不可”。从中也不难看出两人问答之间时而有之的错位。村上在书的后记中指出：川上未映子把过去从未有人问过的那类问题迎面砸来，并且毫不胆怯地从各个角度反复提问，一直问到心满意足为止。“而在一个个回答那样的提问当中，我在自己心中发现了我本身迄今从未想到的意味和风景。”而那样的意味和风景，借用刚才的比喻，未尝不可以说是密涅瓦的猫头鹰在黄昏起飞后看见的许许多多。于是——我猜测——川上村上两人一拍桌子：OK，书名就叫“猫头鹰在黄昏起飞”好了！

那么，村上也好猫头鹰也好，在这本书中、在访谈中看见的是怎样的意味和风景呢？我想是不是可以姑且概括为以下三点：关于《刺杀骑士团长》，关于如何写小说，关于如何写文章。

一、关于《刺杀骑士团长》

书中收录了四次访谈，除了第一次（第一章），其他三次都是在村上刚写完《刺杀骑士团长》后进行的，所以难免较多涉及这部最新长篇，原作腰封广告词即是"《刺杀骑士团长》诞生秘话"。

第二次采访一开始川上就问书名从何而来。村上回答某一天——不知是走路的时候还是吃饭的时候——"刺杀骑士团长"忽一下子浮出脑海，就好像从看不见的地方生出云絮，突如其来，却再也挥之不去。随即打定主意，那么就因势利导地写一部名叫"刺杀骑士团长"的小说好了。村上回忆，《海边的卡夫卡》和《奇鸟行状录》书名的产生也是如此，都是由书名启动的。

除此以外，《刺杀骑士团长》还有两个因素：《二世缘》和小说第一章第一段。《二世缘》是日本江户时期作家上田秋成（1734—1809）写的类似《聊斋志异》的志怪小说《雨月物语》中的一篇。故事主人公夜半看书当中，不时听得院子一角有类似钲的声音传来。第二天请人挖开一看，里面有一口石棺，石棺里有一具木乃伊。虽然浑身干得像鱼干，但手仍一个劲儿敲钲不止。后来主人公给木乃伊穿衣喝水喂食。一来二去，木乃伊恢复得和普通人没什么两样，娶妻生子，喝酒吃肉，所谓"开悟僧"气象全然无从谈起。前世记忆也荡然无存，只知道经营今世的世俗生活。村上说他很早就喜欢《二世缘》这个故事，一直想以此为主题写点什么。问题是，“二世缘”和“骑士团长”根本捏不到一起。如此困惑之间，村上鬼使神差地写下了第一章的开头：

> 那年五月至第二年的年初，我住在一条狭长山谷入口附近的山顶上。夏天，山谷深处雨一阵阵下个不停，而山谷外面大体是白云蓝天——那是海上有西南风吹来的缘故。风带来的湿乎乎的云进入山谷，顺着山坡往上爬时就让雨降了下来。房子正好建在其分界线那里，所以时不时出现这一情形：房子正面一片明朗，而后院却大雨如注。起初觉得相当不可思议，但不久习惯之后，反倒以为理所当然。
>
> 周围山上低垂着时断时续的云。每当有风吹来，那样的云絮便像从前世误入此间的魂灵一样为寻觅失去的记忆而在山间飘忽不定。看上去宛如细雪的白亮亮的雨，有时也悄无声息地随风起舞。差不多总有风吹来，没有空调也能大体快意地度过夏天。

《猫头鹰在黄昏起飞》这本书特别谈起这两段话。村上说这开头两段是某个时候早已写好的，没什么目的，同样突如其来。写完一直以“那年五月”为标题粘在电脑界面的一角置之不理。某日忽然心生一念：“啊，这么开头写文章好了！”写完半年时间里，“时不时掏出来修修改改，慢慢、慢慢打磨，看它能不能在心中存留下来。就像把一块黏土甩在墙上，看它是粘上还是掉下”。采访他的小川未映子听了有些吃惊，毕竟常见的是保存意念而不是留用某段文章。村上说他很少保存小说意念那类东西。“我是通过写文章来思考东西的人，所以写一定长度的文章这项作业是很重要的。姑且把一段文章写下来，再一次又一次修改。如此过程中，就有某种什么在自己身上自行启动 —— 我要等待那一时刻。”这么着，加上突然浮出脑海的“刺杀骑士团长”这个书名，再加上类似《聊斋志异》的死而复生《二世缘》故事，这三个要素成了 starting point（起始点），促成了《刺杀骑士团长》这部译成中文近 50 万言大长篇的诞生。

看过这本由上下两部构成的长篇的读者都知道，第 1 部名为“显形理念篇”（顕れるイデア編），第 2 部名为“流变隐喻篇”（遷ろうメタファー編）。何以如此名之，想必不少读者都为之不解。川上未映子也好像不得其解，于是请教村上。村上的回答相当令人意外。他说书中的理念和作为柏拉图哲学基本概念的理念毫无关联。“表达骑士团长到底是什么的时候，除了‘理念’一时想不出别的词儿。灵魂啦魂灵啦（spirit），这个那个倒是很多，但哪个都不正相合适。不知为什么，单单‘理念’（idea）一拍即合。此外‘长面人’那时候也想了好多。叫什么名字好呢？最终‘隐喻’（metaphor）这个说法恰如其分。别的都不合适。意象也好音韵也好，哪一个都不够到位。因此，你问精确定义是什么，我也极伤脑筋。”随即补充一句，“字的意象、音的回响，对小说是非常紧要的。有时候高于一切，一如人名。”

尤其难能可贵的是，村上再次提起了南京大屠杀。当访谈话题进入小说创作的政治性这一话题的时候，村上首先认为“自己写的东西是相当有政治性的”。同时觉得较之直接的具体的政治诉求，莫如以小说或故事这一形式“迎面砸过去”为好。随即这样说道：

以南京大屠杀为例，否定的一方备有预设问题集那样的东西。若这么说，对方就这么应付；这么驳斥，对方又这么反击——模式早已定下，无懈可击，一如功夫片。可是，如果换成故事这一版式，就能超除那种预设问题集，对方很难有效反击。因为对于故事或者对于理念和隐喻，对方还不知道如何反击好，只能远远围住号叫。在这个意义上，故事在这样的时代拥有百折不挠的力量……

自然而然，这要涉及“恶”的问题。村上结合二十多年前写的《奇鸟行状录》强调说：“拽出个体层面的‘恶’的，是军队那个体制（system）。国家这个体制制造了军队这个从属体制，拽出个体层面的‘恶’。那么，若问体制是什么，说到底，那不是我们构筑的东西吗？在那一体制的连锁中，谁是施害者谁是受害者就变得模糊起来。我经常感到这种类似双重性三重性的东西。”

对了，这本访谈录谈“恶”的时候谈到了特朗普：“说到底，希拉里·克林顿那个人，因为只说通用于房子一楼部分的事，结果败了；特朗普只抓住人们的地下室说个没完，结果胜了。”

村上进而解释说，“尽管不能说是政治煽动者，但感觉上至少像是古代的司祭——特朗普是熟知煽动人们无意识的诀窍的。于是，仿佛高音喇叭的个人电子线路就成了有力武器。在这个意义上，尽管他的逻辑和语汇是相当反知性的，但也因之从战略上十分巧妙地掬取了人们在地下拥有的部分。”

应该说，这恐怕也是猫头鹰在黄昏起飞后看到的情形，亦是猫头鹰在黄昏起飞的目的或理由。

二、关于如何写小说

村上春树固然也写随笔和搞翻译，但无须说，主要以小说家闻名。在这本访谈录中，一贯低调的村上也对此直言不讳。他说自己喜欢写小说，很少外出东游西逛。每天早起早睡，夜生活几乎是零。

> 若问我为什么能坚持过这样的生活，因为能写小说。并且能在一定程度上写好小说。小说比我写得好的人，客观看来为数不多，世界上……在第一线专业写了差不多四十年，书也能在某种程度上卖出去，我想我还是有两下子的。所以很开心的，写东西。想到比我做得好的人不是那么多，做起来就很开心。例如做爱也不差，可是做爱比我做得好的人，世界上肯定比比皆是（笑）。倒是不曾实际目睹……

喏，如此看来，村上感到自信满满的活计至少有两样，一是做爱，二是写小说。做爱如何对别人没什么参考价值，不必公开研讨。这里只谈小说。那么村上为什么小说写得那么好，好得几乎全世界都没有几个人比得上呢？说实话，也是因为我也不自量力地想尝试写一部类似钱锺书《围城》那样的长篇小说，所以阅读和翻译当中格外注意寻找个中答案。功夫不负有心人，终于找出两个。下面容我粗线条概括一下，如果哪一位看了多少受到启发，不久的将来中国出现一位小说写得有村上那么好甚至比他还好的人也不一定。

答案之一，要有巫女才能。村上认为人的意识出现得很晚，而无意识历史长得多。那么在无意识世界里人们依据什么活着呢？村上介绍说远古社会有巫女或行使巫女职责的王那样的存在。这种人的无意识比其他人敏锐，能够像避雷针接受雷电一样把自己接受的信息传递给大家。而作家可能与此有相通之处。换句话说，如果把无意识比作一座房子的地下室或地下二层，那么作家就应该有能够进入地下二层的能力，即具有巫女或灵媒（medium）那一性质的能力。“所以，就算问我作为作家有没有才华，对那东西我也是不清楚的。再说对于我怎么都无所谓。相比之下，有没有接受那种信息的能力或资格要关键得多。”村上觉得自己是有那样的能力的。至于什么时候开始有的，他回忆可能是早在上个世纪八十年代写《世界尽头与冷酷仙境》的时候。因为当时他坚信分别以“世界尽头”和“冷酷仙境”两条线交替推进的故事最后必定合为一体——这种信心即意味着具有“接受什么的魅力”。村上进而断言：“完全没有那种能力的人，写小说怕是吃力的吧！哪怕文章写得再好，小说也是写不成的。即使写得成，也找不到读者。”

这让我想起早在二〇〇三年第一次见村上时他对我说的话。当时我问他创作《海边的卡夫卡》那样的想象力从何而来。他回答：“想象力谁都有，难的只是接近那个场所……下到那里、找到门、进去而又返回是十分困难的。我碰巧可以做到。如果读者看我的书的过程中产生同感或共鸣，那就是说拥有和我同样的世界。我不是精英不是天才，也没什么才华，只不过能在技术上打开门，具有打开门身临其境而又返回的特别的专门技术。”这里所说那个场所，用这本访谈录中的比喻来说，就是所谓地下二层，亦即无意识世界、巫女世界、灵媒世界。

上面是答案之一。答案之二，必须和什么决一死战。村上说他为了写这部日文长达七八十万字的《刺杀骑士团长》，整整花了一两年时间。假如不具有同什么战斗或者格斗那般坚定的决心，就很难把故事推向前去。“单单舒舒服服眉开眼笑地坐在桌前，那是写不来长篇小说的。必须和什么决一死战。”那么到底和什么决一死战呢？总的说来，决一死战的对象就是“恶”或类似恶的什么。而“恶”大体分为外在的“恶”和内在的“恶”。外在的“恶”大多是恶的象征或隐喻——在《奇鸟行状录》中，是诺门罕、绵谷升；在《1Q84》中，是“小小人”和邪教头目；在《刺杀骑士团长》中，是纳粹德国吞并奥地利和日本侵略军南京大屠杀。所用办法无不是以小说或故事这一形式“迎面砸过去”。而要“迎面砸过去”，就要“深化故事”。而要深化故事，“就不能不触及自身一方的恶”即内在的恶。内在的恶又往往同外在的恶两相呼应。村上以《镜》那个短篇为例：学校保安夜间巡逻时，发现照在镜子里的本人居然一副狰狞嘴脸，吓得他把镜子打得粉碎，头也不回地逃之夭夭。不料第二天再去同一场所一看，那里根本没有什么镜子。这种双重以至三重幻影暗示了“恶”的双重性以至三重性。

与此同时，村上尽管把体制视为最大的“恶”，但并不一概而论，不认为所有体制都是“恶”。“一如所有东西都有影子，任何国家任何社会，‘恶’都纠缠不去。它既潜伏于教育体系，又藏身于宗教体系之中……我是铁杆个人主义者，对于那种体制的‘恶’怀有敏感的戒心。很想再写一写那种东西的形态。问题是写起来势必成为政治诉求，而这点我是无论如何都想避免的。”概而言之，村上的纠结在于，既有同恶决一死战的决心，又想避免使之成为政治诉求。不过相比之下，毕竟决心是第一位的。没有决心，没有和什么决一死战的决心，长篇小说的创作就无从谈起。无须说，这同样和猫头鹰在黄昏起飞的目的或理由相关，表现出了一个知识分子、一个作家的社会担当意识或使命感，及其“沉思反思的理性”。

上面两个答案，换个说法，巫女才能即是文学才华或灵性，决一死战即是社会担当或使命感。二者相比，后者让打算写新《围城》的我斗志昂扬，前者则让我灰心丧气。因我觉得自己和巫女了不相干，没有才华。才华是天生的。容我再次借用村上的话：“才华这东西同自己的算计无关，要喷涌时自行喷涌，尽情喷涌完毕即一曲终了。一如舒伯特和莫扎特，或如某类诗人和摇滚歌手，他们在短时间内将其丰沛的才华势不可挡地挥霍一空，而后年纪轻轻就戏剧性死去化为美丽的传说——这样的活法固然光芒四射，但对于我们中的多数人恐怕没有多大参考价值。”（《谈跑步时我谈什么》）好在村上善解人意，转而安慰说:“即使以为自己没有才华的人‘同自己身上隐秘的真正才华不期而遇’也是可能的。”就是说,一个劲儿挥汗如雨在脚下挥镐挖坑时间里,忽然碰上了很深很深的地底下沉睡的秘密水脉。这意味着,要想当作家和当好作家,除了类似巫女的才华和决一死战的决心,还要加上一个劲儿“挥镐挖坑”的不懈努力。如此看来,我还有戏,任何人都还有戏。

三、关于如何写文章

村上春树说写文章的规范基本只有两个:

> 一个是高尔基《在底层》里边说的讨饭或巡礼之类。一个人说:“喂,我的话,你可听着?”另一个应道:“我又不是聋子!”讨饭啦聋子啦,如今估计不能这么说话了,但过去无所谓。我还是当学生的时候读得的。若是一般性交谈,“喂喂,我的话你可听着?”“听着呢!”—— 这就可以了。可是这样就没戏了。而若回一句“我又不是聋子!”,那么交谈就有了动感。尽管单纯,却是根本的根本。但做不到这一点的作家世上很多很多。我总是注意这点。另一个就是比喻。钱德勒有个比喻:“对于我,失眠的夜晚和肥胖的邮差同样罕见。”我说过好多次了。假如说:“对于我,睡不着的夜晚是很少见的。”那么读者基本无动于衷,一下子跳读过去。可是,如果说,“失眠的夜晚和肥胖的邮差

同样罕见，那么文章就活了起来，就有了动感”。这样，“我不是聋子”和“肥胖的邮差”两者就成了我写文章的范本。

村上还说这也是使得文章不让读者睡过去的两个诀窍。两个规范也好，两个诀窍也好，说的当然都是文体、文体的重要。那么村上的文体特征表现在哪里呢？

首先在于它的异质性。不同于其他日本作家（尽管村上是日本作家），又有别于欧美作家（尽管村上深受欧美作家的影响），和中国本土原创也不是一个味道（尽管翻译成了中文）。换言之，一看就是村上，有一种村上特有的异质性和陌生美。仅以前面引用的《刺杀骑士团长》第一章第一段为例，如语言节奏的超常规：“风带来的湿乎乎的云”“宛如细雪的白亮亮的雨”。如修辞的超验性：“那样的云絮便像从前世误入此间的魂灵一样为寻觅失去的记忆而在山间飘忽不定。”以及由此生成的恬适静谧可又似乎暗藏玄机的艺术氛围。作为译者的读者的我的一个优势可能在于，我是一边读一边把一个词一个词置换成汉语的，借用村上翻译塞林格《麦田里的守望者》的比喻，“就好像双手捧起活蹦乱跳的金鱼刻不容缓地放进另一个鱼缸”。这就使得我不同于直接读外语原著的一般懂外语的读者——他们只看原来鱼缸里的金鱼即可，不必双手捧起，因而少了捧的手感；更不同于读中文译本的读者——即使译者译得再好再“活蹦乱跳”，所看金鱼也是放进另一个鱼缸的金鱼。村上也直言不讳，说自己搞翻译的一个主要动机就是探寻原著的“文体秘密”。

不过村上在《猫头鹰在黄昏起飞》中没怎么谈这个“秘密”。谈的多是文体的重要性，以及修改之于文体的作用。他说：“我大体作为专业作家写了近四十年小说，可是若说自己至今干了什么，那就是修炼文体，几乎仅此而已。反正就是要把行文弄得好一点儿，把自己的文体弄得坚实一些。基本只考虑这两点。至于故事那样的东西，每次自会浮现出来，跟着写就是。那东西归根结底是从那边来的，我不过是把它接受下来罢了。可是文体不肯赶来，必须亲手制作。而且必须使之天天进化。”差不四十年前他刚出道的时候曾强调“文体就是一切”，而现在他在这本书再次强调“笔调就是一切”。在村上语境中，笔调和文体异曲同工。顺便说一句，文体在日语中为“文体”或“スタイル”。笔调乃“文章”之译。此外亦可译为“行文”“文笔”“笔触”“修辞”或“遣词造句”。当然大多时候照抄“文章”即可。村上还说日本文坛不怎么看重“文章”、文体，很少有人正面对待文体。相比之下，认为主题第一重要，其次是心理描写和人格设定之类。“我考虑的，首先是文体。文体引出故事。”唯其如此，“那年五月”那两段文章才成了引出《刺杀骑士团长》的三个要素之一。

那么之于文体最重要的是什么呢？是节奏（rhythm）。“对于我，节奏比什么都宝贵。比如翻译的时候，把原文照原样准确译过来固然重要，但有时候必须调整节奏。这是因为，英语的节奏和日语的节奏，结构本来就有区别。这就需要把英语的节奏因势利导地转换成日语节奏。文章因此而活了起来。”翻译如此，创作也是如此。“没有节奏，事物就无从谈起。”那么如何才能获取节奏呢？“说到底就是‘修改’。首先粗线条地写下来，然后一遍又一遍修改、打磨。这一过程几乎长得让人担心会不会永远持续下去。这样,自己的节奏或者两相呼应的语态就会逐渐形成。比之眼睛,主要用耳朵修改。”

用耳朵修改,说得好！当然,未必念出声来直接诉诸耳朵这一器官,而是默默诉诸心耳。文采诉诸视觉,节奏诉诸听觉。应该说节奏比文采重要。再有文采而若缺乏节奏或韵律,文章也活不起来。当然最理想的是,读起来斐然成章美不胜收,听起来倾珠泻玉铿锵悦耳。而在不可兼得的情况下则首选节奏。何况节奏也是美,节奏之美。至少之于村上是这样。在我的阅读范围内,村上似乎从未提过文采(美しい)。作为客观原因,可能由于日语不像汉语这样讲究语言的装饰性。言之无文,行而不远,乃是中国古代文人的不二文论。

说回修改。仍以《刺杀骑士团长》为例,据《猫头鹰在黄昏起飞》介绍,村上于二〇一五年七月末动笔,翌年五月七日第一稿杀青,用了不到十个月时间。日文原著七十五万字左右,即每个月平均写七万五千字。而后开始修改,同年七月底完成第三稿,八月十五日完成第四稿,九月十二日完成第五稿,十一月十五日交出第六稿——修改了六遍。接下去校对清样,一校、二校、三校……这么着,“自己的节奏或者两相呼应的语态就会逐渐形成”。重复一句,“字的意象,音的回响,对小说是非常紧要的”。字的意象,用眼睛修改;音的回响(节奏),用耳朵修改。村上固然有电光石火般的天纵之才,但更重要的还是后天的姿态和努力:修改,反复修改！对了,村上还用炸牡蛎来比喻文章的修改或打磨:“炸牡蛎怎么炸才香？怎么炸才能发出吱吱诱人口水的声响？……我要尽量用文章写得绘声绘色。”他说他有打磨那种行文技术的强烈冲动,以便让读者“读了我写的那篇文章，就对炸牡蛎垂涎三尺”，就想吃炸牡蛎“想得天昏地暗”。

修改不仅关乎文体、文体的节奏，而且关乎发现自己。“文章修辞这东西，是一种锋利而微妙的工具，一如刃器。或适可而止，或一剑封喉，用途不一而足，其间无非一页纸的距离。如果对此了然于心，或许就等于了解了自己……忘乎所以地一心致力于文章打磨，就会倏然产生得以俯瞰自己意识天地的瞬间，仿佛阳光从厚厚的云层一泻而下。”换个表达方式，文体或文章修辞即是我们本身，即是我们同外界打交道的姿态。人云亦云的庸常修辞，所表现的往往是一个人才气的不足、精神的懈怠或者傲慢；而令人耳目一新的修辞，则大多是卓尔不群的内心气象的折光。是的，好的修辞是对自己的内心和世界的谦恭与敬重。

最后我想说的是，三四十年来中国作家为什么没能写出足以和村上一决雌雄的小说？写都市题材尤其写都市年轻人生态的作家不是没有，如韩寒郭敬明饶雪漫等可谓比比皆是。他们并不缺少才华，然而始终未能像村上这样走出国门去日本火上一把进而满世界红上一片。想到这点，我就颇有寂寞之感。人家村上把日本故事向世界人民讲得那么好——其作品外译，二〇一五年即已超过五十种语言，我们为什么就不能对外讲好中国故事？

村上走红的原因，据村上本人推测，一是故事有趣，二是文体具有普世性（universal）渗透力。那么我们没走红的原因呢？几年前在广州同福建作家陈希我对谈当中我问过他。他略一沉吟，回答说讲故事不难，难的是讲故事的调调以及由此生成的艺术情调。今年六月在浙江大学和许钧教授、作家毕飞宇座谈时我提起这点，也似乎得到了他们两位和在场不少人的认同。自不待言，讲故事的调调就是文体。这意味着，中国作家之所以未能像村上那样走向世界，较之故事的有趣，恐怕更是由于我们讲故事的调调或文体还缺乏“普世性渗透力”。

那么如何才能获得具有“普世性渗透力”的文体呢？办法当然很多。其中一个，就是向具有普世性价值的外国文学作品学习。比如这里说的村上。村上从不讳言外国文学对自身创作的影响：“事关比喻，我大体是从雷蒙德·钱德勒那里学得的。毕竟钱德勒是比喻天才。”自不待言，他学得的不仅仅是修辞技巧，而且是一种行文规范、一种“文体秘密”。

王小波也是个不错的例子。如果问我一九四九年以后有谁可以称为文体家，最先浮上脑海的，即是王小波。而王小波的“文学导师”就是外国文学、翻译文学。尤其是王道乾翻译的玛格丽特·杜拉斯的《情人》和查良铮翻译的普希金的《青铜骑士》。“从他们那里我知道了一个简单的道理：文字是用来读的，不是用来看的。看起来黑压压的一片，都是方块字，念起来就大不相同。…… 或低沉压抑，沉痛无比，或如黄钟大吕，回肠荡气 —— 这才是文字的筋骨所在。”他甚至断言最好的文体都是翻译家创造出来的。“假如没有像查先生和王先生这样的人，最好的中国文学语言就无处去学。”（《我的精神家园》）

进而言之，如果可能，最好自己也搞搞翻译。仍以村上为例。村上也是个相当不错的翻译家。曾以一己之力翻译了雷蒙德·卡佛全集。此外还翻译了菲茨杰拉德《了不起的盖茨比》、塞林格《麦田里的守望者》、雷蒙德·钱德勒《漫长的告别》。他说自己为钱德勒的文体深深吸引,"那个人的文体具有某种特别的东西"。他在比较菲茨杰拉德和钱德勒的文体后分析了自己的文体:"我不写那么流丽的文体。但我想用更为简约(simple)的语言传达那种文体的色泽(つや)、节奏、流势等等。"他说理想的文学作品就是"能够无数次反复阅读的作品,此外别无试金石。为此,我想用节奏好的文体创作抵达人的心灵的作品。这是我的志向。"出于这一认识,翻译当中村上总是想方设法把原文的节奏置换成相应的日语。他曾这样描述翻译《麦田里的守望者》时的感觉:此人文章的节奏简直就是魔术。"无论其魔术性是什么,都不能用翻译扼杀。这点至关重要。就好像捧起活蹦乱跳的金鱼刻不容缓地放进另一个鱼缸。"即使埋头创作《刺杀骑士团长》期间还翻译了四本。如此忙完后在《猫头鹰在黄昏起飞》那本访谈集中说道:"实际亲手把《了不起的盖茨比》一个词一个词认认真真译成日语,同单单读一遍相比,简直天壤之别。"不妨说,没有翻译,就没有村上的创作,就没有村上这个文体家。

话稍微说远一点儿,以大家熟悉的鲁迅为例。鲁迅是辨识度极高的文体家,他的文章,无论混在哪里,也能看几句就能看出非鲁迅莫属。而促成鲁迅式文体的因素,一般认为主要有两个。一是中国古文功底。鲁迅虽然出于特殊的时代性原因反对青年人看中国古书古文,但他自己写一手地道的古文,古诗也写得出类拔萃。第二个因素就是翻译。走上创作道路之前,鲁迅搞过不少翻译。尽管他所追求的"宁信而不达"的直译方法在今天看来大可商榷,实践效果也未必有说服力,但在当时那个文白过渡的语言发展阶段,毕竟突破了既定表达樊篱而带来了新的句法和语汇。二者的结合，使得鲁迅文体卓然自成一格，苍劲、简洁、深沉，粗犷而绝不粗鄙，直接而绝不浅薄，即使偶尔生涩，也和晦涩无缘。喏，你看，“当我沉默的时候，我觉得充实；我将开口，同时感到空虚”“无穷的远方，无数的人们，都和我有关”。以及“于天上看见深渊；于一切眼中看见无所有；于无所希望中得救”等等，充分展示了汉语浴火重生的现代风采。

我隐约觉得，民国文人，以文体论，鲁迅和梁实秋堪称两个典型。如果说鲁迅的杂文是匕首投枪是大江东去，梁实秋的《雅舍小品》则是银盘乍涌是晓风残月。一刚一柔，成就了彼时文体的两座高峰。而钱锺书的《围城》则于二者之间另辟蹊径，如村上取法于钱德勒的比喻，《围城》则拿来西方式幽默而入于化境，从而另立高峰。但这三位有一个共同点，那就是都懂外语，都搞翻译，至少和翻译文学有关。

可以认为——至少在这三位笔下，古文是现代汉语坚固的基石并为之提供了随机生发的灵感和活力；翻译和翻译文学则拓展了汉语的疆土或边界。

是的，我是强调过外语是母语的天花板，古汉语是现代汉语的天花板，前后的高度决定了后者所能达到的高度。而另一方面——刚才说了，外语又扩大了母语的边界或宽度。或者说为汉语的表达，尤其以文学语言的表达提供了一种启示性、可能性。而新文体诞生的可能性，很多时候就存在于母语同质性或熟识美与外语（翻译）异质性或陌生美之间。这点，上述几位作家即是例证。

毋庸讳言，在这个倾向于急功近利的浮躁的时代，提起文体修辞，每每被视为高考作文套路，甚至看成文字游戏，看成花言巧语的广告策略，而没有多少人真正关心修辞的本质及其特有的渗透力。听一听我们的节目主持人、扫一扫我们的媒体尤其网络媒体文章就知道了，一口一个“非常的”：非常的好、非常的聪明、非常的了不起……“非常”后面而何苦非加“的”不可？莫名其妙！况且，除了“非常”，就不能用其他大体相近的程度副词？例如“十分”“万分”“分外”“格外”“极其”“极为”“甚为”，以及“实在”“的确”“确实”，还有“很”“太”“极”“甚”“超”等等。各词之间没有任何隔离带，为什么不自由穿越而死抓“非常的”不放？这才是“非常”，非常文体。不仅如此，结尾处还往往千篇一律问一句“对此你怎么看？”。语言苍白贫乏到了让人忍无可忍的地步！语言的苍白，意味着内心的苍白；语言的贫乏，意味着精神的贫乏。是时候关心文体了，是关心文体艺术的时候了！

附录

むらかみ
はるき

为了灵魂的自由

——村上春树访问记

村上春树无疑是当今日本以至世界著名作家。大凡著名作家据说都有鲜明的个性，村上也不例外。例如他为人处事始终保持低调。成名三十年来始终不上电视，不登台讲演，不参加任何团体，不出席任何正规聚会。而且一般不接受媒体采访，别说我国媒体驻东京记者，即使日本记者也见不到他。但我对于见他还是颇有信心的，因为我毕竟是译者而不是记者，况且村上本身也搞翻译即也是译者，也跑去见过原作者，自当理解译者的心情。实在见不到我也不至于抱憾终生，因为钱锺书老先生早已开导过我们：鸡蛋好吃就行了，何必非得见下蛋的鸡。

当然实际上我见到了这位难见的作家。初春一个晴朗的下午，我应约去他的事务所访问他。他的事务所位于东京港区南青山使馆集中的幽静地段，在一座名叫 DENMARK HOUSE 的六层写字楼的顶层。一位女助手在门口等我。事务所大约是三室套间，似乎没有专门的会客室。我脱鞋走进的房间像是一间办公室或书房。不大，铺着地毯，一张放着电脑的较窄的写字台，一个文件柜，两三个书架，中间是一张圆形餐桌，两把椅子，没有沙发茶几，陈设极为普通，和我租住的公寓差不多。村上很快从另一房间进来。总的说来，村上和我想象得差不许多：灰白色牛仔裤，三色花格衬衫，里面一件黑T恤，挽着袖口，小男孩发型，再加上没发胖的中等个儿，的确一副“永远的男孩”形象（村上认为“男孩”与年龄无关，具备三个条件即可：①穿运动鞋；②每月去一次理发店而不是美容室；③不一一自我辩解。并认为自己基本符合，尤其①②两条）。就连当然已不年轻的脸上也带有几分小男孩见生人时的拘谨和羞涩。

村上把女助手（他说是assistant，没说是秘书）介绍给我。因是两个女孩，我自然好奇多看了两眼，两人既没像《且听风吟》里的缺一只小手指，又不大像《寻羊冒险记》中耳朵漂亮得“摧枯拉朽”的耳模特。开句不太礼貌的玩笑吧，颇让我想起《1973年的弹子球》中的“208”和“209”。我们隔桌坐下交谈。他问我路上如何，我开玩笑说东京的交通情况可就不如您作品那么风趣了，气氛随之放松下来。交谈当中，村上不大迎面注视对方，眼睛更多的时候向下看着桌面。声音不高，有节奏感，语调和用词都有些像小说中的主人公。同样一副若有所思的神情。笑容也不多，很难想象他会开怀大笑。给人的感觉，较之随和，更近乎自然。全然没有大作家派头，也不像“初次见面请多关照”式的一般日本人。他大约属于他所说的那种“心不化妆”的人——他说过最让人不舒服的交往物件就是“心化妆”的人，他的外表应该就是他的内心。他说十年来我翻译了他二十本书辛苦了，我对自己这个不速之客“入侵”他的小天地表示歉意。我把自己签名的《挪威的森林》和《萤》的中译本送给他。他拿在手上翻着书页说印制质量不错，比以前好多了。接着他在新作《海边的卡夫卡》上下卷写下自己的名字，并盖了两个章，一个章是趴在草地上的小兔，一个是一对红蜻蜓。看了，我心想难怪他这个年过五十的人还能在《海边的卡夫卡》中把一个十五岁男孩写得那么好，即使从这类细小地方也可看出他不失童心和童趣。也难怪他对我刚才送给他的我国古代童戏瓷片画连道喜欢。其实村上本人没有孩子，而他这次特意"作为另一个自己或自己的一部分"写了一个十五岁的男孩，我猜想未尝不是出于某种补偿心理。

我下决心提出照相，他意外痛快地答应了。自己搬椅子坐在我旁边，由女助手用普通相机和数码相机连拍数张。我给他单独照时，他也没有推辞，左手放在右臂上，对着镜头浮现出不多见的笑意。我问了他几个翻译《海边的卡夫卡》当中遇到的外来语，他迅速写出英文原词。并说以后有什么尽管问，自己虽常去国外，但助手会及时用"伊妹儿"同自己联系。于是我问他为什么总不在日本，他说在国内毕竟有干扰，例如电话等等，而去海外就可以专心创作。他说写《挪威的森林》那时候是手写，后来改用电脑。

接着我们谈起翻译。我说翻译他的作品始终很愉快，因为感觉上心情上文笔上和他有息息相通之处，总之很对脾性。他说他也有同感，倘原作不合脾性就很累很痛苦。闲谈当中他显得兴致很高。闲谈一个小时后我说想要采访他，集中问几个问题，他示意女助手出去，很认真地回答了我的提问。我问他何时去中国见村上迷，问他对大陆二十卷本《村上春树文集》中译本出齐的感想，问他的新作《海边的卡夫卡》的构思，也问了他创作的动力、想象力的来源、孤独与沟通的关系以及对获诺贝尔文学奖可能性的看法。他强调写作是为了使自己以至读者的灵魂获得自由。他谈得很投入很深刻，富有新意。不知不觉又过去了半个多小时。最后我请他为预定四月底出版的中译本《海边的卡夫卡》、为中国大陆读者写一点文字，他爽快地答应下来。

我起身告辞，他送我出门。走几步我回头看了他一眼。村上这个人没有堂堂的仪表，没有挺拔的身材，没有洒脱的举止，没有风趣的谈吐，衣着也十分随便（他从不穿西装），即使走在中国的乡间小镇上也不会引起任何人的注意。但就是这样一个人被无数日本女性甚至中国女性视为第一男人。就是这样一个人在这个文学趋向衰微的时代守护着文学故土并创造了一代文学神话，在声像资讯铺天盖地的多媒体社会执着地张扬着文学魅力，在人们为物质生活的光环所陶醉所迷惑的时候独自发掘心灵世界的宝藏，在大家步履匆匆急于向前赶路的时候不声不响地拾起路旁遗弃的记忆，不时把我们的情思拉回某个夕阳满树的黄昏，某场灯光斜映的细雨，某片晨雾迷蒙的草地和树林……这样的人多了怕也麻烦，而若没有，无疑是一个群体的悲哀。

回到寓所，我马上听录音整理访谈录。村上在谈话中较为集中而深入地回答了中国读者所关心的问题，大多想法是此前所没有流露、发表的。因此还是请允许我把主要之点尽可能完整地传达给《亚洲周刊》的各位读者，以便大家多少捕捉这位极少接触媒体的当代作家的心灵资讯以至创作“秘密”。

林少华　二十卷本《村上春树文集》日前在上海译文出版

社出齐，这在海外大概是第一次。请就此谈两句感想。

村上春树　如此集中出版当然非常高兴，也很感谢。即使在日本也未能全部集中在一家出版社出版，在海外更是零零碎碎。这样，中国读者买起来也容易，实在令人高兴。

林少华　中国有很多村上迷，村上迷中又以年轻女性居多。作为您的心情……

村上春树　非常高兴，尤其年轻女性多这点更让我高兴。我们所处的社会——日本也好中国也好韩国也好——尽管各有不同，但在东方因素这点上是有共同之处的。有不同于美国等西方社会的“誓约”的“誓约”，例如在家庭问题、社会问题等种种问题上。在这个意义上，尽管我还没有同中国的读者交谈过，但我想心情上应该有相通之处的。

林少华　您的长篇新作《海边的卡夫卡》中译本将于四月末在大陆出版。您能对中国读者谈一下这本书的创作构思或特点吗？

村上春树　这部小说的主人公和过去不同。过去我写的主人公都是二三十岁的成年人，而《海边的卡夫卡》的主人公是处于发育成长过程中的十五岁男孩儿。小说的类型和以往不一样。我写得很投入，想开辟一个新的天地。如果中国读者能对此中意，我非常高兴。

一般说来，主人公的年龄随着作者年龄的增长而增长。但这次我把主人公的年龄大大降了下来，写起来非常有趣，非常开心。十五岁这个年龄段含有大凡所有的可能性，可以把自己变成任何一种样子。我以往小说中的主人公是某种程度上已经定型了的人物。能够自行决定自己同社会的距离、同外界同别人打交道的方式。但《海边的卡夫卡》的主人公则是尚未决定而将要对此做出决定的少年,这对写他的我来说绝对是个挑战。主人公年龄上应该是我的孩子 —— 我自己固然没有孩子,怎么说呢,在这个意义上,我大约是把主人公作为另一个自己、作为自身的一部分来写的。从这个意义上说,对我自己也是一部不同一般的作品。主人公将变成什么样子呢?他的成长过程让我非常感兴趣。日本也好中国也好世界任何地方都正处于剧烈变化的时期。如今的年轻人在这样的时期生存实非易事。假如自己十五岁,那么将如何在这样的时代这样的社会生活下去呢?—— 这个假设非常有意思。当然,对于早已是成年人的我来说,做这样的假设并不容易。

林少华 《海边的卡夫卡》似乎同《世界尽头与冷酷仙境》有关系……

村上春树 关系非常密切。很早以前就想写《世界尽头与冷酷仙境》的续篇。

林少华 您是位高产作家,是什么促使您一直笔耕不辍的呢?或者说类似创作原动力也未尝不可。

村上春树 我已经写了二十多年了。写的时候我始终有一个想使自己变得自由的念头。在社会上我们都不是自由的,背负种种样样的责任和义务,受到这个必须那个不许等各种限制。但同时又想方设法争取自由。即使身体自由不了,也想让灵魂获得自由——这是贯穿我整个写作过程的念头,我想读的人大概也会怀有同样的心情。实际做到的确很难。但至少心、心情是可以自由的,或者读那本书的时候能够自由。我所追求的归根结底大约便是这样一种东西。

林少华 包括新作《海边的卡夫卡》在内的您的许多作品表现出极为丰富而奇特的想象力,那样的想象力是如何形成的或者说来自何处呢?

村上春树 想象力谁都有,难的只是接近那个场所。林先生也好谁也好肯定都有自己的想象力的世界,但下到那里、找到门、进去又返回则是十分困难的。我碰巧可以做到。如果读者看我的书的过程中产生同感或共鸣,那就是说拥有和我同样的世界。我不是精英不是天才,也没什么才华,只不过能在技术上打开门,具有打开门身临其境而又返回的特别的专门技术。这的确很难很难。这一多半取决于精神集中力,而精神集中力取决于训练和体力。我每天都通过跑步来锻炼身体和训练集中力,失去它就完了。维持健康对于写东西很重要。我天天早睡早起,天天运动、跑步——每年都参加马拉松比赛——喝酒也不过量。过去的作家全都喝酒,生活全然没有规律。而我不同。这方面的想法不一样。

林少华 您最近在网上回答读者提问时似乎这样说过:"我认为人生基本是孤独的。但同时又相信能通过孤独这一频道同他者进行沟通。我写小说的用意就在这里。"但反过来说,孤独所以成为孤独,就是因为不能同他者沟通。您是怎样看待或者在小说中是怎样处理孤独与沟通的关系的呢？一般认为您的小说的主题是孤独、空虚与无奈……

村上春树 是的。我是认为人生基本是孤独的。人们总是进入自己一个人的世界，进得很深很深。而在进得最深的地方就会产生“连带感”。就是说，在人人都是孤独的这一层面产生人人相连的“连带感”。只要明确认识到自己是孤独的，那么就能与别人分享这一认识。也就是说，只要我把它作为故事完整地写出来，就能在自己和读者之间产生“连带感”。其实这也就是所谓创作欲。不错，人人都是孤独的。但不能因为孤独而切断同众人的联系，彻底把自己孤立起来。而应该深深挖洞。只要一个劲儿地往下深挖，就会在某处同别人连在一起。一味沉浸于孤独之中用墙把自己围起来是不行的。这是我的基本想法。

林少华 从您的小说或从您的小说主人公身上可以感觉出您对中国、中国人的好感，这在某种程度上也是作品深受中国读者喜爱的一个原因。您的这一心情是如何形成的呢？和中国人实际接触过么？

村上春树 在美国的时候，我时常和韩国的、中国大陆和台湾地区的留学生交谈，不过总的来说当时中国人还不多。同他们谈起来，觉得读者——美国的、欧洲的、韩国的、中国的读者——反应有很大差别，这种差别非常有趣。我的小说常有中国人出现。《奇鸟行状录》有不少战争时候的 hard（酷烈）场面，我还真有点儿担心中国人读了恼火。

我是在神户长大的。神户华侨非常多。班上有很多华侨子女。就是说，从小我身上就有中国因素进来。父亲还是大学生的时候短时间去过中国，时常对我讲起中国。在这个意义上，是很有缘分的。我的一个短篇《去中国的小船》，就是根据小时——在神户的时候——的亲身体验写出来的。

林少华 有人说，如果日本再有一位作家获得诺贝尔文学奖，那么很可能是您。您对此怎么看呢？

村上春树 可能性如何不太好说，就兴趣而言我是没有的。写东西我固然喜欢，但不喜欢大庭广众之下的正规仪式、活动之类。说起我现在的生活，无非乘电车去哪里买东西、吃饭，吃完回来。不怎么照相，走路别人也认不出来。我喜爱这样的生活，不想打乱这样的生活节奏。而一旦获什么奖，事情就非常麻烦。因为再不能这样悠然自得地以“匿名性”生活下去。对于我最重要的是读者。例如《海边的卡夫卡》一出来就有三十万人买——就是说我的书有读者跟上，这比什么都重要。至于获奖不获奖，对于我实在太次要了。我喜欢在网上接收读者各种各样的感想和意见——有人说好有人说不怎么好，回信就此同他们交流。而诺贝尔文学奖那东西政治味道极浓，不怎么合我的心意。

林少华 您十几年前为创作《奇鸟行状录》去过一次中国——主要去东北边境一带，现在中国有那么多村上迷，您不打算再去一次吗？

村上春树 去还是想去一次的。问题是去了就要参加许多活动，例如接受专访啦宴请啦。而我不擅长在很多人面前亮相和出席正式活动。想到这些心里就有压力,一直逃避。相比之下,还是一个人单独活动更快活。

林少华 最后请谈一下将来计划。

村上春树 将来计划还说不准。我大体是三年一部长篇。《海边的卡夫卡》刚写完,往下就写写短篇搞搞翻译什么的,同时积累素材。我会很长命的,不要紧(笑)。

(此次访问是应香港天地图书公司孙立川先生之约进行的。
成文后发表于2003年3月31日—4月6日《亚洲周刊》)

村上春树："高墙与鸡蛋"
——耶路撒冷文学奖获奖演讲

我作为一个小说家，换句话说，作为以巧妙说谎为职业的人来到这里、来到耶路撒冷市。

当然，说谎的不都是小说家。诸位知道，政治家屡屡说谎，外交官和军人说谎，二手车推销员和肉铺和建筑业者也说谎。但小说家说谎和他们说谎的不同之处在于：小说家说谎不受道义上的谴责。莫如说谎说得越大越高明，小说家越能得到人们的赞赏和好评。为什么呢？

这是因为，小说家能够通过巧妙说谎、通过栩栩如生的虚构而将真相拽到另一场所投以另一光照。以其固有的形式捕捉真相并予以准确描述在许多情况下是不可能的。唯其如此，我们才要把真相引诱出来移去虚构地带，通过将其置换为虚构形式来抓住真相的尾巴。但为此必须首先在自己心底明确真相的所在，这是巧妙说谎所需要的重要资格。

可是今天我不准备说谎，打算尽可能说实话。一年之中我也有几天不说谎，今天恰好是其中的一天。

实话实说好了。关于此次来以色列接受耶路撒冷文学奖，不少人劝我最好拒绝。甚至警告说如果前来,将开展不买我的书的运动。无须说,理由在于加沙地区的激战。迄今为止,已不止一千人在被封锁的城区丧生,据联合国报告,大多数是儿童、老人等手无寸铁的平民。

接到获奖通知以来,我本人也一再自问:这种时候来以色列接受文学奖果真是妥当的行为吗?不会给人以支持作为纷争当事者一方、拥有占绝对优势的军事力量并积极行使的国家及其方针的印象吗?那当然不是我所希望的。我不认可任何战争,不支持任何国家。同时,自不待言,我的书在书店被人拒买也不是我所希求的。

然而,经过深思熟虑,我重新坚定了来这里的决心。原因之一,就在于有那么多人劝我最好别来。或许我有一种大部分小说家都有的"犟脾气"—— 别人叫我"别去那里""别干那个",尤其那样警告我的时候,我就偏偏想去或想干,此乃小说家的 nature(天性)。为什么呢?因为小说家属于这样一种人:无论刮怎样的逆风,也只能相信自己实际目睹、自己实际手摸的东西。

正因如此,我才出现在这里。较之不来,选择了来;较之什么也不看,选择了看点儿什么;较之什么也不说,选择了向诸位说点儿什么。

有一句话(message)请允许我说出来,一句个人性质的话。这句话在我写小说时总在我脑袋里挥之不去。它并非写在纸上贴在墙壁,而是刻于我的脑壁。那是这样一句话:

假如这里有坚固的高墙和撞墙破碎的鸡蛋,

我总是站在鸡蛋一边。

是的，无论高墙多么正确和鸡蛋多么错误，我也还是站在鸡蛋一边。正确不正确是由别人决定的，或是由时间和历史决定的。假如小说家站在高墙一边写作——不管出于何种理由——那个作家又有多大价值呢？

那么，这一隐喻到底意味什么呢？在某种情况下它是简单明了的。轰炸机、坦克、火箭、白磷弹、机关枪是坚硬的高墙。被其摧毁、烧毁、击穿的非武装平民是鸡蛋。这是这一隐喻的一个含义。

但不仅仅是这个，还有更深的含义。请这样设想好了：我们每一个人都或多或少分别是一个鸡蛋，是具有无可替代的灵魂和包拢它的脆弱外壳的鸡蛋。我是，你们也是。再假如我们或多或少面对之于每一个人的坚硬的高墙。高墙有个名称，叫作体制（System）。体制本应是保护我们的，而它有时候却自行其是地杀害我们和让我们杀人，冷酷地、高效地而且系统性地（Systematically）。

我写小说的理由，归根结底只有一个，那就是为了让个人灵魂的尊严浮现出来，将光线投在上面。经常投以光线，敲响警钟，以免我们的灵魂被体制纠缠和贬损。这正是故事的职责，对此我深信不疑。不断试图通过写生与死的故事、写爱的故事来让人哭泣、让人惧怕、让人欢笑，以此证明每个灵魂的无可替代性——这就是小说家的工作。我们为此而日复一日地认真编造故事。

我的父亲去年夏天去世了，活了九十岁。他是个退休教师，也是个兼职佛教僧侣。在研究生院就读期间被征召入伍，参加了中国大陆的战斗。我小的时候，他每天早上都在饭前向佛坛献上长长的深深的祈祷。一次我问父亲为什么祈祷，他回答为了在战场死去的人，为了在那里——无论友方敌方——失去性命的人。每次看见父亲祈祷的身姿，我都觉得那里似乎飘浮着死亡的阴影。

父亲去世了，其记忆——还没等我搞清是怎样的记忆——也彻底消失了。但是，那里飘浮的死亡气息仍留在我的记忆中。那是我从父亲身上继承的少数然而宝贵的事项之一。

我在这里想向诸位传达的只有一点：我们都是超越国籍、种族和宗教的一个一个的人，都是面对体制这堵高墙的一个一个的蛋。看上去我们毫无获胜的希望。墙是那么高那么硬，那么冰冷。假如我们有类似获胜希望那样的东西，那只能来自我们相信自己和他人的灵魂的无可替代性并将其温煦聚拢在一起。

请这样想想看。我们每一个人都有可以拿在手中的活的灵魂，体制则没有。不能让体制利用我们，不能让体制自行其是。不是体制创造了我们，而是我们创造了体制。

我想对诸位说的仅此一点。

荣获耶路撒冷奖，我很感谢。感谢世界很多地方都有看我书的人。我要向耶路撒冷的每一位读者致以谢意。毕竟是因了你们的力量我才出现在这里的。但愿我们能够共同拥有什么——非常有意义的什么。我很高兴得以来此向诸位讲话。

译自村上春树发表于2009年4月号

《文艺春秋》的日语原文

村上春树：远游的房间
——给中国读者的信

写小说，我想无非是制作故事。而制作故事，同制作自己的房间差不多。做一个房间，把人请到里边来，让他坐在舒适的沙发上，端出好喝的饮料，让对方对这个场所心满意足，让他觉得简直就像专门为自己准备的场所——我认为好的正确的故事应该是这个样子。即使房间非常豪华气派，而对方如果没有宾至如归之感，那么我想恐怕也很难称为正确的房间即正确的故事。

这么说，也许听起来似乎只是我单方面提供服务，其实未必是这样。倘对方满意这个房间并自然而然地予以接受，那么我自身也因此获救，可以将对方感到的舒适作为自己本身的东西加以感受。这是因为，我和对方能够通过房间这个媒介共同拥有某种东西。而共同拥有，也就是分享事物，也就是互相给予力量。这就是对我而言的故事的意义、小说写作的意义，亦即互相体谅、互相理解。这一认识自从我开始写小说以来，20多年间毫无改变。

我的小说想要诉说的，可以在某种程度上简单概括一下。

那就是："任何人在一生当中都在寻找一个宝贵的东西。但能够找到的人并不多。即使幸运地找到了，实际上找到的东西在很多时候都已受到致命的损毁。尽管如此，我们仍然继续寻找不止。因为若不这样做，生之意义本身便不复存在。"

这一点 —— 我认为 —— 世界任何地方基本上都是一样的。日本也好中国也好美国也好阿根廷也好伊斯坦布尔也好突尼斯也好，即使天涯海角，我们的生之原理这个东西都是没什么区别的。唯其如此，我们才能够超越场所、人种和语言的差异而以同样的心情共同拥有故事 —— 当然我是说如果这个故事写得好的话。换言之，我的房间可以从我所在的场所远游到别的地方。这无疑是一件美妙的事情。

说起来十分不可思议，三十岁之前我没有想过自己会写小说。还是大学生时结的婚，那以来一直劳作，整日忙于生计，几乎没有写字。借钱经营一家小店，用以维持生活。也没什么野心，说起高兴事，无非每天听听音乐、空闲时候看看喜欢的书罢了。我、妻，加一只猫，一起心平气和地度日。

一天，我动了写小说的念头。何以动这样的念头已经记不清楚了。总之想写点什么。于是去文具店买来自来水笔和原稿纸（当时连自来水笔也没有）。深夜工作完后，一个人坐在厨房餐桌旁写小说（类似小说的东西）。也就是说，独自以不熟练的手势一点一点做我自己的"房间"。那时我没有写伟大小说的打算（没以为写得出），也没有写让人感动的东西的愿望。我只是想在那里建造一个能使自己心怀释然的住起来舒服的空间 —— 为了救助自己。同时想道，但愿也能成为使别人心怀释然的住起来舒服的场所。这样,我写了《且听风吟》这部不长的小说,并成了小说家。

至今我都不时感到不可思议:自己怎么成为小说家了呢?我既觉得自己好像迟早一定成为小说家,又觉得似乎是顺其自然偶尔成为小说家的。既觉得自己一开始就具有作为小说家的素质,又觉得并不特别具有那样的东西而是自己后来一点一滴构筑起来的。但这怎么都无所谓。老实说,对于我并非主要问题。对我来说,至为关键的是自己现在仍继续写小说,并且以后恐怕也将继续写下去。

我偶然生为日本人,又是年过五十的中年男人。我觉得这也是无关紧要的。在故事这个房间里我可以成为任何一种存在,你也同样。此乃故事的力量、小说的力量所使然。你住在哪里也好做什么也好,这都无足轻重。不管你是谁,只要能在我的房间里轻轻松松地欣赏我写的故事,能够与我分享什么,我就十分高兴。

2001 年 8 月

村上春树：

《海边的卡夫卡》中文版序言

这部作品于2001年春动笔，2002年秋在日本刊行。

《海边的卡夫卡》这部长篇小说的基本构思浮现出来的时候，我脑袋里的念头最先是写一个以十五岁少年为主人公的故事。至于故事如何发展则完全心中无数（我总是在不预想故事发展的情况下动笔写小说），总之就是要把一个少年设定为主人公。这是之于我的这部小说最根本性的主题。我笔下的主人公迄今大多数是二十几岁至三十几岁的男性。他们住在东京等大城市，从事专业性工作或者失业。从社会角度看来，绝不是评价高的人。或者莫如说是在游离于社会主流的地方生活的人们。可是他们自成一统，有不同于他人的个人价值观。在这个意义上，他们保有一贯性，也能根据情况让自己成为强者。以前我所描写的大体是这样的生活方式、这样的价值观，以及他们在人生旅途中个人经过的人与事、他们视野中的这个世界的形态。

但在这部作品中我想写一个少年的故事。所以想写少年，是因为他们还是“可变”的存在，他们的灵魂仍处于绵软状态而未固定于一个方向，他们身上类似价值观和生活方式那样的因素尚未牢固确立。然而他们的身体正以迅猛的速度趋向成熟，他们的精神在无边的荒野中摸索自由、困惑和犹豫。我想把如此摇摆、蜕变的灵魂细致入微地描绘在小说（fiction）这一容器之中。借此展现一个人的精神究竟将在怎样的故事性中聚敛成形、由怎样的波涛将其冲往怎样的地带。这是我想写的一点。

当然您一读即可知晓，主人公田村卡夫卡君不是随处可见的普通的十五岁少年。他幼年时被母亲抛弃，又被父亲诅咒，他决心“成为世界上最顽强的十五岁少年”。他沉浸在深深的孤独中，默默锻炼身体，辍学离家，一个人奔赴陌生的远方。无论怎么看——在日本也好或许在中国也好——都很难说是平均线上的十五岁少年形象。尽管如此，我还是认为田村卡夫卡君的许多部分是我、又同时是你。年龄在十五岁，意味着心在希望与绝望之间碰撞，意味着世界在现实性与虚拟性之间游移，意味着身体在跳跃与沉实之间徘徊。我们既接受热切的祝福，又接受凶狠的诅咒。田村卡夫卡君不过是以极端的形式将我们十五岁时实际体验和经历过的事情作为故事承揽下来。

田村卡夫卡君以孤立无援的状态离开家门，投入到波涛汹涌的成年人世界。那里有企图伤害他的力量。那种力量有的时候就在现实之中，有的时候则来自现实之外。而与此同时，又有许多人愿意拯救或结果上拯救了他的灵魂。他被冲往世界的尽头，又以自身力量返回。返回之际他已不再是他，他已进入下一阶段。

于是我们领教了世界是何等凶顽（tough），同时又得知世界也可以变得温存和美好。《海边的卡夫卡》力图通过十五岁少年的眼睛来描绘这样一个世界。恕我重复，田村卡夫卡君是我自身也是您自身。阅读这个故事时间里，倘若您也能以这样的眼睛观看世界，作为作者将感到无比欣喜。

（2003年初春）

村上春树年谱

1949 年

1 月 12 日出生于日本关西京都市伏见区。父亲为国语教师村上千秋,母亲村上美幸是家庭主妇。作为长子出生不久,举家迁至兵库县西宫市夙川。村上后来在《村上朝日堂》中写道:父亲是京都一和尚之子,母亲是船场一商家之女,可说是百分之百的“关西种”。

1955 年 6 岁

4 月,入西宫市立香栌园小学就读。村上父亲喜欢书,允许村上在附近书店赊账买自己中意的书。当然漫画、周刊之类不行,只限于正经书。他也因此得以成为一个读书少年。

1961 年 12 岁

4 月,入芦屋市立精道初级中学就读。就读期间,一本接一本看河出书房的《世界文学全集》和中央公论社的《世界文学》。以致读书范围至今仍大体限于外国文学。最初的机遇和环境基本决定了其阅读取向。

1964 年 15 岁

4 月,入兵库县神户高级中学就读。日后村上在《终究悲哀的外国语》写道：一有时间就看文学方面书籍。即使不怎么用功，国语成绩也过得去。英语方面，由于一上高中就以自己的方式涉猎英语简装书，对英文阅读本身是有信心的。但英语成绩也就是中间偏上一点。社科方面，世界史很拿手，中央公论社的《世界历史》全集初中时就已反复看了一二十遍。

1967 年 18 岁

高考落榜。听从父母劝告，复习一年准备考国立大学。常去芦屋图书馆。

1968 年 19 岁

4 月，入早稻田大学第一文学部戏剧专业就读。在目白原细川藩邸的私立宿舍"和敬寮"寄宿。经营者是臭名远扬的右翼分子，宿舍长是个陆军中野学校出身的面目可憎的汉子，加之当时正是学潮迭起的年代，村上也正血气方刚，对什么都愤愤不平，故半年后迁往练马区寄宿。几乎不去学校，在新宿打零工，其余时间泡在歌舞伎町的爵士乐酒吧。这段生活，后来在《挪威的森林》中有所反映。

1969 年 20 岁

4 月，《问题只此一个，即没有交流——1968 年电影观感》在《早稻田》发表。迁入三鹰市一间宿舍。开始练习长笛。

1971 年 22 岁

以学生身份同阳子结婚，入居在文京区千石经营床上用品店的岳父家。

1974 年 25 岁

在国分寺开爵士乐酒吧。开店资金五百万日元。二百五十万为夫妇打零工存款，其余由银行贷款。起初觉得找工作也未尝不可，便去几家有关系的电视台面试。但因工作内容实在无聊透顶，遂决定自己开一家小酒吧。酒吧名称取自在三鹰寄居时养的一只猫的名字。后迁至千驮谷。

1975 年 26 岁

3 月，从早稻田大学第一文学部戏剧专业毕业。大学历时七年。毕业论文题目是《美国电影中的旅行思想》。

1979 年 30 岁

在涩谷区千驮谷附近的神宫球场开始创作小说，每晚在厨房餐桌上挥笔不止，写完后投给“群像新人奖”评审委员会。投稿的原因在于“有字数限制”。

6 月，《且听风吟》获第 23 届“群像新人奖”。因走出校门后几乎从未提笔，刚开始写得异常吃力。唯一给村上以鼓励的是菲茨杰拉德的话：“如想叙述与人不同的东西，就要使用与人不同的语言。”他自信到四十岁时肯定能写出像样些的东西。

7 月，《且听风吟》由讲谈社印行。

8 月，《且听风吟》入围芥川奖，落选。

1980 年 31 岁

在涩谷区千驮谷一边经营酒吧，一边从事创作。

3 月，发表译作《失却的三小时》（菲茨杰拉德著，载于 *Happy End* 通讯）。

4 月，发表《去中国的小船》（载于《海》）。

6 月，《1973 年的弹子球》由讲谈社印行。

7 月，发表《读米歇尔·克莱顿的小说令人想入非非，从“说谎方式”想到“熵的减少”》（载于 *Happy End* 通讯）。

8 月，《1973 年的弹子球》入围芥川奖，落选。

9 月，发表《街，以及不确切的壁》（载于《群像》）。

12 月，发表译作《残火》《冰宫》和《酒精中》（均系菲茨杰拉德著，载于《海》)。发表《穷婶母的故事》(载于《新潮》)。

1981 年 32 岁

决心从事专业创作。转让酒吧，移居千叶县船桥市。

3 月，发表《纽约煤矿的悲剧》(载于 *Brutus*)。

4 月，发表《袋鼠佳日》(载于 *Brutus*)，由此至 1983 年在该刊发表系列短篇。

5 月，译作《My Lost City—— 菲茨杰拉德作品集》由讲谈社印行。

7 月，与村上龙的对谈集《走，别跑》由讲谈社印行，作为“同时代的美国”系列随笔发表《疲劳中的恐怖 —— 史蒂芬 · 金》(载于《海》)。

9 月，发表《被夸大的情况 —— 围绕越南战争的作品群》(载于《海》)。

11 月，发表《无政府主义方法论 —— 弗朗西斯和〈地狱启示录〉》(载于《海》)。

12 月，同广告词撰写人系井重里合写的《梦里相会》由冬树社印行。《与朋友永久运动的终结》于《文学界》连载。《且听风吟》由初中下一届同学大森一树搬上银幕。

是年开始作为编委参与《早稻田文学》的编辑工作，为时一年半。

1982 年 33 岁

2 月，《青心学院大学 —— 面临危机的自治与基督教精神》于《朝日周刊》连载。作为“同时代的美国 ·4”系列随笔发表《反现代的现代性 —— 约翰 · 欧文的小说》(载于《海》)。

5 月，发表《都市小说的形成与发展 —— 昆德拉与昆德拉以后》(载于《海》)。

7月，发表《早已有备的牺牲者传说——吉姆·莫里森/“大门”》（载于《海》）。

8月，发表《寻羊冒险记》（载于《群像》）和《下午最后的草坪》（载于《宝岛》）。

10月，《寻羊冒险记》由讲谈社印行，获“野间文艺新人奖”。

11月，发表《她的埋在土中的小狗》（载于《昴》）。开始日常性跑步。

12月，发表《悉尼的绿色长街》（载于《海》临时增刊“孩子们的宇宙”）。

1983年34岁

1月，发表《萤》《烧仓房》（载于《中央公论》）。

2月，发表《E·T式看〈E·T〉》（载于《中央公论》）。

4月，发表《作为符号的美国》（载于《群像》）。短篇集《去中国的小船》由中央公论社印行。发表《我打电话的地方》等七篇雷蒙德·卡佛短篇译作（载于《中央公论》）。发表《通过“沙滩男孩”长大的我们》（载于*Penthouse*）。

6月，发表《避雨》（载于*IN·POCKET*）。由此至翌年10月隔月在该刊发表小品。

7月，雷蒙德·卡佛短篇译作集《我打电话的地方》由中央公论社印行。

9月，短篇集《袋鼠佳日》（中译《遇到百分之百的女孩》）由平凡社印行。

10月，发表《游泳池畔》（载于*IN·POCKET*）。

11月，发表《关于穿制服的人们》（载于《群像》）。

12月，发表《盲柳，及睡女》（载于《文学界》）。同插图画家安西水丸合作的《象厂喜剧》，由CBS索尼出版社印行。

是年初次赴海外旅行，在希腊参加雅典、檀香山（火努鲁鲁）马拉松赛。

1984 年 35 岁

1 月，发表《跳舞的小人》（载于《新潮》）。

2 月，发表《出租车上的男人》（载于 *IN · POCKET*）。在《翻译世界》连载《村上春树的简装书生活》（至 6 月号）。

3 月，同摄影师稻越功一合作的《波画波语》由文艺春秋社印行。

4 月，发表《三个德国幻想》（载于 *Brutus*）和《献给已故的公主》（载于 *IN · POCKET*）。

6 月，发表《猎刀》（载于 *IN · POCKET*）。

7 月，短篇集《萤》由新潮社印行。《村上朝日堂》由若林出版企画社印行。发表《迪斯尼·威尔逊与加利福尼亚神话的缓慢的死》（载于《小说新潮》临时增刊）。

10 月，发表《呕吐一九七九》（载于 *IN · POCKET*）。

12 月，发表与中上健次的对谈（载于《国文学》1985 年 3 月号）。

是年夏赴美国旅行约六个星期。

1985 年 36 岁

4 月，在 *Mari Clair* 连载译作《牧熊》（约翰·欧文著）。在《周刊朝日》连载《村上朝日堂》（至翌年 4 月）。

6 月，《世界尽头与冷酷仙境》由新潮社印行，10 月获“谷崎润一郎奖”。雷蒙德·卡佛短篇译作集《夜幕下的马哈鱼》由中央公论社印行。发表杜鲁门·卡波特短篇译作《无头鹰》（载于《小说新潮》增刊）。发表《小说中的制度》（载于《波》）。

8 月，发表《再袭面包店》（载于 *Marie Clair Japan*）和《象

的失踪》(载于《文学界》)。

10月,短篇集《旋转木马鏖战记》由讲谈社印行。

11月,译作连环画《西风号遇难》(克里斯·范·奥尔斯伯格著)及连环画《羊男的圣诞节》(与插图画家佐佐木MAKI合作)由河出书房新社印行。

12月,发表《家庭事件》(载于*LEE*)和《双胞胎女郎与沉没的大陆》(载于《小说现代》附册)。评论电视剧化电影的《电影冒险记》(与川本三郎合著)由讲谈社印行。

1986年37岁

1月,发表《罗马帝国的崩溃/一八八一年印第安人起义/希特勒入侵波兰/以及狂风世界》(载于《月刊角川》)和《拧发条鸟和星期二的女郎们》(载于《新潮》)。

4月,短篇集《再袭面包店》由文艺春秋社印行。

6月,《村上朝日堂的卷土重来》由朝日新闻社印行。发表保罗·索鲁短篇译作《滴翠岛》《世界尽头》《志愿讲演者》《弥天大谎》《方便屋》《一个小姐的肖像》《马戏团与战争》(载于《东京人》创刊号至秋季号)以及《科西嘉岛冒险记》(载于*Mari Clair Japan*)。

10月,在意大利罗马滞留十日,后赴希腊。

11月,《朗格汉岛的午后》由光文社印行。旅居希腊米科诺斯岛。

是年,移居神奈川县大矶町。

1987年38岁

1月,旅居意大利西西里岛。发表保罗·索鲁短篇译作《文坛游泳术》(载于《文学界》)。《"THE SCRAP"——怀念八十年代》由文艺春秋社印行。

2月，旅居罗马。

3月，赴博洛尼亚。

4月，赴科西嘉岛和希腊克里特岛旅行。

6月，回国。《日出国的工厂》由平凡社印行。发表《反正去过希腊》(载于 *Winds*)。

7月，保罗·索鲁短篇译作集《世界尽头》由文艺春秋社印行。

9月，再赴罗马。《挪威的森林》由讲谈社印行，创小说单行本发行记录，至2009年发行逾1000万册。发表《"October Light"所放之光》(载于《青春与读书》)。

10月，参加雅典马拉松赛。

11月，译作《伟大的德斯里夫》(C.D.B. 布莱恩著)，由新潮社印行。

12月，译作连环画《特快列车"北极号"》(克里斯·范·奥尔斯伯格著)印行。

1988年39岁

2月，发表《罗马哟罗马，我们必须准备越冬》(载于《新潮》)。

3月，赴伦敦。译作《忆伯父》(杜鲁门·卡波特著)由文艺春秋社印行。

4月，回国并考取汽车驾驶许可证。《司各特·菲茨杰拉德 Book》由 TBS Britannica 社印行。

8月，返罗马，同摄影师松村映三结伴赴希腊、土耳其采访旅行。先去希腊东北部阿索斯半岛建有希腊正教修道院的圣山阿索斯山，之后驱车由伊斯坦布尔进入土耳其，用二十一天沿国境线绕土耳其周游，途经苏联、伊朗、伊拉克国境及地中海、爱琴海，最后折回罗马。此次游记首先刊载于《03》，大幅修订后以《雨日 炎天》为书名由新潮社印行。

9月，译作《And Other Stories —— 珍本美国小说12篇》由文艺春秋社印行。

10月，《舞！舞！舞！》由讲谈社印行。

1989年40岁

4月，发表《雷蒙德的早逝》（载于《新潮》）。

5月，赴希腊罗得岛旅行。

6月，发表《电视人的反击》（载于*PAR AVION*）和《飞机》（载于*EUREKA*）。

7月，驾车赴德国南部、奥地利旅行。《村上朝日堂 嗨嗬》由文化出版局印行。《小而有用的事》由中央公论社印行。

9月，译作连环画《陌生人》（克里斯·范·奥尔斯伯格著）由河出书房新社印行。翻译杜鲁门·卡波特的《一个圣诞节》，由文艺春秋社印行。

10月，回国，即赴纽约。译作《核时代》（蒂姆·奥布莱恩著）由文艺春秋社印行。发表《我们时代的民间传说——高度发达的资本主义社会的前期发展史》（载于*SWITCH*）和《上等瑕玉——P. 奥斯塔的〈幽灵们〉》（载于《新潮》）。

11月，发表《眠》（载于《文学界》）。

1990年41岁

1月，回国。短篇集《电视人》由文艺春秋社印行。以《神园漫步》等为题发表希腊、土耳其游记（载于《03》）。

2月，在居住地涩谷区千驮谷目睹奥姆真理教成员竞选众议院议员的宣传活动。

5月至翌年7月，八卷本《村上春树作品集，1979—1989》

由讲谈社印行。发表《杰克·伦敦的假牙,突如其来的个人教训》(载于《朝日新闻》)。

6月,叙述作为希腊、意大利"常驻旅行者"的体验并收有同阳子夫人所摄图片的《远方的鼓声》由讲谈社印行。发表《托尼瀑谷》(载于《文艺春秋》)。

8月,《雨天 炎天》由新潮社印行。

10月,译作《雷蒙德·卡佛全集2·谈论爱的时候我们所谈论的》由中央公论社印行。译作《谈一下真正的战争》(蒂姆·奥布莱恩著)由文艺春秋社印行。

11月,译作连环画《哈里斯·巴蒂克之谜》(克里斯·范·奥尔斯伯格著)由河出书房新社印行。

1991年42岁

1月,赴美国新泽西州普林斯顿大学任客座研究员。1月去美国领事馆取签证的时候,正值海湾战争爆发,在驶往赤坂的出租车中听到美军用导弹袭击巴格达的消息。虽说战场遥远,但去一个打仗的国家并在那里生活毕竟不是件开心事。但一切手续都已办完,除却赴美别无选择。结果,虽然没有受战争的直接影响,但当时美国上下高涨的爱国气氛令村上感到不快。

4月,发表《绿兽》《冰男》(载于《文学界》临时增刊《村上春树Book》)。

12月,译作连环画《天鹅湖》(克里斯·范·奥尔斯伯格著)由河出书房新社印行。

1992年43岁

延长在美滞留期限,以客座教授身份在普林斯顿大学研究生院讲授现代日本文学,内容为"第三新人"作品解读。

10月,《奇鸟行状录》(或译《拧发条鸟编年史》)第一部开始在《新潮》连载(至翌年8月)。《国境以南 太阳以西》由讲谈社印行。

1993年 44岁

1月,发表《并非故弄玄虚的小说的诞生 —— 同雷蒙德交往的十年》(载于《朝日新闻》)。

6月,译作连环画《神奇的扫帚》(克里斯·范·奥尔斯伯格著)由河出书房新社印行。

7月,赴马萨诸塞州剑桥城的塔夫茨大学任教。

11月,译作《归来的翻空猫》(勒格恩著),由讲谈社印行。

1994年 45岁

2月,《终究悲哀的外国语》由讲谈社印行。

4月,《奇鸟行状录》第一部《贼喜鹊篇》和第二部《预言鸟篇》由新潮社印行。在普林斯顿大学与同为该校客座教授的河合隼雄对谈,题为"物语在现代日本的含义"。

6月,赴中国内蒙古自治区、蒙古国旅行两个星期,寻访诺门罕战役遗址。此次游记发表于《马可·波罗》(9—11月)。

12月,发表《袭击动物园》(载于《新潮》)。

1995年 46岁

3月,美国大学春假期间临时回国,在神奈川县大矶町家中得知东京地铁沙林毒气事件。

6月,退掉剑桥城寓所,驱车横穿美国大陆至加利福尼亚,之后在夏威夷考爱岛逗留一个半月回国。

8月,《奇鸟行状录》第三部《捕鸟人篇》由新潮社印行。

1996年 47岁

1—12月,独自采访东京地铁沙林毒气事件六十二名受害者，每五天采访一名。

2月，发表《第七位男士》（载于《文艺春秋》）。《奇鸟行状录》获第四十七届读卖文学奖。

4月，译作《回归巴比伦》（司各特·菲茨杰拉德著）由中央公论新社印行。

5月，《旋涡猫的找法》由新潮社印行。

6月，翻译《刺穿心脏》米凯尔·吉尔摩著，作者系书中主人公——因连续杀人而自求一死的犯人之胞弟），由文艺春秋社印行。发表《列克星敦的幽灵》（载于《群像》）。

11月，短篇集《列克星敦的幽灵》由文艺春秋社印行。

12月，《村上春树，去见河合隼雄》由岩波书店印行。

1997年 48岁

3月，经采访东京地铁沙林毒气事件受害者写成的《地下》由讲谈社印行。

6月，《村上朝日堂是如何锻造的》由朝日新闻社印行。

10月，《为了年轻读者的短篇小说导读》由文艺春秋社印行。

12月，《爵士乐群英谱》（和田诚插图）由新潮社印行。

1998年 49岁

4月，《边境 近境》由新潮社印行。

5月，《边境 近境——摄影篇》（松村映三摄影）由新潮社印行。

6月，漫画《毛茸茸软蓬蓬》（安西水丸作画）由讲谈社印行。

7月，《地下》续篇《在约定的场所》（获一九九九年度“桑原武夫奖”）由文艺春秋社印行。

10月,《ROM版村上朝日堂》由朝日新闻社印行。译作《狗的一生》(马克·斯特兰德著),由中央公论新社印行。

1999年50岁

4月,《斯普特尼克恋人》由讲谈社印行。

5月,译作《最后瞬间的剧变》(格雷斯·佩利著),由文艺春秋社印行。赴北欧旅行两个星期。

8月—12月,发表“地震之后系列”——其一《UFO降落钏路》,其二《有熨斗的风景》,其三《神的孩子全跳舞》,其四《泰国之旅》,其五《青蛙君救东京》(载于《新潮》)。

2000年51岁

2月,短篇集《神的孩子全跳舞》由新潮社印行。

8月,《对,去问村上君好了》(安西水丸插图)由朝日新闻社印行。

9月,赴澳大利亚采访悉尼奥运会。

10月,《翻译夜话》(与柴田元幸合著)由文艺春秋社印行。

2001年52岁

1月,《悉尼!》(悉尼奥运会纪实文学)由文艺春秋社印行。

4月,《CD-ROM版村上朝日堂·斯迈尔加可夫对织田信长家臣团》(安西水丸插图)由朝日新闻社印行。《爵士乐群英谱2》(与和田诚合著)由新潮社印行。

6月,《村上广播》(大桥步插图)由MAGAZINE HOUSE印行。

2002年53岁

5月,译作《过生日的孩子们》(杜鲁门·卡波特著)由文艺春秋社印行。

7月,译作《不歌颂英雄》(雷蒙德·卡佛全集7)由中央公论新社印行。

9月,《海边的卡夫卡》由新潮社印行。

11月,《村上春树全作品集1990—2000》(全七卷)由讲谈社开始印行。

12月,编译短篇集《生日故事》由中央公论新社印行。

2003年 54岁

4月,译作《麦田里的守望者》(J.D.塞林格著)由白水社印行。

6月,E-mail通讯集《少年卡夫卡》由新潮社印行。

7月,《翻译夜话2 塞林格战记》由文艺春秋社印行。

2004年 55岁

3月,译作《世界上所有的七月》(蒂姆·奥布莱恩著)由文艺春秋社印行。

7月,译作《雷蒙德·卡佛全集》印行完毕。

9月,《天黑以后》由讲谈社印行。译作《两只无奈的蚂蚁》由翌桧出版社印行。

11月,随笔集《东京乌贼俱乐部 地球逃离法》由文艺春秋社印行。

2005年 56岁

1月,短篇集《不可思议的图书馆》由讲谈社印行。

6月,译作《人生有点儿烦》(格雷斯·佩利著)由文艺春秋社印行。

9月,短篇集《东京奇谭集》由新潮社印行。译作《魔术师的庭园》(克里斯·范·奥尔斯伯格著)由翌桧出版社印行。

11月,《没有意义就没有摇摆》由文艺春秋社印行。《海边的卡夫卡》英译本入选"纽约时报2005年度最佳十书"。

2006年57岁

1月，译作《请安静些》（雷蒙德·卡佛著）由中央公论新社印行。

3月，获弗朗茨·卡夫卡奖。《请村上就此发言》由朝日新闻社印行。

9月，《盲柳与睡女》获爱尔兰第二届弗兰克·康奥纳国际短篇小说奖。

11月，译作《了不起的盖茨比》（菲茨杰拉德著）由中央公论新社印行。

2007年58岁

1月，译作《水与水的交汇点》（雷蒙德·卡佛著）由中央公论新社印行。

3月，译作《漫长的告别》（雷蒙德·卡佛著）由早川书房印行。

10月，《谈跑步时我谈什么》由文艺春秋社印行。

11月，译作《世界尽头》（保罗·索鲁著）由中央公论新社印行。

12月，《村上之歌》由中央公论新社印行。

2008年59岁

6月，普林斯顿大学授以名誉博士称号。

10月，加利福尼亚大学伯克利分校授予首届伯克利日本奖。

2009年60岁

2月，获耶路撒冷文学奖，在颁奖典礼上发表题为《高墙与鸡蛋》的演讲。

4月，译作《再见，可爱的人》（雷蒙德·钱德勒著）由早川书房印行。

5月，《1Q84》第1部第2部由新潮社印行。

2010年 61岁

4月，《1Q84》第三部由新潮社印行。

9月，《为了做梦我每天早上醒来——村上春树访谈录1997—2009》由文艺春秋社印行。

12月，由陈英雄导演的电影《挪威的森林》上映。

2011年 62岁

6月，获西班牙卡塔洛尼亚国际奖。

2012年 63岁

9月，就钓鱼岛纷争以《灵魂往来的通道》为题向《朝日新闻》投稿。

12月，译作《大大的睡眠》印行。

2013年 64岁

4月，《没有色彩的多崎作和他的巡礼之年》由文艺春秋社印行。

2014年 65岁

4月，短篇集《没有女人的男人们》由文艺春秋社印行。

5月，美国塔夫茨大学授以名誉博士称号。

2015年 66岁

9月，《作为职业的小说家》由新潮文库印行。

2016年 67岁

4月，与柴田元幸合著《村上柴田翻译堂》系列由新潮文库印行。

10月，在丹麦欧登塞获安徒生文学奖。

2017 年 68 岁

2 月，《刺杀骑士团长》（第一部显形理念篇、第二部流变隐喻篇）由新潮社印行。

4 月，与川上未映子共著《猫头鹰在黄昏起飞》由新潮社印行。

2019 年 70 岁

3 月，文库本《刺杀骑士团长》（第一部 显形理念篇上 / 下）由新潮社印行。

4 月，文库本《刺杀骑士团长》（第二部 流变隐喻篇上 / 下）由新潮社印行。

（据有关日文资料整理）

参考文献

日文

1. 村上春樹．村上春樹全作品 1979–1989．講談社, 1990–1991

2. 村上春樹．村上春樹全作品 1990–2000, 講談社, 2002–2003

3. Happy Jack 鼠の心 — 村上春樹の研究．北宋社, 1984.

4. 深海遙．村上春樹の歌．青弓社, 1990.

5. 久居つばき．ねじまき鳥の探し方 — 村上春樹の種あかし．太田出版社, 1994.

6. 加藤典洋．村上春樹　イエローページ．荒地出版社, 1995.

7. 加藤典洋．村上春樹　イエローページ　PAR2．荒地出版社, 2004.

8. 加藤典洋等．群像日本の作家 26　村上春樹．小学館, 1997.

9. 千石英世．村上春樹と日本の「記憶」．新潮社, 1999.

10. 小林正明．村上春樹・塔と海の彼方に．森話社, 1998.

11. 吉田春生．村上春樹、転換する．彩流社, 1997.

12. 村上春樹, 柴田元幸．翻訳夜話．文藝春秋, 2000.

13. 村上春樹, 柴田元幸．翻訳夜話 2　サリンジャー戦記．文芸春秋, 2003.

14. 浦澄彬．村上春樹を歩く一作品の舞台と暴力の影．彩流社, 2000.

15. 酒井英行, 村上春樹．分身との戯れ．翰林書房, 2001.

16. 久居つばき, くわ正人．村上春樹の読み方 —キーワードの由来と意味．雷韻出版, 2003.

17. 三浦雅士．村上春樹と柴田元幸のもひとつのアメリカ．新書館, 2003.

18. 村上春樹研究会．村上春樹作品研究事典．鼎書房, 2001.

19. 小森陽一．村上春樹論 —「海辺のカフカ」を精読する．平凡社新書, 2006.

20. 清水良典．村上春樹はくせになる．朝日新聞社, 2006.

21. 石原千秋．謎とき村上春樹．光文社, 2007.

22. 黒古一夫．村上春樹「喪失」の物語から「転換」の物語へ．勉诚出版社, 2007.

23. 藤井省三．村上春樹のなかの中国．朝日新聞社, 2007.

24. 川村湊．村上春樹をどう読むか．作品社, 2006.

25. 内田樹．村上春樹にご用心．アルテスパブリッシング, 2007.

26. 岩宮恵子．思春期をめぐる冒険 — 心理療法と村上春樹の世界．日本評論社, 2004.

27. 栗坪良樹, 柘植光彦．村上春樹スタディーズ 01 － 05. 若草書房, 1999.

28. 今井清人．村上春樹スタディーズ 2000−2004. 若草書房, 2005.

29. 大塚英志．村上春樹論—サブカルチャーと倫理．若草書房,2006.

30. 川本三郎．村上春樹論集成．若草書房,2006.

31. 柴田元幸等．世界は村上春樹をどう読むか．文藝春秋,2006.

32. 藤井省三編．東アジアが読む村上春樹．若草書房,2009.

33. 村上春樹氏インタビュー．「1Q84」への 30 年 (上)．読売新聞 2009 年 6 月 16 日

34. 村上春樹氏ロングインタビュー．ぼくにとっての＜世界文学＞そして＜世界＞．毎日新聞 2008 年 5 月 17 日

35. 村上春樹氏単独インタビュー．「1Q84」を語る．毎日新聞 2009 年 9 月 17 日

36. 河出書房新社編集部編．村上春樹「1Q84」をどう読むか．河出書房新社,2009.

37. 村上春樹．アンダーグラウンド．講談社,2006.

38. 村上春樹．村上春樹全作品 1990 － 2000 ⑥．講談社,2003.

39. 村上春樹．村上春樹全作品 1990 － 2000 ⑦．講談社,2003.

40. 村上春樹．僕はなぜエルサレムに行ったのか (独占インタビュー&受賞スピーチ)．文藝春秋,2009 年第 4 期

41. 村上春樹．「1Q84」(BOOK1、BOOK2)．新潮社,2009.

42. 村上春樹特集．文学界,1985 年 8 月号

43. 村上春樹ブック．文学界,1991 年 4 月臨時増刊

44. 村上春樹「海辺のカフカ」を語る．文学界,2003 年 4 月号

45. 總特集· 村上春樹の世界 . ユリイカ, 1989 年 6 月臨時増刊

46. 總特集· 村上春樹を読む . ユリイカ, 2000 年 3 月臨時増刊

47. 特集· 村上春樹 — 予知する文学 . 国文学, 1995 年 3 月号

48. ハイパーテクスト· 村上春樹 . 国文学, 1998 年 2 月臨時増刊号

中文

1. 雷世文主编 . 相约挪威的森林 [M]. 北京: 华夏出版社, 2005 年 .

2. 岑朗天著 . 村上春树与后虚无年代 [M]. 北京: 新星出版社, 2006 年 .

3. [美] 杰 • 鲁宾著, 冯涛译 . 倾听村上春树 : 村上春树的艺术世界 [M]. 上海 : 上海译文出版社 , 2006 年 .